创造性智慧劳动助力
乡村振兴的实践与创新

盛晓颖　战杜鹃　倪　丰　著

中国农业出版社

北　京

图书在版编目（CIP）数据

创造性智慧劳动助力乡村振兴的实践与创新 / 盛晓
颖，战杜鹃，倪丰著. —北京：中国农业出版社，
2023.8
　ISBN 978-7-109-31006-3

　Ⅰ.①创…　Ⅱ.①盛…②战…③倪…　Ⅲ.①农村—
社会主义建设—研究—中国　Ⅳ.①F320.3

　中国国家版本馆 CIP 数据核字（2023）第 154130 号

创造性智慧劳动助力乡村振兴的实践与创新
CHUANGZAO XING ZHIHUI LAODONG ZHULI XIANGCUN
ZHENXING DE SHIJIAN YU CHUANGXIN

中国农业出版社出版

地址：北京市朝阳区麦子店街 18 号楼

邮编：100125

责任编辑：王秀田

责任校对：周丽芳

印刷：北京中兴印刷有限公司

版次：2023 年 8 月第 1 版

印次：2023 年 8 月北京第 1 次印刷

发行：新华书店北京发行所

开本：700mm×1000mm　1/16

印张：14

字数：244 千字

定价：78.00 元

前　言

互联网、人工智能、5G 等技术的快速发展，标志着劳动工具开始从机械化向智能化转变，深刻地改变着劳动的基本形态，为劳动提供了新的机遇和挑战，这不仅表现为建立新的劳动世界，而且颠覆现有的劳动过程和方式，挑战现有的劳动规则。智能劳动，推动产品与设备的智能化、生产方式的智能化、管理的智能化和服务的智能化。智能劳动，这种复杂劳动也是创造价值的源泉，而且是大于它自身价值的源泉。

在智能时代，创造性智慧是未来劳动者最理想的文化素养，创造性智慧赋能的劳动教育则应培养具有创造性智慧的人才。

电子商务是以信息网络技术为手段，以商品交换为中心的商务活动。作为电子商务专业人员，应主动适应和回应地方经济社会需求，坚持扎根地方、服务山区。理解数字经济下的劳动形态，用实干践行马克思主义劳动观，我们从优秀电商从业人员的劳动精神中汲取力量，在劳动创造的过程中增添自我认同感，提升幸福感，获得劳动价值。在创新创业实践中，探索电子商务专业的、创造性的、智慧型的劳动赋能乡村振兴的共富密码。

本专著系中国（丽水）两山研究院成果，受中国（丽水）两山研究院资助，本专著系"社科赋能山区（海岛）县高质量发展行动"研究成果，作为丽水学院中医药与健康产业学院校企合作课程劳动教育《产品设计与制作》的配套教材使用（项目编号：23CYJC03），也作为电子商务专业《移动电子商务》课程参考教材。课程秉持马克思主义劳动观、扎实践行乡村振兴战略的初心使命，开发制作与电子商务专业技能及岗位深度融合的线上学习资源，不断探索实践创造与智慧赋能的电子商务专业劳动教育。希望通过本书，读者能正确认识新时代劳动的意义和数字经济时代下智慧劳动的价值；弘扬劳动精神，热爱劳动、投身劳动，扎实践行乡村振兴战略，用我们富于创造性的、智慧的、专业的劳动，在扎实推动山区县高质量发展、共同富裕的征程上，贡献电商人的力量。

目　录

乡村振兴智慧劳动实践篇

创造性智慧劳动
理论篇

第一章 马克思主义劳动观及中国化

马克思主义是我们立党立国的根本指导思想，也是我国教育最鲜亮的底色。马克思的劳动思想也引起了东西方理论界和思想界的广泛关注。时至今日，马克思主义劳动观的许多基本观点早已深入人心，"尊重劳动"和"劳动光荣"已成为我国公民基本的价值准则。中华人民共和国成立以后，特别是改革开放以来，中华民族取得的巨大成就彰显了这样一个真理：劳动是人世间最宝贵、最可靠的财富。

马克思主义劳动观及中国化

观念即思想意识，劳动观念是指面对劳动时产生的思想。人们在劳动的过程中，总是会形成对劳动的看法和认识。这些看法和认识反映出劳动者对劳动的态度，决定着劳动者在劳动过程中的行为。我们要想树立正确的劳动观念，就要理解马克思主义劳动价值观，特别是结合我国国情，理解中国特色社会主义劳动价值观的内容，建立起正确的择业观、就业观与创业观，并正确地进行劳动。

一、马克思主义劳动价值观

劳动是人类生活中的一种普遍现象。马克思认为，劳动是人类社会生存和发展的基础。劳动是指发生在人与自然界之间的活动。其实质是通过人的有意识的、有一定目的自身活动来调整和控制自然界，使之发生物质变换，即改变自然物的形态或性质，为人类的生活和需要服务。马克思给我们做了这样的解释：劳动力的使用就是劳动本身。劳动力的买者消费劳动力，就是叫劳动力的卖者劳动①。

---

① 马克思. 资本论：第1卷［M］. 2版. 北京：人民出版社，2004：207.

马克思认为：劳动不仅是谋生的手段，更是通向客观世界与主观世界的媒介，也是实现人性至善至美、彻底自由的必由之路。马克思从历史唯物主义、政治经济学、教育学原理等多个维度对劳动价值观做了重要的理论阐释。

劳动具有生存价值，人类最基本的需要就是生存。劳动是人类社会存在和发展的基础，即生产物质资料的过程，是能够对外输出劳动量或劳动价值的人类活动，劳动是人维持自我生存和自我发展的唯一手段。

（一）劳动创造世界、劳动创造历史、劳动创造人本身

马克思用劳动的观点来认识和把握现实世界的发展，他对人类劳动的基本价值进行的分析主要表现为劳动创造世界、劳动创造历史和劳动创造人本身这三大主张。

1. 劳动创造世界

马克思认为，劳动是构成人类赖以生存的现实世界的关键要素之一。当人类开始生产生活资料时，也就间接地生产自己的物质生活本身。因此，人类的劳动，特别是生产劳动，都是人类有意识、有目的的活动，最终使人类能够创造出一个可以满足生活需要的物质世界。

马克思历史唯物主义中的世界，是人类的现实生产劳动的结果。正是通过劳动，人类和外部世界的关系才发生了根本性的转变，自然世界逐渐被改造成了"人类世界"。此时，劳动作为人类最基本的实践活动，也不再只是单纯的、人的感性活动，而是从感性活动慢慢转变为人的现实社会活动。

2. 劳动创造历史

通过劳动来揭示物质资料生产的作用，才能发现人类社会关系发展的客观规律性，才能肯定人的主体地位，继而发现劳动人民在历史发展中的伟大作用。在马克思的历史唯物主义中，劳动被看作"一切历史的基本条件"和"人类的第一个历史性活动"。

3. 劳动创造人本身

首先，劳动创造了人区别于其他动物的生物性特征：完全的直立行走、精细的手脚分工、灵巧的上肢结构、发达的大脑构造和完善的语言系统。

其次，劳动使生物人转化为具有社会属性的真正的人。马克思认为，人是"一切社会关系的总和"，正是丰富多彩的劳动实践，促成了人们之间的相互交往，进而产生了错综复杂的社会关系，人才具备了社会属性。人类为了能够更

有效地占有自然物质，就需要更好地进行手、脑配合。这样一来，当人类通过劳动作用于自然并改变自然的时候，劳动也就同时改变了人类本身。

恩格斯在《自然辩证法》一书中依据当时的科学研究成果，认为不仅在人类的起源意义上，是劳动创造了人本身，而且在人类的进化意义上，也是劳动创造了人本身。

（二）劳动是商品价值的唯一源泉

马克思在《资本论》中提到过，一方面，劳动是人类劳动力在生理学意义上的耗费，就抽象的人类劳动这个属性来说，它形成了商品价值；另一方面，劳动是人类劳动力在特殊的、有一定目的的形式上的耗费，就具体的人类劳动这个属性来说，它形成了使用价值。

就马克思主义劳动价值观而言，商品是具有价值的，因为它是社会劳动的结晶。商品的价值大小取决于生产它所必需的相对劳动量。因此，各个商品的价值或相对价值，是由耗费于、体现于、凝固于该商品中的相应的劳动量所决定的。

马克思认为，商品的价值是由劳动者创造的，要生产出一个商品，就必须在这个商品上投入或耗费一定量的劳动。如果承认某种商品具有价值，也就要承认在这种商品中存在社会劳动。不管社会劳动的形态产生了什么变化，劳动仍是商品价值的唯一源泉。

（三）劳动形成人的本质，是实现人全面发展的重要途径

面向人的教育同时也面向人身上所带有的社会关系。劳动承载着教育，教育又服务于劳动。从内在依据来看，劳动实现人的自由全面发展，这是由劳动的本质属性和内在矛盾决定的。从外在条件来看，劳动把人类从自然必然性的束缚中解放出来，并为人类的发展创造条件、奠定基础。

马克思、恩格斯通过对人类社会发展的观察，提出现代教育的目标就在于实现人的劳动能力的全面发展。从他们所处的时代来看，当时精细化和社会分工已经导致人的劳动能力逐渐丧失了整体性，即体力劳动和脑力劳动逐渐被分离，二者各自片面发展，在一定程度上限制和破坏了人类发展的全面性。因此，只有通过全面提高人的劳动能力，才能使人有能力适应这种变化。

（四）马克思主义劳动观的当代价值

马克思主义劳动观的诞生，揭示了人类社会发展的一般规律。马克思主义劳动观是人类劳动学说史上的一座里程碑，马克思主义劳动观第一次全面阐述了劳动在人类社会发展史上的决定性作用，在人类劳动学说史上具有重要的理论价值和历史地位，马克思主义劳动观对新时代坚持和发展中国特色社会主义、实现中华民族伟大复兴的中国梦也具有十分重要的意义。

1. 为实现民族复兴指明了必经之路

马克思主义认为，劳动是人类生存的基本条件，为了满足需求，就需要有劳动①。劳动造就了中华民族的辉煌历史，人世间的美好梦想，只有通过诚实劳动才能实现；发展中的各种难题，只有通过诚实劳动才能破解；生命里的一切辉煌，只有通过诚实劳动才能铸就。在百年奋斗历程中，我们党团结带领全国人民进行建设改革，中华民族迎来了实现伟大复兴的光明前景。越是接近目标，就越要依靠劳动。我们要把马克思主义劳动观蕴含的科学真理运用到新时代坚持和发展中国特色社会主义的伟大实践中去，不断把中华民族伟大复兴的事业向前推进。

2. 为进行社会革命揭示了主体力量

社会主义是干出来的，新时代也是干出来的。我们要在全社会大力弘扬劳动精神，推动全社会热爱劳动、投身劳动、爱岗敬业，让劳动光荣成为铿锵的时代强音，让勤奋做事、勤勉为人、勤劳致富在全社会蔚然成风，为实现中华民族伟大复兴的中国梦凝聚强大精神动能。

3. 为进行自我革命奠定了理论基础

马克思主义认为，共产党人是劳动人民当中最彻底、最坚定的先进分子，为建设共产主义社会而奋斗。劳动是马克思主义政党先进性和纯洁性的内在要求。正如习近平总书记所指出的："劳动，是共产党人保持政治本色的重要途径，是共产党人保持政治肌体健康的重要手段，也是共产党人发扬优良作风、自觉抵御'四风'的重要保障。"② 我们党不断进行自我革命的目的，就是坚决同一切影响党的先进性、弱化党的纯洁性的问题作斗争，确保我们党永远做

---

① 马克思．资本论：第 1 卷［M］．2 版．北京：人民出版社，2004：711.
② 习近平．向全国广大劳动者致以"五一"节问候［N］．人民日报，2014－05－01.

人民公仆、时代先锋、民族脊梁[①]。

二、中国特色社会主义劳动价值观

在马克思主义劳动价值观的基础上，结合我国具体国情，形成了中国特色社会主义劳动价值观。

（一）中国特色社会主义劳动价值观回顾

在我国不同的发展阶段，中国特色社会主义劳动价值观的侧重点各有不同，下面简要进行回顾。

中华人民共和国成立初期，中国社会主义事业处于大力发展建设阶段，党的教育方针强调教育不能脱离实际，必须与生产劳动相结合，这对中国社会主义事业的开创和建设起到了推动与促进作用。为贯彻这一方针，国家大力推动勤工俭学、开展半工半读，促使教育与生产劳动相结合，理论与实践相结合。广大青年学生和工农结合，积极参加生产劳动，不仅学到了书本上的知识，还将知识应用到实际生产生活中，既增长了知识，又进行了锻炼。

改革开放以后，基于社会主义建设新实践，邓小平提出科学技术是第一生产力这一重要论断，强调科学技术在社会发展中的作用，形成了尊重知识、尊重人才的劳动思想。从事脑力劳动的人也是劳动者，脑力劳动和体力劳动不能分开。尊重知识、尊重人才，大力发展生产力，才能消除两极分化，最终实现共同富裕。

高等教育同经济、科技、社会实践结合越来越紧密，使学生树立了正确的劳动观念，成为德、智、体、美、劳全面发展的社会主义建设者和接班人。

进入 21 世纪，社会主义荣辱观明确提出"以辛勤劳动为荣，以好逸恶劳为耻"，引导人们树立劳动光荣的观念，大力提倡辛勤劳动是一种社会美德。

（二）中国共产党人的劳动实践

1. 以劳动救亡图存

中国共产党自成立之日起，就旗帜鲜明地以实现社会主义和共产主义为自己的奋斗目标，并坚持用革命的手段实现这个目标。中国共产党成立初期，围

---

① 孙明增．马克思主义劳动观的当代价值［N］．中国纪检监察报，2020－04－30．

绕"开展革命"这一主旋律，中国共产党人将劳动作为革命斗争的重要手段，以唤醒民众意识，领导人民大众积极投身反帝反封建的伟大斗争，并以中华人民共和国的成立，宣告了旧中国半殖民地半封建社会的彻底终结。

2. 以劳动支援革命

抗日战争进入相持阶段后，陕甘宁边区和敌后各抗日根据地在财政经济上日益困难。为了战胜日本侵略者，中国共产党动员抗日根据地全体党政军民，自力更生，克服困难，渡过难关。党在各根据地积极倡导劳动最光荣、劳动最伟大的思想，大力开展学习劳模、表彰劳模的活动，努力从根本上消除"劳动下贱"等落后思想，提高了劳动者的生产积极性，有效地发展了生产力，并在全社会掀起了一场"劳动光荣"的观念变革，涌现和树立了一批批先进集体与英雄模范人物。

3. 以劳动发展生产

中华人民共和国成立之初，中国共产党团结带领全国各族人民进行社会主义革命和建设，为开创中国特色社会主义奠定了坚实基础。全国范围内兴起了学校办工厂、工厂办学校、勤工俭学、半工半读等教育与生产劳动相结合的热潮。新中国建设面临的困难和挑战是空前的，当时可称为"一穷二白"，经济基础薄弱，民生凋敝，战争创伤随处可见，西方国家在外交、经济、军事等各方面严密封锁，如何建设新中国就成为摆在中国共产党人面前的新课题。

中共中央、政务院先后发布《关于各级领导人员参加体力劳动的指示》《关于下放干部进行劳动锻炼的指示》等文件，要求党政军各级工作人员定期同工人、农民一起参加劳动，群团组织也要积极动员群众融入以面向生产为方针的社会劳动，并大力推行"两参一改三结合"的"鞍钢宪法"。参加社会主义生产劳动成为全国广大干部群众自觉、自主、自愿的行动，我国的工农业生产得以迅速恢复和发展。

中华人民共和国成立伊始，把工农大众视为社会主义事业的主要依靠力量，从建设新中国的战略高度肯定劳动者的价值。毛泽东同志称赞劳动模范是全中华民族的模范人物，是人民政府的可靠支柱和人民政府联系广大群众的桥梁。

4. 以劳动深化改革

解放生产力，发展生产力，充分调动劳动者的积极性，进行社会主义现代化建设是改革开放初期的首要任务。党的十二届三中全会通过的《关于经济体制改革的决定》明确指出，企业吃国家"大锅饭"、职工吃企业"大锅饭"的局面，严重压抑了企业和广大职工群众的积极性，导致经济发展停滞，劳动效率低下，迫切需要改革同生产力发展不相适应的生产关系和上层建筑，调动劳动者的积极性。

21世纪，我国进入全面建设小康社会、加快推进社会主义现代化的新发展阶段。"劳动光荣、创造伟大"成为时代潮流，对劳动者的人本关怀成为党的重要执政理念。

（三）新时代劳动价值观

1. 劳动最光荣

每一位在平凡岗位上劳动的劳动者，都在为社会的发展添砖加瓦，劳动没有高低贵贱之分。他们从事的无论是体力劳动还是脑力劳动，无论是简单劳动还是复杂劳动，只要有益于国家、社会和人民，他们的劳动都是光荣的，都值得被尊重。"劳动最光荣"的价值观强调尊重劳动、尊重知识、尊重人才、尊重创造的劳动思想。要树立正确的人才观，培育和践行社会主义核心价值观，着力提高人才培养质量，弘扬劳动光荣、技能宝贵、创造伟大的时代风尚。

2. 劳动最崇高

"社会主义是干出来的，新时代是奋斗出来的。"这句话很好地体现了"劳动最崇高"的劳动价值观。无论是家务小事还是国家大事，都需要依靠劳动来实现，一切幸福也都源于劳动和创造。只有诚实劳动、努力奋斗，人民才能过上好日子，国家才能富强。天下没有免费的午餐，幸福也不会从天而降。劳动者只要能立足岗位成长、成才，就能在劳动中实现既定的目标。

3. 劳动最伟大

要想实现中华民族伟大复兴的中国梦，离开劳动，再伟大的梦想都不可能成真。我们只有靠辛勤劳动和不断创造；在建设中国特色社会主义事业的过程中，也只有依靠广大劳动人民脚踏实地的劳动，才能开创美好的未来。

4. 劳动最美丽

劳动者在平凡的岗位上辛勤劳动，以高度的主人翁责任感忘我拼搏和奉献，展现出的就是"劳动最美丽"的时代形象。特别是"爱岗敬业、争创一流、艰苦奋斗、勇于创新、淡泊名利、甘于奉献"的劳模精神，是我们极为宝贵的精神财富。我们应该在全社会营造"崇尚劳动"的浓厚氛围，树立劳动最美丽的思想观念。

党的十八大以来逐渐形成的新时代的劳动文化体系主要包括：第一，在劳动态度方面，要崇尚劳动、尊重劳动、热爱劳动；第二，在劳动品德方面，要辛勤劳动、诚实劳动、创造性劳动；第三，在劳动目的方面，要培养爱劳动、会劳动、懂劳动的时代新人；第四，在劳动观念方面，要牢固树立劳动最光荣、劳动最崇高、劳动最伟大、劳动最美丽的观念；第五，在对待劳动者方面，要尊重劳动、尊重知识、尊重人才、尊重创造；第六，在精神引领方面，要大力弘扬劳模精神、劳动精神、工匠精神。

2018 年 9 月 10 日中共中央总书记、国家主席、中央军委主席习近平出席全国教育大会并发表重要讲话，代表党中央向全国广大教师和教育工作者致以节日的热烈祝贺和诚挚问候。"要在学生中弘扬劳动精神，教育引导学生崇尚劳动、尊重劳动，懂得劳动最光荣、劳动最崇高、劳动最伟大、劳动最美丽的道理，长大后能够辛勤劳动、诚实劳动、创造性劳动。""要努力构建德智体美劳全面培养的教育体系，形成更高水平的人才培养体系。"

普通高等学校要强化马克思主义劳动观教育，通过实施劳动教育，引导学生理解劳动的意义和价值，增强对劳动人民的感情，树立正确的劳动价值观。注重围绕创新创业，结合学科专业开展生产劳动和服务性劳动，积累职业经验，培育创造性劳动能力和诚实守信的合法劳动意识，从而持续丰富劳动文化的内容体系，使劳动教育理论不断焕发出新的生机。

三、大学生择业观、就业观、创业观

大学生毕业后都会面临择业、就业或创业，具备正确的劳动价值观就能使大学生形成正确的择业观、就业观与创业观，从而做出正确的选择。

(一)择业观

择业是选择某种职业的行为。对大学生而言，择业是比较重要的一个环节，有可能会影响一生的职业规划。因此，大学生在择业时，不仅要考虑个人兴趣、能力、待遇、行业前景等各方面因素，更要拥有正确的择业观，而树立正确的择业观，不仅有利于社会发展，也有利于实现个人价值。

1. 转变择业观念

转变择业观念是社会的需要，也是我国小康社会发展的要求。以大学生为主的待就业群体是社会各行业发展壮大的重要人才资源，如果大学生能够转变择业观念，重视各行各业的就业机会，则有助于调整人才资源的合理配置。大学生在祖国大江南北也能找到更多的奋斗机会，实现自己的人生抱负和理想。

2. 端正择业态度

大学生应该树立自我实现观。择业时，大学生需要端正择业态度，克服坐、等、靠等不良的择业观念，克服个人本位主义思想，以积极向上的态度，选择理想的职业，实现自我价值。本位主义思想指的是为自己或所在的小团体利益打算而不顾整体利益的思想作风或行为。集体主义的最高标准是一切言论和行动符合人民群众的集体利益，这是共产主义和马克思主义世界观的重要内容。

3. 符合社会需要

大学生择业时应首先考虑"社会需要"这个大前提。当个人利益与国家利益、集体利益发生冲突时，应自觉地服从社会需要，到祖国最需要的地方去建功立业，这样才能更好地实现自己的人生价值。

4. 找准社会位置

大学生在择业前应该对自己有一个正确的认识和评价，能够根据自己的能力、兴趣、理想等方面的因素把自己放在合适的位置，既不好高骛远，也不妄自菲薄，这样才能找准自己的社会定位，才能更有规划、更有效率地去实现自身价值。

5. 调整择业期望

每个人在择业时都期望从事理想的职业，在择业时应该以自己所长择社会所需，将个人职业发展与社会要求有机结合，选择能够为自己提供良好的发展前景、能够发挥自己才能又是社会所需的职业，真正体现和实现自己的期望值。

（二）就业观

"就"即从事，"业"即工作，所以就业指的是劳动者去从事某个工作或职业。换言之，就业就是劳动者同生产资料相结合，从事一定的社会劳动并取得劳动报酬或经济收入的活动。大学生应该树立正确的就业观，正确对待就业问题。部分大学生在面临毕业或毕业之后可能会进入迷茫期，没有正确的就业观。就业后如果应聘到高于预期的工作，有的大学生感觉自己无法胜任时，往往会采取得过且过的心态，不去积极面对；如果应聘到低于预期的工作，有的大学生则会自视过高，对待工作漫不经心，觉得自己大材小用，这些都是错误的就业观。

要想培养正确的就业观，大学生首先应该积极参加各种实践活动，如各种劳动及与专业或创新创业相关的生产实践活动和社会实践活动，提高自身的实践能力。这样有利于大学生在进入职场之后快速上手工作，尽快摆脱初入职场的迷茫。

大学生初入职场。应该以学当先，要能吃苦、不怕累，努力学习，继续提高。有的企业愿意让大学生多多锻炼，会安排各种各样的工作或任务，让大学生尽快熟悉企业的业务流程。有的大学生乐意接受这样的挑战，因为他们明白这是锻炼自己的好机会；有的大学生却非常排斥，认为企业"欺负"新人，什么工作都要自己来做。这其实反映了不同的就业观：具有积极上进、勤奋就业观的人往往会迎难而上，不断解决问题，不断提高自身能力；具有懒惰、投机就业观的人则易产生各种抱怨，要么投机取巧，要么成为"逃兵"，逃避工作、逃避困难。

当然，大学生就业的问题归根到底还是大学生本身的问题。大学生应当摆正自己的心态，制订明确的目标，认清自己的能力，从基层做起，从最初的阶段做起，不要惧怕失败；在失败之后也不要气馁，要通过自身的努力奋斗和发扬不怕苦、不怕累的精神不断学习，从而打开职场的大门，实现自己的职业规划和人生价值。

（三）创业观

对于电子商务专业的学生来说，创业可以是借助有效的商业模式组合、进行商品的营销渠道、方式的创立创新，以获得新的商业成功的过程或活动。随着我国经济实力的不断提升以及创业环境的日益优化，创业逐渐成为在校大学生和毕业大学生的一种职业选择方向。

然而，选择创业时，有的大学生空有满腔热情和远大抱负，没有树立正确的创业观，盲目创业，眼高手低，导致创业失败。因此，对大学生来说，选择创业没有问题，但首先应该树立正确的创业观，为创业成功增添砝码。

1. 审时度势，与时俱进

现代社会已进入信息化时代，市场发展和变化都更加迅速，在这样的背景下，我们更应该用发展的眼光来看待一切事物。就创业而言，要做好长远的规划，随时掌握市场行情、分析发展趋势，并随时调整战略和规划，以确保始终走在正确的发展道路上。只有具备这种创业观念，才能在瞬息万变的市场上找到立足之地，为创业成功打下基础。

2. 脚踏实地，吃苦耐劳

社会发展到今天，每个人都有创业的机会，创业不再是遥不可及的，但我们也要知道，创业不是轻而易举就能获得成功的，更不是在短期内就能取得可喜成绩的。在较为漫长的创业过程中，创业者必须具备吃苦耐劳的创业精神，脚踏实地、积极进取，保持昂扬的姿态和精神，避免眼高手低、纸上谈兵。无论创业前还是创业中，创业者都要做好充分的心理准备，具备投资意识和风险意识，一步一个脚印地为创业成功而奋斗。

3. 注重创新，多元发展

创业切忌思维固化，更不能不思进取。要想创业成功，需要具备创新意识。无论是科技创新、产品创新、服务创新，还是经营方式和营销模式的创新，都是创业成功的强有力保障。从某种程度上看，创业与创新是密不可分的，创新意识不仅是正确的创业观念的一部分，更是创新企业在市场上的一种生存法则。

第二章 数字经济下的智能劳动形态

劳动是人和人类社会存在的物质基础，是人们认识世界和改造世界的实践活动。

我们要做劳动的主人，就需要充分了解劳动形态。伴随劳动工具的变迁，劳动的发展经历了手工劳动、机器劳动、智能劳动3种主要形态。当前，劳动形态呈现出多元并存的状态。推动劳动形态变迁的直接因素就是科技的不断发展进步和人的需求的日益丰富和多样化。

随着国际市场的不断扩大、生产要素国际流动的不断增强，全球化时代的劳动已经不再囿于单个国家的生产，而是日益与世界经济、国际人口流动以及全球生态环境等全球问题紧密联系在一起。以劳动为核心所构建起来的全球化生产，不仅改变了经济活动的形式，更在深层次上对全球政治、经济、文化、生态等方面造成了深刻的影响。

因而，理解当前的诸多全球问题，必须具备一个非常重要的视角，那就是劳动。只有从劳动出发，我们才能更好地把握当前国际政治、国际经济、国际生态等事关全人类共同利益的问题的实质。

2019年，规模以上软件和信息技术服务业、互联网和相关服务企业营业收入同比分别增长21.4%和29.1%。全国农产品网络零售额达3 975亿元，同比增长27%。新业态新模式不断涌现，直播带货与小程序网络零售加速发展，成为互联网流量新入口……数字经济蓬勃发展，物联网、大数据、人工智能、机器人等新一代信息技术在农业生产监测、精准作业、数字化管理等方面得到不同程度的应用，总体应用比例超过8%。

国家政务服务平台汇聚各地区政务服务事项数据2 800多万条、政务服务办件数据5.51亿条、总访问人数10.4亿人，注册用户1.35亿个。全国人大建设完成统一备案审查平台。全国政协开通委员移动履职平台进行网络议政远程协商，近2 000名全国政协委员在移动履职平台上发表1.4万余条意见建议。全国一体化政务服务平台整体上线试运行，接入地方部门360余万项服务事项和一大批高频热点公共服务。智慧法院建设加速推进，中国裁判文书网累计公开文书9 600余万篇，累计访问量突破450亿人次。中国法律服务网累计访问13亿人次，实现公共法律服务"抬头能见、举手能及、扫码可得"。全国检察机关统一业务应用系统2.0版启动试点应用，开启新时代检察信息化办案新模式。

一、现代社会的劳动形态

劳动形态与劳动工具密切相关。在当今社会，劳动工具呈现出前所未有的多样性，这就使现代社会中的劳动形态也呈现多样化。劳动工具是人类劳动活动赖以进行的物质手段，其本质上是"人类的手创造出来的人类头脑的器官"。伴随两次工业革命的推进，机械化劳动工具的进一步发展，又为智能化劳动工具的出现提供了丰厚的土壤。因此，依据人类劳动史上所使用的工具的不同，可以将人类劳动形态划分为手工劳动、机器劳动以及智能劳动。

伴随劳动工具的变迁，劳动经历了从手工劳动到机器劳动再到智能劳动的变化过程，不同劳动形态在劳动工具、劳动技术、劳动组织形式等方面都有所差异。当前，手工劳动、机器劳动与智能劳动呈现出多样化的叠加形态。

（一）手工劳动的当代形态

"劳动"是一个动态的、发展的概念。伴随劳动工具的不断演进，不断出现新的劳动形态，而手工劳动便是劳动最初级、最重要的表现形式之一。手工劳动是指人运用劳动器官或借助手工工具而开展的劳动。

人的劳动器官包括手、臂等身体部位。手工工具则是指人可以直接从自然界取用的工具或对自然物予以改造所产生的简单工具，如作为简单工具的木棍、石斧，作为复合材料工具的弓箭、铁器等。

手工工具就其本质而言是人类器官的外化，或者说是人类躯体的延伸。譬如，砍砸石器可以被视为拳头的延伸，弓弩和钳子则是手臂的延伸。在手工劳动中，劳动者与劳动工具之间的联系是柔性的，劳动者相对工具而言占据主导地位。

在日常生活中，人们对手工劳动的理解是具体的：流淌的汗水、布满老茧的双手、叮当的锤打声、印着指痕的陶器……都是人们关于手工劳动的主要意象。今天，随着生产技术的不断改进、人们需求的不断提高，这样的手工劳动正逐渐由主流地位退到边缘。

伴随社会生产力的不断发展，新型劳动工具的不断涌现，手工劳动逐渐减少成为不可避免的趋势，但手工劳动并不是落后的代名词。在很大程度上，手工劳动与其他劳动形态具有很大的互补性。当前，手工劳动日益表现出更加人性化与个性化的新趋势，人们已不仅仅将其视为谋生手段，而更多地将其视为展示个性的途径。有别于批量化、规范化的工业生产，手工劳动能够充分接纳和体现劳动者的创意，满足人们日益多样化的生活需求。当前，以手工制作为卖点的现象层出不穷；淘宝上的手工产品越来越多，颇具创意的作品在快节奏的社会中吸引了越来越多的买家；书店、商场等举办各种各样的 DIY 活动，受到市民的欢迎；非遗活态展示、静态展览等活动引起公众的强烈兴趣……人们在手工劳动中唤起审美回忆，并通过手工劳动获得个性化表达的空间。

今天，手工劳动还发生了文化转向，以文化传承和文化创造的形态继续存在并得到发展。手工劳动唤醒了人们根植心底的文化传统印记，使人深刻地感受到文化记忆机制在心理层面的作用。在我国，手工劳动具有深厚的传统，也形成了颇具地方特色的手工技艺。

如果说传统手工劳动主要表现为一种经济活动，那么现代社会的手工劳动则具有更多文化传承的意义。许多富有地方特色的手工劳动之所以取得成功，很大程度上是因为具有文化的内涵。因此，有些日渐衰微的传统手工技艺，正是得益于旅游业的发展而变成一种旅游文化产品和文化活动从而重新获得人们的青睐。传统手工艺在为当地居民提供持久、稳定的经济来源的同时，也增进了人们对包括乡土手工艺在内的乡土文化的自豪感。

2017 年，文化部、工业和信息化部、财政部共同印发的《中国传统工艺振兴计划》（以下简称《计划》）指出，振兴传统工艺，有助于更好地发挥手工劳动的创造力，发现手工劳动的创造性价值。要遵循尊重优秀传统文化、坚守工匠精神、激发创造活力、促进就业增收、坚持绿色发展原则，使传统工艺在当代生活中得到新的广泛应用。

行业管理水平和市场竞争力、从业者收入以及对城乡就业的促进作用得到明显发挥，《计划》明确以国家级非物质文化遗产代表性项目名录为基础，建立国家传统工艺振兴目录；扩大非物质文化遗产传承人队伍，并通过多种方式为收徒授艺等传统工艺传习活动提供支持；将传统工艺作为中国非物质文化遗产传承人群研修研习培训计划实施重点，依托相关高校、企业、机构，帮助传承人群提高传承能力，增强传承后劲；加强传统工艺相关学科专业建设和理论、技术研究；提高传统工艺产品的设计、制作水平和整体品质。

当前，手工劳动进入现代劳动体系，成为其中必不可少的一个环节。虽然现代劳动体系无疑是以机器化大生产为主的，但手工劳动也在其中发挥了重要的辅助功能。现在有些生产环节虽然已经几乎完全由机器完成，但总是有些细节之处和衔接之处需要人手的协助。手工劳动在此处发挥了一种连接或转接的作用。例如，机器可以生产各种部件，但部件的衔接需要电焊工来完成，而电焊效果的好坏取决于电焊工的经验和个人能力。此外，就业压力和产业结构调整，也在促使手工劳动转向第三产业。从产业经济角度看，手工劳动生产不需要很大的资金投入，不需要集约化组织，简便易行，以至于在整个产业转型过程中，手工劳动成为疏解就业压力的快捷渠道。

（二）机器劳动的当代形态

自 18 世纪 60 年代起，机器劳动逐步取代手工劳动。机器的使用展示了人类认识和改造自然的能力与效力的又一大飞跃。伴随两次工业革命的兴起，机器劳动逐渐被推广，甚至影响到人类的政治、文化、国际关系等。

机器劳动主要指的是"由看管工作机器的人来完成辅助作用"的劳动形态。其基本特征如下。

第一，机器劳动是以工作机器为中介进行的劳动。手工劳动的劳动工具需要劳动者直接动手操纵。机器劳动的劳动者通过旋转按钮、控制开关等方式，摆脱了对劳动工具的直接物理控制，实现了对劳动过程的一般控制，推动社会生产力和生产关系发展到机器时代。

第二，在机器劳动中，人的作用在于"看管"，也就是说机器劳动的主体在理论上依然是人。以蒸汽机的发明与使用为标志的第一次工业革命，拉开了机器劳动取代手工劳动的序幕。但在机器劳动中，人的"看管"意味着机器承担直接同客观世界打交道的工作。虽然人处于主体地位，但人在劳动中发挥的却是"辅助"功能。在机器按照物理学规律运动起来后，劳动者由劳动过程的主导者转变为辅助者。以电力的发明与应用为标志的第二次工业革命，导致机器劳动进入电气化阶段。劳动者运用技术与经验配合并协助机器实现其功能。机器与人的关系从手工劳动的柔性联系转变为由机械、物理规律决定的刚性联系。

从手工劳动到机器劳动的变革，使人们更有效地控制并利用自然力为自身服务，人们在征服自然方面取得了巨大的胜利。从整体上看，煤炭的大力开采、开采矿石提炼金属、石油的精炼等，无不展示了人们在自然力面前获得了主人般的权力。

机器劳动的出现不仅是劳动发展史上的巨大进步，它还在生产关系、社会制度上给人类带来了巨大挑战。机器取代了人力，一方面将人从琐碎的劳动中解放了出来，另一方面却导致大批从事手工劳动的劳动者破产。大批工人因为机器劳动对人力需求的减少，面临工资下跌甚至失业的困境。19 世纪初，资本家因占有生产资料，肆意剥削和压迫工人，这也导致了工人阶级的不满和反抗，工人运动时有发生。

机器劳动对人类生存所提出的挑战还表现为人与自然的关系渐趋紧张。机器劳动的发展不断使人摆脱自然的束缚，也增强了人改造自然的能力，但人类却在改造自然的同时逐渐走向另一个极端。资源短缺、环境污染、生态破坏的问题日益严重。人与自然关系的日渐恶化使人们不得不重新思考生产与生态的关系。

无论是从劳动发展的基本趋势来看，还是从当前国家产业体系来看，机器劳动仍然是主要劳动形态。不断提高劳动的机械化程度与机械化水平依然是当前劳动发展的方向。今天，机器劳动的重要地位首先表现在与其直接相关的产业依然占据经济社会的主导地位。以制造业这一典型的机器劳动产业为例，制造业极大地促进了我国经济的高速增长，创造了"中国制造"的奇迹。2010年以后我国成为世界第一制造大国，是全世界唯一拥有联合国产业分类中全部工业门类的国家，在世界 500 多种主要工业产品当中，我国的 220 多种工业产品产量居全球第一。我国成为名副其实的"第一制造大国"，形成了独立完整的现代工业体系，制造业在我国国民经济体系中发挥着极其重要的作用。

机器劳动的重要地位还表现在机械化程度与机械化水平依然是当前各行业发展的重要指标。劳动的机械化程度与机械化水平主要反映劳动过程中机械化劳动工具的使用情况及其在全部劳动过程中所发挥的作用。以农业为例，农业机械化被普遍认为是农业供给侧结构性改革的重要内容之一，而当前我国农业机械化水平依然需要持续稳步提升。

随着劳动的不断发展，特别是人类进入智能劳动时代之后，机器的智能化水平不断提高，机器劳动也面临新的发展机遇。机器劳动的智能化发展并不是简单地提高机器劳动的比重，而是通过现代技术与传统机器劳动相融合来提高复杂产品的制造能力以及满足消费者个性化需求的能力，赋予机器劳动新的竞争优势。未来，机器劳动不再只是"加工"产品，取而代之的是，机器劳动不断向实现物体、数据、服务无缝衔接的互联网（物联网、数据网和服务互联网）方向发展。

二、当代中国的劳动形态

一般而言，高级形态的劳动方式是从低一级的劳动方式中发展而来的。但是，高级劳动形态的出现并不意味着低级劳动形态的消失。相反，低一级的劳动形态在做出适应性的调整之后，可以与高一级的劳动形态交融并存。虽然新的劳动形态在某种程度上是对旧的劳动形态的革新，但手工劳动、机器劳动、智能劳动这3种主要劳动形态主要表现为"共存"与"融合"。

（一）劳动形态多元并存的重要原因在于人的需求的多样性

劳动起源于人的生存与发展的需要，人的需求也成为推动劳动形态变化发展的重要力量。一方面，人具有满足自身物质生存的基本需求，这也成为推动劳动形态变化发展的重要推动力。例如，人们为了解放双腿发明了汽车，为了打破时空的局限发明了电话。而互联网的出现，也正是为了满足人们可以随时随地进行交往的需要。另一方面，人的需求不仅仅是物质需求，还包括精神需求。劳动形态的不断发展揭示了社会生产力的持续进步，而生产力不断提高的最终目的在于解放人，将人从劳动本身的消极性中解放出来，即将人从劳动所产生的劳累和折磨中解放出来。今天，劳动在满足人精神需求方面的价值被持续发掘。例如，手工劳动在生产力不断发展的过程中逐渐消解其本身的消极性，而展现人的个体独特性、满足人自我发展需求等方面的价值不断凸显。也正是因为人的需求的多样性，使不同形态的劳动在迭代发展的过程中能够并行不悖、互为补充。人一旦开始劳动，生活就已不再是自然物质世界的循环过程和必然过程，而是由人自觉参与、推动和提升的创造过程。人的生活始终是基于一定的社会历史条件的有限的、具体的统一。对于人的需求的讨论不能仅仅停留在抽象意义上，更需要结合人的现实生活实践。经过改革开放以来的快速发展，中国特色社会主义迈上新的台阶，但社会主义初级阶段仍然是我国的基本国情。

在社会主义初级阶段的背景下，我国社会主要矛盾已经转化为人民日益增长的美好生活需要和不平衡不充分的发展之间的矛盾。例如，高质量的医疗机构、教育机构依然是稀缺资源，高等级的城市地下管网建设刚刚起步，有的城市还存在城中村，等等。这种发展的不平衡不充分，一方面揭示了当前我国劳动形态多元并存的现实，即劳动形态的迭代发展是非均质性的，不同劳动形态的并存是生产力发展水平决定的；另一方面也表明了在不同生产力发展水平下人的需求具有差异性与多样性，劳动形态多元并存恰恰能满足不同发展水平下人的需求。因此，劳动形态的发展需要满足人民群众的基本需求，又需要满足人民群众多样化、个性化的发展需求。人们既需要流水线式、批量化机器劳动创造丰富的物质生产生活资料，又需要智能劳动的不断发展带来产业结构的优化与升级，实现高水平、高质量、高效益发展，还需要手工劳动、智能劳动等不断满足人的个性化、多样性的物质与精神需求。

（二）科学技术是促进劳动形态多元并存的直接动力

不同劳动形态的迭代与更新在本质上是科学技术积累的结果。从手工劳动到机器劳动再到智能劳动，在劳动形态更新与共存的背后，是科学技术的不断进步。

一方面，科学技术的积累是一个渐进的过程，不同劳动形态之间的彻底转化需要科学技术的积累。手工劳动中孕育着机器劳动的技术萌芽，机器劳动的不断发展为智能劳动的出现奠定了技术基础。另一方面，科学技术的迭代与更新也为不同劳动形态进行自我革新与发展提供了新的契机。手工劳动依靠科学技术的不断发展实现了劳动内容、外在表现形式的不断升级。例如，对客户进行大数据分析有利于企业根据市场需求来调整劳动内容、搭建销售渠道形成品牌效应。科技的不断发展也带来了不同形态劳动中脑力劳动比重的不断提升。例如，我国农业领域正在逐渐成为高科技的聚集地，脑力劳动的价值正在农业生产中不断凸显出来；在工业领域，自动化、智能化制造正在逐渐成为主流；而新兴产业部门中脑力劳动者的比例也在不断提高。

当前，随着科学技术的迅速迭代更新、智能技术的飞速发展，生产与技术、信息与文化、时间与空间等劳动条件的耦合变得更加复杂，这使信息产业、文化产业等新兴产业不断涌现，科研成果在不同形态劳动中的转化率不断提高。科学技术的不断发展催生了一系列新产品、新模式，科学技术与传统产业正在实现深度融合。科学技术与劳动的融合带来了劳动组织形式、生产管理方式的改善，推动社会经济、政治体制的改革，以及人的思维方式、生活方式的持续变革。例如，以数字技术为重要内容的数字经济正在逐渐走进大众视野。

三、智能劳动

以"智慧农业"为代表的高端科技的应用，正在深刻改变农业的种植模式，正在成为当下农业生产的发展趋势。物联网、大数据等科技在田间地头的广泛普及和应用，推动了传统农业向智能化转变。

智能劳动

只要打开手机 App，农机主就能知道旋耕机的耕作层有多深、耕作面积有多大、有无重复和漏耕的情况。比如，在江西省某现代化农业基地，几台旋耕机在田里翻耕土地，为接下来的水稻播种做准备。与其他农机不同的是，旋耕机的机身上装有一个小小的智能终端和一个摄像头，它们能够详细记录农机的作业面积、轨迹和土地平整度等数据信息。智能终端具备语音提示、远程视频和记录轨迹等功能，农机主可以根据数据反馈来进行操作，从而提高效率。

进入 21 世纪以后，作为信息社会更高形态的智能化阶段悄然到来。互联网、人工智能、5G 等技术的快速发展正在深刻改变着劳动的基本形态。2013年，在德国汉诺威工业博览会上，人们首次提出"工业 4.0"的概念，智能劳动由此吹响高速发展的号角。

（一）智能劳动的定义

关于智能劳动的定义，不同的学者或机构基于不同的视角往往有不同的侧重，但总体都肯定智能劳动是以智能技术为基础、通过技术产业化而形成的新的劳动形态。智能技术的发展，标志着劳动工具开始从机械化向智能化转变。从"人的劳动功能的物化"到"工具的人格化"这一劳动工具的发展过程来看，智能化劳动工具的发展相较于机械化劳动工具有了显著的进步和本质的提升。

智能劳动是随着劳动工具迭代升级到智能化阶段而逐渐发展起来的劳动形态。具体来说，就是运用物联网、大数据、云计算、移动互联等新一代信息技术和智能装备对劳动诸要素进行深入、广泛、持久的改造与提升，推动产品与设备的智能化、生产方式的智能化、管理的智能化和服务的智能化。

（二）智能劳动的发展历程

从当前技术发展的进程来看，与人类智能相当的人工智能尚未出现。按照人工智能发展趋向进行划分，智能劳动大致有两种发展方向：弱人工智能劳动与强人工智能劳动。

弱人工智能劳动所使用的劳动工具仅仅是借鉴人类的智能行为，专注于在某些特定领域解决实际问题。目前，弱人工智能在劳动中的应用已经比较广泛。例如，在工业生产中，人们利用机器人生产线进行生产；在农业生产中，人们用无人机完成农药喷洒；在生活中，人们用智能家电完成家务劳动。

强人工智能劳动则试图使智能劳动工具代替人的技能，劳动工具甚至是具有超越人类某一智能水平的人造物，能够在无人介入的情况下自动处理信息，并自主地执行智能功能。当前，强人工智能在劳动中的应用尚处于初步探索阶段。例如：自适应机器人 Rizon（拂晓）具有误差容忍度高、抗干扰性强、可迁移工作能力强等特点，能够实现高性能的复杂力控，为在医疗、制造等领域实现机器人取代人工完成复杂工作任务奠定了基础。

智能劳动的不断发展，带来了劳动组织形式的变化。无论是工厂时代福特式技术组织形式，还是"泰罗制"的企业管理模式，都是对劳动者在细致化分工基础上进行集中化管理。智能劳动工具的出现，促使劳动组织从集中走向集中与分散的统一。之所以称智能劳动的组织形式为集中与分散的统一，是因为在智能时代，劳动者与劳动工具之间的关系不再是传统的人与机器的刚性联系，而是一种弹性联系。智能化劳动工具的出现加强了劳动者与劳动工具之间的信息联系，削弱了人与机器之间的物理联系。劳动者可以通过智能技术从终端获取任务并在线完成，灵活的工作方式逐渐成为可能。也就是说，虽然劳动者与劳动组织在物理或时空上是分散的，但在信息或逻辑上是集中的。这样一种集中的趋势扩大了劳动组织之间、劳动组织与劳动者之间、劳动者之间的信息联系，有利于在更大的社会生活范围内规范劳动组织与劳动者行为。

（三）智能劳动的意义

机器劳动向智能劳动的发展，导致了生产、消费等各产业部门的重塑，对人的劳动方法、劳动习惯等产生了深刻的影响。智能劳动的发展水平成为影响劳动生产力发展的重要因素，也成为检验一个国家创新能力和核心竞争力的重要指标。

尽管当前人工智能技术还处于弱人工智能水平，但人工智能技术对机器劳动的工作任务乃至整个社会职业岗位产生了重大影响。智能劳动的出现催生了一大批新的职业形态，也对传统职业产生了剧烈的冲击。

智能劳动在促进劳动者进一步解放的同时，也对劳动者的价值提出新的挑战。智能劳动的发展，使越来越多的劳动者从枯燥、繁重、危险的劳动中解放出来。借助智能化劳动工具，劳动者的生存状况得到持续改善，这也为劳动者的自由、全面发展创造了条件。劳动者职业选择的可能性正在不断增加，劳动形式的自由化程度正在不断提高，劳动关系更加灵活、更加具有弹性。部分劳动者从固定职业者转变为自由劳动者。劳动者选择、从事劳动越来越与个性发展相联系。

随着机器的智能越来越接近人的智能，智能化机器能够胜任的工作越来越多。机器劳动相关职业中常规性、机械性、重复性的工作任务将会逐步被交给弱人工智能，劳动者面临岗位转换的要求、岗位升级的挑战。而伴随强人工智能的发展，智能化劳动工具"自主意识"不断增强，甚至可以取代人在劳动现场的地位。在此种情形下，人作为生产和创作的主体将受到严重挑战。

四、数字劳动的具体表现形式

随着移动互联网、大数据、云计算、人工智能等信息技术的不断发展，数字经济时代已全面来临。伴随着数字经济的蓬勃兴起，一种新型的劳动模式——数字劳动也应运而生。"数字劳动"一词最早由意大利学者蒂齐亚纳·泰拉诺瓦于2000年在《免费劳动：为数字经济生产文化》一文中提出。随后，以"数字劳动"为主题的学术会议陆续召

数字经济下的劳动形态

开。数字劳动归根结底也是物质劳动。数字劳动是非物质性劳动，能够生产商品和剩余价值。

根据数字劳动是非物质劳动的观点，数字劳动的具体表现形式主要包括互联网专业劳动、无酬劳动、受众劳动和玩乐劳动。数字劳动的出现改变了人们的传统认知，日益成为数字经济时代人们生产生活中不可或缺的劳动形式，并催生出新兴的职业。

1. 互联网专业劳动

互联网专业劳动伴随互联网的产生而出现，如程序设计、应用软件开发、网站维护，以及非技术性人员所进行的管理与日常工作，如后台管理、网络安全监管等。

2. 无酬劳动

无酬劳动一般指为数字媒介公司生产利润却得不到报酬的在线用户劳动、如个人信息发布、网页创建、资料上传等。

3. 受众劳动

受众劳动是从传播政治经济学的角度所得出的无酬劳动的一种具体表现形式。用户在互联网上阅读、浏览与收听时所进行的消费活动。互联网时代的受众是"产消合一"的数字劳动者，一方面作为生产者产出相应的数据内容，另一方面作为消费者消费数据商品。

4. 玩乐劳动

玩乐劳动主要指用户为了获取乐趣，在互联网上进行的一系列娱乐性质的活动。这些数据被有关公司收集利用，用于向用户提供精准的定制化内容和服务，并在其中穿插广告引导用户进行消费等，从而使用户在某种程度上成为免费劳动者。

虽然不同学者对数字劳动具体形式的区分有所差异，但他们都认为数字劳动是数字技术、互联网领域中创造剩余价值的非物质劳动形式，可以大体划分为有酬劳动和无酬劳动两种形式。

2019年4月，2020年2月、2020年7月和2021年3月，人力资源和社会保障部、国家市场监督管理总局与国家统计局联合向社会分批发布的4批新职业中，人工智能工程技术人员、大数据工程技术人员、网约配送员、人工智能训练师、全媒体运营师、互联网营销师、信息安全测试员、电子数据取证分析师等都可归属数字劳动者范畴。大数据时代，各国学界、学者为改善数字劳动者的工作和生活状况，不断创新研究方法。而我国的正面回应和建制化，是对数字劳动者的认同，同时对其职业行为规范、权益保障和社会监管提供了进一步发展、改善的空间和可能。

技术创新在推动劳动发展与人类社会进步的同时，也给人类的生存提出了新的挑战与要求。核技术的发明推动了能源发展方面的巨大进步，也导致了核武器威胁的出现；大数据、互联网等技术的发展在推动劳动升级、生活改善的同时，也引发了隐私侵犯等问题。面对科学技术飞速发展所带来的问题，我们迫切需要使科技具有"人性"，尊重伦理与道德原则应该成为科学技术发展的重要前提。科技的生命化是人类发展的内在要求，科技发展的根本目的就是满足人的需求。将生命植根于科技，是劳动升级的必要手段，也是实现人类发展、社会进步的必经之路。科技只有以人为本、从人的需求出发，才能切实为人类服务，才有助于人们创造更加美好的生活。

五、全球化时代的劳动

在全球化时代之前，劳动更多体现为某一区域范围内的"自给自足"或"自产自销"，生产要素的流动也主要发生在固定的区域范围内。随着全球化的不断深入，各国经济、政治、生态等高度联系在一起，世界日益成为一个有机整体。劳动与世界经济、人口流动以及全球生态环境等国际问题联系起来，也进入了全球化时代。各种劳动要素开始在全球范围内寻求最优配置，劳动力的国际流动也日益频繁，劳动资源和劳动对象也随着全球生态变化而逐渐变化。

（一）劳动形态转变与世界经济体系的形成

世界经济体系是世界各国和地区在国际分工和世界市场的基础上，各国国民经济通过参与国际劳动分工与世界市场紧密联结而成的有机整体，通过商品和各种生产要素在国与国之间的流动而形成的相互联系、相互依赖的有机经济体。世界经济体系不是各国国民经济的简单相加，人类劳动形态的演进和生产方式的变革在世界经济体系形成的过程中扮演着非常重要的角色。

在前资本主义时期，生产力低下，社会分工不发达，自然经济占统治地位。虽然一些国家或地区之间有商品交换（如"古丝绸之路"），但此时的国家交往仅限于商品流通领域，且带有一定的局部性与偶然性。直到 14 至 15 世纪，西欧的一些地区随着农业、手工业生产力的提高，出现了以工厂手工业为主要标志的资本主义生产关系的萌芽。封建主阶级为了维护统治、增加收入，进行殖民掠夺，直接推动了新航路的开辟，促进了西欧国家国内外贸易的发展与早期世界市场的出现。在近代自然科学和技术发展的基础上，从 18 世纪 60 年代开始，英国首先发生了以蒸汽机的发明与使用为标志的第一次工业革命。随后，从 19 世纪初开始，法国、美国、德国、俄国、日本等国也相继进入工业革命时期，以机器为主体的现代工厂取代了以手工技术为基础的手工工场，资本主义生产方式得以最终确立。此时的机器大工业促进了新兴工业部门的出现，如机器制造业、棉纺织业，铁路、轮船等交通运输业。同时，工业生产规模不断扩大，导致各国市场不能容纳自己急剧增加的产品产量，各国的生产原料也不能满足自己大规模生产的需要，这使机器大工业的供给和需求都逐渐脱离各国本国基地，而越来越依赖于世界市场、国际交换和国际分工。

欧美资本主义国家打着自由贸易的旗号，以廉价的工业品为武器，打开了世界其他落后国家封闭的大门，使这些国家成为资本主义国家工业品的销售市场和原料供应地，从而把这些国家纳入资本主义的国际分工体系。但由于还有相当多的国家和地区尚未被纳入这一体系，此时的世界经济体系也主要以商品的国际流通为基础，因此这个阶段世界经济体系还只是初步形成。

19世纪末至20世纪初，欧美先进资本主义国家发生了以电力的发明与应用为标志的第二次工业革命，促进了生产力的迅猛发展和经济社会的巨大变化。这些国家相继实现了工业化，工业生产的发展和企业竞争的加剧促使生产和资本越来越集中到少数大企业手里，垄断组织开始出现，确立了由工业垄断资本和银行垄断资本融合而成的金融资本在主要资本主义国家乃至资本主义世界经济体系中的统治地位。资本主义从自由竞争阶段过渡到垄断阶段，即帝国主义阶段。为了霸占销售市场、原材料和投资场所，帝国主义国家加紧了对势力范围的争夺和对殖民地的侵略扩张，进行大规模的资本输出。此时的垄断资本不仅在经济上，而且在领土上瓜分了世界。随着世界上绝大多数国家和地区被纳入统一的资本主义世界经济体系，大规模的资本输出极大地推动了资本的国际流动和生产的国际化。

回顾工业革命的历史过程不难发现，生产力的进步在世界经济体系的形成与发展过程中发挥着至关重要的作用。劳动形态和生产方式的变革逐渐使世界经济连成一体，经济结构特别是产业结构的变化不断加强着世界各国之间的经济联系。世界经济体系在劳动的不断演变中持续发展，同时，劳动在世界经济体系的作用下也不断走向国际化，全球范围内的国际劳动分工格局逐渐形成。

（二）世界经济体系与国际分工

除了劳动形态和生产方式对世界经济体系的形成起到重要作用外，全球范围内的劳动分工也是世界经济体系发展的重要推进力量。国际分工反映了以各国国民经济为基础的世界经济体系的地区结构，是各产业在世界范围内的梯度分布状况，既包括产业间的分布状况，也包括产业内部各行业间的分布状况以及各行业内部的分布状况。当然，国际分工也是随着人类劳动形态和生产方式的变化而不断变化与发展的。

国际分工简单说就是世界各国生产者之间通过世界市场而形成的劳动联系，是国内劳动分工超越国家界限广泛发展的结果，即生产的国际专业化。影响国际分工的因素概括来说主要有两类。一类是自然条件，包括各国的资源、气候、土壤、河流、国土面积等。这些条件一般是各国先天具有的，因此常被称为"自然禀赋"。另一类是社会经济条件，主要包括各国的科学技术和生产力发展水平的高低，国内市场的大小、人口的多少和社会经济结构，以及各国在社会经济制度和政策方面的差异。这些条件多是获得性的，或者说是后天性的。一般来说，自然条件在国际分工形成和发展的早期阶段扮演着重要角色，而随着生产力的发展和社会的进步，社会经济条件在国际分工中就会发挥越来越重要的作用。当代国际分工是自然条件和社会经济条件产生合力的结果。

真正意义上的国际分工形成于18世纪60年代开始的第一次工业革命。由于英国率先建立了大机器工业，完成了产业革命，其生产力水平和竞争能力都高于其他国家，加之其强大的军事力量，这一时期的国际分工是以英国为中心形成的。随后，在完成了工业革命的欧美资本主义国家的主导之下，其他国家逐渐被纳入，资本主义国家从事工业生产，亚非拉国家在国际分工体系中主要从事农业生产。到19世纪中期，基本形成了"世界城市"与"世界农村"既相互对立又相互依存的国际分工体系。

19世纪70年代是国际分工的发展阶段。第二次工业革命标志着人类进入内燃机时代，电力、汽车制造、钢铁、石化等重工业飞速发展。同时，随着生产力的发展，自由资本主义过渡到垄断资本主义，资本输出成为资本主义对外扩张的重要手段。由于建立在更为强大的物质基础之上，这一时期的国际分工也具有更强的扩张性。随着卷入国际分工的国家越来越多，世界市场逐渐形成，生产的专业化倾向也进一步加强。一方面，亚非拉国家和地区的经济进一步畸变为单一经济，其主要作物和出口商品只限于少数几种，这造成了亚非拉国家的两种依赖：一是经济生活依赖少数几种产品；二是高度依赖世界市场，特别是依赖工业发达国家的市场。另一方面，处于国际分工中心地位的欧美国家之间也形成了工业品专业化生产的国际分工，例如，挪威专门生产铝，比利时专门生产铁和钢，芬兰专门生产木材加工产品，荷兰和丹麦专门生产农产品，美国成为生产谷物的大国，等等，从而加强了世界各国之间的相互依赖关系，加强了世界各国对国际分工的依赖性。

在第三次工业革命中，一系列新兴工业部门相继出现，科技在生产中的运用再一次极大地解放了生产力。随着殖民体系的瓦解，发展中国家纷纷独立，国际分工进入了深化发展阶段。原有的以自然资源为基础的产业间分工不断削弱，工业部门内部的行业分工得到加强，国际分工格局走向立体化。新科技革命使知识和技术密集型产业逐渐成为发达国家的支柱产业，传统的劳动密集型和资本密集型产业逐渐转移到发展中国家，形成了发达国家与发展中国家之间所谓的"大脑—手脚"国际分工格局。值得一提的是，随着跨国公司的不断发展，跨国公司的内部分工逐渐成为一种新的国际分工组织形式。

跨国公司根据其全球战略进行的设在不同国家的母公司与子公司之间以及子公司之间的分工，乃至不同跨国公司之间的分工，构成了国际生产分工新的重要组成部分，甚至成为国际分工的主导模式。

随着生产全球化的不断推进与以信息技术为代表的高新科学技术的突飞猛进，以往基于自然禀赋产生的比较优势而形成的国际分工格局逐渐朝着更加技术化的方向发展。以前，拥有较多资本和机器的国家在国际分工中占据有利地位，而其他国家没有选择的余地，只能被动地生产劳动密集型产品，受制于他国。而在当今的知识经济时代，科学技术力量日益成为国际分工的决定性因素。这时哪个国家拥有更多的知识和更发达的技术，就将成为指挥其他国家的"大脑"，而缺少知识、科技落后的国家只能扮演"手脚"的角色。

与此同时，国际分工向产业内甚至产品内分工方面深化，以服务业为代表的无形产品的国际化分工得到深化。跨国公司为了追求生产成本最小化，在全球范围内进行资源的优化配置，这使同一产业甚至产品被分成几个部分进行跨国界生产，国际分工的产业边界不断弱化，产业链条和产品工序的作用越来越重要，传统的国际产业链转移相应地演化为产业链条、产品工序的分解与全球化配置。这也使高新技术产业中的劳动密集型环节的海外转移成为可能。各发展中国家要在国际竞争中占据有利位置，就必须学会对全球范围内各种不同的优势进行综合，设法提高其在产业链条上所处的地位，提高增殖能力，并且多利用产品内分工加强彼此合作，缩短与发达国家之间的差距。

随着国际分工格局的演进，国际分工的边界正从产业层次转换为价值链层次，在这种分工体系中，技术密集型产业有它的劳动密集型环节（如高科技产品的加工装配环节），劳动密集型产业也有它的技术密集型环节（如服装产业的设计环节）。分工可以是传统定义的劳动密集型、资本密集型和技术密集型产业之间的分工，也可以是同一产业、同一产品价值链上不同环节之间的分工。任何企业，只有融入某一价值链并在价值链中准确定位才能获得更好的生存和发展机会。

（三）世界经济体系与中国劳动的"升级"

自 1978 年实行改革开放以来，中国经济发展取得了令人惊叹的成就，已经成为世界第二大经济体。但是中国融入世界经济体系的过程并非一帆风顺。传统的国内产业链条布局要逐步在更广阔的国际范围内根据比较利益原则进行调整。在技术方面，我国改革开放的一个重要方针就是通过引进国际先进技术，实现我国的技术改造和升级。虽然这在客观上促进了我国技术水平的提高和产业升级，但许多跨国公司为了保证其垄断地位，先进技术的关键环节仍然只掌握在外方的高级管理人员手中。

为了在抓住机遇的同时有效应对风险，中国经济正在进行着一场全方位的改革。其中，加快经济结构的战略性调整就是应对融入世界经济体系风险的根本性措施之一。从我国的实际情况看，人口多、劳动力成本相对较低是我们的优势，发展传统的劳动密集型产业，以及有选择地承接一些发达国家技术含量较高的劳动密集型产业和高新技术产业中劳动密集型环节的产业转移，仍然是我们不可避免的发展过程。这一方面可以带动经济发展，另一方面也能有效解决国内的就业问题。在发展劳动密集型产业的同时，我国更应该积极利用与资金、技术力量雄厚的大的跨国公司合作的机会，加快建立自己的高新技术和资本密集型产业，并在此过程中不断壮大自己的专业技术和管理人才队伍。同时，经济结构的调整不仅仅是调整产业比例关系，更重要的是产业升级：用高新技术改造传统产业，加快企业的技术进步和产业升级；加速发展高新科技产业，培育和发展一批有自主知识产权和市场前景的高新技术产品。

除了产业、技术等风险，融入世界经济体系还会对我国的金融安全以及国家主权安全形成一定的挑战。一方面，目前我国国民经济对国际资本、技术资源和世界市场的依存度很高，但我国的经济发展水平还未达到发达国家水平，整体的结构与质量水平还不高，在国际竞争中很容易陷入劣势。同时，随着金融创新工具的增多，宏观经济调控的难度也随之加大。面对国际经济环境中客观存在的竞争压力和不断扩大的金融服务开放压力，我国金融安全的内外部影响因素日益增加。另一方面，国际关系的力量对比客观上并不处于平衡状态，一些强权国家借助世界经济体系搞政治霸权主义，从自身利益出发制订"游戏规则"，对国际上的国家主权原则形成现实的威胁。为此，在劳动升级的过程中，我们要发展科技、进行经济结构改革与金融体制改革，同时也要处理好发展需求与国家安全的关系，加快建立国家经济安全防范体系。

第三章 辛勤、诚实、创造性的劳动精神

"劳动是一切幸福的源泉。"崇尚劳动、热爱劳动、辛勤劳动、诚实劳动，是人生出彩的金钥匙，也是创造美好生活的必经之路。让肩负时代重任的广大高校青年学生传承劳动传统、涵养劳动情怀、崇尚劳动立身，奋进新征程，我们必须大力弘扬劳动精神。

辛勤、诚实、创造性的劳动精神

不可否认，随着经济社会发展，劳动的方式在发生变化，但"功崇惟志，业广惟勤"始终是不变的人生哲理。回首历史，从"走在时间前面的人"王崇伦到"当代雷锋"郭明义，从"铁路小巨人"巨晓林到"金牌焊工"高凤林，一代又一代热爱劳动、勤于劳动、善于劳动的高素质劳动者，用对事业的"痴"、对岗位的"爱"、对工作的"狂"，垒筑起共和国的巍峨大厦，标注了建设者们的奋斗底色。他们在劳动中收获了个人成长，也为国家发展作出了贡献[①]，直接关系到"两个一百年"奋斗目标与中华民族伟大复兴的中国梦的实现。

一、劳动精神的内涵及新时代体现

劳动是人的本质力量的体现。劳动精神是在劳动实践中提炼而成，推动社会变革、推动社会文明与进步的重要精神力量。习近平总书记在 2018 年 9 月 10 日全国教育大会上的重要讲话中提出："要在学生中弘扬劳动精神，教育引导学生崇尚劳动、尊重劳动，懂得劳动最光荣、劳动最崇高、劳动最伟大、劳动最美丽的道理，长大后能够辛勤劳动、诚实劳动、创造性劳动。"[②] 劳动精

---

① 陈凌. 用奋斗诠释劳动精神 [N]. 人民日报，2020 - 12 - 01.
② 教育部课题组. 深入学习习近平关于教育的重要论述 [M]. 北京：人民出版社，2019：103.

神是中华民族存在和发展的精神纽带，它不仅是对中华民族优良传统美德的继承和发展，也是伟大时代精神的生动体现。纵观历史，人类所有的进步和发明创造都是劳动带来的，而创造一切文明奇迹的根源，就在于人类体现出的劳动精神。当代大学生要努力做劳动精神的培育者和弘扬者，用实际行动展现出新时代的青春风貌。

（一）劳动精神成就劳动者

劳动者创造劳动精神，劳动精神成就劳动者。这就表明，劳动精神与劳动者是存在内在一致的。我们不仅需要从劳动者的角度理解劳动精神，更需要从劳动精神的角度去理解劳动者。当前，我们全面推动劳动精神，大力弘扬劳动精神，一方面展现了党和国家对广大劳动者的高度重视，另一方面也体现了劳动精神对于培育社会主义建设者和接班人的重要意义。

（二）劳动精神创造美好生活

任何劳动都有一定的指向性，任何劳动者都怀揣着对美好生活的向往，这些都需要劳动精神的支撑和指引。"人民创造历史，劳动开创未来"，人类所有的美好生活都是通过劳动获得的，这就要求我们不仅要仰望星空，更要脚踏实地。仰望星空体现的是对美好生活的向往和追求，但是最终决定这一向往和追求能否实现的关键，是脚踏实地的劳动精神。

（三）劳动精神体现劳动态度

劳动精神首先表现为劳动态度。态度决定高度，劳动态度决定劳动的质量。所以，我们学习和践行劳动精神，就需要端正劳动态度。劳动态度左右着我们的劳动思维和判断，控制着我们的劳动情感与劳动实践。有什么样的劳动态度，就会有什么样的劳动成果。

（四）劳动精神展现劳动观念

劳动精神的核心是劳动观念，也就是劳动者对劳动的认识和看法。有些人对劳动的理解出现偏差，好逸恶劳、渴望不劳而获、盲目消费、拜金主义等社会现象层出不穷。这是因为，社会的发展、科技的进步以及生活水平的提高，人们的劳动观念发生了很大变化。这就需要用马克思主义劳动观特别是新时代劳动观，引导广大劳动者尤其是新时代大学生树立正确的劳动观念。

（五）劳动精神彰显劳动习惯

弘扬劳动精神的目的就是养成热爱劳动、尊重劳动、崇尚劳动、践行劳动的好习惯，每一位劳动者都应该养成良好的劳动习惯。广大青年是新时代的建设者，每一位大学生都应该养成良好的劳动习惯。大学生应深化对马克思主义劳动观的认识，牢固树立正确的劳动观，培养爱岗敬业、艰苦奋斗、勇于创新的新时代劳动精神，积极投身劳动，用劳动造就自己，用实际行动践行大学生的价值所在，使劳动成为自己的一种生活习惯。

作为体现劳动价值和劳动追求的精神，劳动精神就是人之所以成为人的精神。我们理解劳动精神，需要深入把握劳动精神的社会性、实践性、历史性、人民性、教育性等特点。其中，社会性是前提，实践性是基础，历史性是保障，人民性是立场，教育性是目标。

二、劳动精神的主要内容

在长期实践中，我们培育形成了崇尚劳动、热爱劳动、辛勤劳动、诚实劳动的劳动精神。人民创造历史，劳动开创未来。劳动是推动人类社会进步的根本力量。崇尚劳动就是要让每一位劳动者认识到劳动的重大价值，树立劳动最光荣的理念。热爱劳动就是让每一位劳动者热爱自己的岗位和工作，营造热爱劳动的社会风气，培育青少年热爱劳动的习惯和素养。辛勤劳动就是勤奋地劳动，从中磨炼劳动意志和品质。诚实劳动可以概括为诚实做事、诚实做人。劳动创造了中华民族，造就了中华民族的辉煌历史，也必将创造出中华民族的光明未来。劳动是一切成功的必经之路。

（一）崇尚劳动

崇尚劳动，就是树立正确的劳动价值观，充分认识到劳动最光荣、劳动最崇高、劳动最伟大、劳动最美丽，把劳动视为人类的本质活动和创造财富的源泉。人类是劳动创造的，社会是劳动创造的。劳动在现实社会中表现为不同的形式，有脑力劳动和体力劳动，有简单劳动和复杂劳动，等等。

要让崇尚劳动的观念深入人心。所有直接或间接地从事物质生产或精神生产的工作，都属于劳动的范畴。无论哪种形式的劳动，只要是有益于人民和社会的，就是人类历史发展不可或缺的内容和推动力量，都应该得到承认、保护和尊重，劳动没有高低贵贱之分，任何一份职业都很光荣。此外，崇尚劳动本质上是崇尚劳动者。因为劳动的主体是劳动者，劳动的成果也是满足劳动者的需要。因此，不仅要尊重劳动的过程，还要尊重劳动者，尊重和珍惜他人的劳动成果。不论是普通工人、农民所从事的创造社会财富的基础性劳动，还是知识分子的创造性劳动，抑或是自由职业者的劳动，只要为社会主义事业的发展作出了贡献，就都是伟大的、光荣的、美丽的。

（二）热爱劳动

每一位劳动者都希望通过劳动创造自己的幸福生活和美好未来，更希望能在工作岗位上不断提升自己的综合素质，带来更好的发展机会，这都需要一颗热爱劳动的心。热爱劳动意味着人们要从精神层面上认可劳动、珍爱劳动，对劳动存在一种内生的热情。

热爱劳动，发自内心地热爱自己的岗位和工作，劳动者身体力行去劳动，爱惜劳动成果，焕发劳动热情，自觉劳动、积极劳动、主动劳动。在劳动中找到自己的人生定位和实现自己的人生价值，意味着人们要在实践层面上积极劳动、主动劳动，无论客观条件有多恶劣也不会有怨言，都想办法去完成工作。

热爱劳动指劳动者对劳动积极热情的态度，是由劳动意识转化为劳动行为的重要环节。高尔基说："热爱劳动吧，没有一种力量能像劳动，即集体、友爱、自由的劳动的力量那样使人成为伟大和聪明的人。"对于劳动者来说，热爱劳动就是勇于承担工作中的重任、积极面对工作中的难题，恪尽职守，认真完成每一项工作，从而推动企业、社会发展，最后汇聚成国家振兴的力量。对岗位和工作的热爱，实际上就是对单位、社会和国家的热爱。热爱劳动表面上看热爱的是劳动，实际上热爱的是劳动所承担的责任。热爱劳动对所有人来说都是必不可少的，一个富有高度社会责任感乃至对人民、对国家有大爱的人，他的劳动能够带来难以想象的成就，他的劳动价值也将是无可限量的。

（三）辛勤劳动

"民生在勤，勤则不匮。"辛勤劳动，是对劳动过程及其强度的充分肯定，表明要充分遵循劳动的客观规律以及要达到的劳动强度。体力劳动要付出辛劳和汗水，脑力劳动也要付出智慧和心血。自中华人民共和国成立以来，经过人民的辛勤劳动，中华民族取得了历史性的成就。

幸福不会从天降，美好生活靠劳动创造。"若有恒，何必三更眠五更起；最无益，莫过一日曝十日寒。"自古以来就不乏有关勤劳的劝诫，勤劳亦是中华民族的传统美德。勤劳对个人进步和国家发展的积极意义是毋庸置疑的。劳动成果不是一蹴而就的，而是需要我们久久为功、绵绵用力。

辛勤劳动是劳动精神的基本要求。勤劳是一种典型的美德，因为它是对人之"好逸恶劳"的自然性的克服。懒惰不仅带来个体的损失，还会造成社会秩序的混乱——当不劳而获的不正之风盛行时，勤恳工作的个体就会逐渐丧失斗志。其实，当代社会还有另一股风潮在动摇人们的劳动观念。消费主义表面上激励个体努力奋斗，但实质上消解了劳动的本体意义，强化了劳动的工具意义——有些人只在意通过劳动换取的报偿，而未曾体验劳动本身带来的幸福。劳动幸福与个体树立的劳动目标是分不开的，当一个人的劳动目标不拘泥于眼前的利益得失，而是将个体价值与社会价值紧密结合起来时，劳动的动力就会增加，成就感也会倍增。中国人民自古以来就明白持之以恒、辛勤劳动的重要性。

1. 辛勤劳动是对劳动者永葆劳动姿态的形象描述

在抗击新冠疫情的过程中，广大人民群众在各自的工作岗位，用自己的辛勤劳动为疫情防控作出了贡献。虽然当前国际环境与国内环境已经发生了许多变化，当今世界正经历百年未有之大变局，我国正处于乘势而上开启全面建设社会主义现代化国家新征程、向第二个百年奋斗目标进军的特殊历史时期，但我们解决发展中的各种难题、应对前进中的各种挑战、实现永续发展的途径没有变也不会变，那就是辛勤劳动。

2. 勤劳是维护分配正义的个体努力

按劳分配制度对实现社会正义具有非常重要的意义。这一制度从根本上肯定了劳动的社会价值，是制度设计对劳动者的尊重和认可。

某些个体的"不劳而获"会让其他辛勤工作的人感受到不公平。"当一部分人闲着而不劳动时，就需要其他劳动的人协力合作才能弥补那些人懒惰坐吃的消耗"。谁会心甘情愿地以自己的劳动来供养"好吃懒做"者呢？此处，可以引入政治哲学中的程序正义理念。所谓程序正义，即一个真正公正的制度设计会让"无知之幕"中的个体认为自己无论处于何种身份，都可以接受这一安排。约翰·罗尔斯（John Rawls）在《正义论》中提出了"无知之幕"的概念：每一个人都不知道自己在走出幕布后将在社会/组织里扮演什么样的角色。"无知之幕"中的个体一般不会接受"好吃懒做"者与"辛苦工作"者获得等量的社会资源，因为这样对后者是极不公平的。按劳分配制度之所以能够维护社会正义，是因为这一制度保障了勤劳的人能够得到与其劳动付出相匹配的报酬。制度的确在劳动者权益保障中扮演了至关重要的角色，制度只有尽可能规避"不劳而获"现象的发生，才能够真正激励辛勤劳动者。

从个体角度来看，如果一个人在组织中总是"混日子""搭顺风车"，从而实现了"少劳多得"，其他勤劳工作的人就会降低劳动热情。如果"磨洋工"的人数占比太大，就会形成一种不公正的组织文化，使辛勤工作者动摇自身信念。制度是维护分配正义的一个维度，个体则是实现分配正义的另外一个不可小觑的维度。"大锅饭"制度和"懒伙伴"共同影响着一个勤劳者的工作态度。不做"懒伙伴"并不只是为了组织的工作效率作贡献，对个体来说，自己的懒惰行为会加重同伴的懒惰心理，造成不正之风大行其道，最终为自己带来更加消极的影响。事实上，在不正义的分配制度中，没有谁会真正获益。

3. 勤劳是具有自足意义的工作伦理

当下，人们生活在一个消费主义盛行的社会之中。换句话说，我们处在"消费"控制着整个生活的境地。波斯特在《第二媒介时代》一书中提出，个体从他人的角度获得他们自己的身份，而身份来源并不是他们的工作类型，而是他们所展示和消费的符号与意义。消费主义作为一种特殊的欲望形态，首先体现为欲望本身的现实超越性，即超越了人的基本生存的需要，常常误把欲望当作需要本身去追求。其次，消费主义表现为欲望的无边界性。某种水平的欲望满足了，个体又会形成更高水平的欲望。再次，消费主义体现为欲望可以超越现有资源而存在。在这样的社会中，生产和消费的关系发生了新的变化。许多人参加劳动的目的变成了消费，他们通过消费在社会生活中找到自己的位置——消费物品暗示着社会身份的符号价值。他们不得不，甚至是心甘情愿地被打上"房奴""车奴""卡奴"的标签，就是为了完成自我身份的确证。

勤与俭，在中国传统文化中本是相伴相生的两种美德，但在当代社会却遭遇了挑战。一些持有"勤俭已过时"观点的人认为，勤俭只是匮乏经济时代不得已而为之的社会生存策略，因为物资匮乏，所以人们才积少成多、量入为出，但在工业社会（尤其是后工业社会）中，经济形态已经从匮乏经济转为过剩经济，人们应该尽情享乐。相当一部分人认为：从社会的角度来看，消费能够带动经济、促进发展；从个体的角度来看，消费能够为自己的辛苦劳作赋予意义。

为何要以消费来为劳动赋值？一个客观存在的现象是，传统社会中，生产之物与消费之物常常是重合的，之所以"一粥一饭，当思来之不易"，是因为曾经"汗滴禾下土"。但当下的情境是，消费品数量激增，这使每一个人都不可能参与绝大多数消费品的生产，从而造成消费与生产在个人意义世界中的断裂——消费和生产成为截然不同的两件事，二者需要金钱（这一生产所得与消费所需）来进行勾连。

"先苦后甜"似乎在当代生活中又有了新的意义——先吃工作的苦，后享消费的甜。然而，劳动与享乐之间究竟是什么关系？劳动不应与享乐割裂开来。

一方面，当我们提倡劳动的时候，不是反对享乐。享乐是人的自然属性，也是人类生活的重要构成。我们不仅不反对，而且希望劳动成为享受生命最好的方式。马克思曾说："生命如果不是活动，又是什么呢？"在马克思看来，是劳动异化，而非劳动，为个体带来了消极体验。如果消除了劳动的异化性质，使劳动成为一种自由自觉的活动，成为人的内在需要的一种满足，它就会成为一种享受。

劳动异化使劳动"不是满足劳动需要。人只有在运用自己的动物机能——吃、喝、性行为，至多还有居住、修饰等的时候，才觉得自己是自由活动，而在运用人的机能时，觉得自己不过是动物。动物的东西成为人的东西，而人的东西成为动物的东西"。这样一来，人就不可能获得幸福。

奋斗本身就是一种幸福，如果个体不将工作视为获取消费资本的手段，而是将其当作实现个人价值和人生意义的途径，那么，人们就更容易从劳动中体会到幸福。劳动者所应警惕的不是享乐，而是享乐主义。当个体沉湎于享乐时，个体就会失去生活目标。事实上，人们在消费的狂欢中获得的不是真正的幸福，而是短暂的快乐。这种快乐具有转瞬即逝、边际递减等特性，从某种意义上讲，正是这些特性诱使人们不断消费以补充它。而幸福具有自足性，换言之，幸福本身就是目的，而劳动则是抵达幸福的主要路径。

另一方面，个体不能只贪图享乐，不愿意劳动。事实上，"不劳动"并不会给人们带来真正的幸福。劳动之后的闲暇虽然让人流连，但每个人之所以需要尽情享受闲暇，是因为在闲暇之后，还有许多重要的事情等着人们去做。康德曾诚恳地说道："年轻人！（我再重复地说）你要热爱劳动，轻视享乐，不是为了放弃享乐，而只是尽可能多地将它们永远保持在视野中！"也就是说，正是因为人们在劳动中能够遥望享乐，所以享乐才具有更重要的意义。闲暇的对立面不是劳动，而是无所事事不为任何事情投入。无所事事的人最为无聊，通常也是最不幸福的人。因此，即使迈入一个物质丰裕的时代，每一个人也仍然需要劳动。勤劳较之于懒惰，之所以更容易让人获得幸福感，一个很重要的原因是，劳动不只具有工具价值，还具有本体价值。

4. 勤劳是实现远大理想者的终身信条

新时代中国青年要树立远大理想，远大理想能够帮助青年人拨开消费主义迷雾，真正确立自己的人生航向，并为之努力奋斗。首先，远大理想首先是对消费主义文化中的短视思维的纠偏，不是只着眼于当下的欲望满足，而是能够步履不停，通过辛勤劳动为自己的人生开拓新的可能。其次，远大理想具有超越性，能够帮助青年人跳出"小我"的思维，以国家发展、社会进步为勤恳工作的最终目标。远大理想的超越性赋予个体劳动以神圣性，这种神圣性将能给予劳动者不竭的动力，使其为之持久努力。马克思曾在《青年在选择职业时的考虑》中写道："如果我们选择了最能为人类而工作的职业，那么，重担就不能把我们压倒，因为这是为大家做出的牺牲。"

事实上，劳动是实现个人价值与社会价值统一的主要路径。一方面，辛勤劳动能够帮助个体实现自己的奋斗目标；另一方面，劳动者在追逐梦想的同时，也用自己的劳动为社会创造了价值。回溯过往，经过改革开放以来的快速发展，特别是党的十八大以来取得的历史性成就和发生的历史性变革，中国特色社会主义已迈上一个新的台阶，实现了具有决定性意义的飞跃。这一伟大成绩与各行各业的劳动者在其岗位上的辛勤工作是分不开的。立足当下，我们必须承认我国生产力发展在总体上仍然处于中等水平，不仅在经济方面，在政治、文化、社会、生态文明等各方面，我们都还需要继续努力、加紧奋斗。

展望未来，新时代属于每一个人。实现中华民族伟大复兴的中国梦，就是建立在每一位普通劳动者的勇敢追梦和勤恳圆梦基础之上的。远大理想并非"成功人士"的专利，只要有志气、有闯劲，普通劳动者也可以在宽广舞台上实现自己的人生价值。

（四）诚实劳动

"言必信，行必果""人而无信，不知其可也"。诚实劳动，是对劳动者品德的客观规定，表明劳动要踏踏实实、求真务实、真抓实干、实事求是。

诚实劳动是基本的劳动状态。习近平总书记在给中国劳动关系学院劳模本科班学员的回信中写道："社会主义是干出来的，新时代也是干出来的。希望你们珍惜荣誉、努力学习，在各自岗位上继续拼搏、再创佳绩，用你们的干劲、闯劲、钻劲鼓舞更多的人，激励广大劳动群众争做新时代的奋斗者。"①伟大梦想不是等得来、喊得来的，而是拼出来、干出来的。立足新发展阶段，贯彻新发展理念，构建新发展格局，推动高质量发展，在危机中育先机、于变局中开新局，必须紧紧依靠工人阶级和广大劳动群众开启新征程，扬帆再出发。

所以，要在全社会形成劳动最光荣、劳动最崇高、劳动最伟大、劳动最美丽的劳动观念，形成诚实劳动、勤勉工作的劳动状态。镜头里的中国，故事里的中国，典籍里的中国，现实里的中国，在解读的每一个维度里，都有一个最闪耀的符号，那就是劳动者的激情燃烧。

行百里者半九十。说到底，实现中华民族伟大复兴的中国梦，离不开"弘扬""尊重""关爱"等一系列要素的支撑。让劳动者更有收获，更有保障，更有奔头，更有荣光和尊严。今天，中国人民比历史上任何时期都更接近、更有信心和能力实现中华民族伟大复兴。相信在全国各族人民的辛勤劳动下，中国的未来必然一片光明，中华民族伟大复兴也必会到来。每一滴汗水都折射太阳的光芒，每一份付出都照亮梦想的天空。勿忘昨天的苦难辉煌，无愧今天的使命担当，不负明天的伟大梦想，以全民诚实劳动托起民族复兴的希望，向着民族复兴的光辉彼岸奋勇前进。

诚信缘何重要？首先，因为它是现代社会正常运行的价值基础。换句话说，任何一个社会人只要活在当下，就或多或少能够感受到诚信的价值，衣食住行任何一个环节缺少诚信，都会给生活带来极大的不便。其次，当我们深入到经济生活之中，无论是作为个体的劳动者，还是作为共同体的劳动组织，都必须遵循诚信的原则，否则便会遭到市场规律的惩罚。最后，我们秉持诚信的原则，不单单是因为不诚信的劳动成果会给我们带来损失，更是因为诚信的劳动过程是对自己工作的珍视和尊重。

网络直播是新型经济业态，但不诚信行为也频频发生。事实上，网络中的不诚信行为是"陌生人社会"中交换风险的一个典型反映。中国传统农耕社会是一个"熟人社会"，正如费孝通在其《乡土中国·生育制度》中所言："做工

---

① 习近平回信勉励中国劳动关系学院劳模本科班学员〔N〕. 人民日报，2018-05-01.

业的人可以择地而居，迁移无碍；而种地的人却搬不动地。"因此，在传统中国社会中，人们世代定居在某地，很少大规模迁移。长期居住在一地，人与人之间的信任往往是建立在"知根知底"的基础上的。因为了解，所以信任；也是因为了解，而不愿失信。熟人社会中失信成本较高，熟人之间的闲言碎语使不诚信之人无处容身。

陌生人社会是一个"匿名化"的社会，人与人之间的许多交往并不是建立在彼此熟悉的基础上。例如，衣、食、住、行各个环节中，给人们提供服务的人未必会透露自己的真实姓名，于是他们失信的可能性就进一步提高了。

陌生人社会中的交换行为，较难唤起个体内在的道德自觉，也逐渐失去了舆论监督的保障，因此，建立健全个人信用制度已是势在必行。不诚实的劳动不仅可能遭到法律法规的严厉惩戒，而且会被记录在个人征信系统中，成为个体进入劳动世界的"身份符号"。

除了依靠外在的信用制度确保诚信能够真正落实外，每一个劳动者也应该自觉树立诚信的内在意识。尤其是在当前这样一个团结的现代社会，个体的诚信劳动既事关他人的权利，也关乎个人的利益。

诚信符合现代经济规律。现代经济本质上是一种契约经济，经济活动都以对特定规则的遵守为前提进行。其中，合同是经济活动中最为常见的契约方式。

正是因为诚信的存在，合同的存在才成为可能。此外，诚信也是有效降低现代经济交易成本的重要保证。在一个缺乏诚信的经济社会，人与人之间的经济活动必将因为彼此的不信任而障碍重重。恩格斯认为，诚信首先是现代经济规律，其次才表现为伦理性质。

随着市场竞争机制的不断健全，诚实与否对劳动者而言变成了一道"眼前利益"与"长远利益"的选择题。经营者如果不诚信，就可能失去信誉，从而流失大量消费者，最终导致经营失败。经营者如果选择诚信，即使当下利益受损，也最终会赢得守信的奖励。从这个意义上来看，诚信是最经济、最有利的劳动方式。

如果不诚信的交易成本小于诚信的交易成本，而又有机可乘，劳动者就有可能选择失信。除了法律和道德两种途径之外，健全竞争机制本身也至关重要。一个成熟的竞争机制是奖赏诚信的，参与竞争者发现，赢得比赛的唯一方式就是诚实守信，而非投机取巧。

由此可见，现代经济的契约本性在根本上就表明了诚信的极端重要性。因此，诚信不仅仅是从事具体经济活动的劳动者的个人美德，更是使现代经济得以健康、有序运转的基本前提。

《中庸》第二十二章中写道："唯天下至诚，为能尽其性；能尽其性，则能尽人之性；能尽人之性，则能尽物之性；能尽物之性，则可以赞天地之化育，则可以与天地参矣。"人是改造客观世界的主体，每个人都是通过自己的实践活动来改造客观世界的，而有规律性的、相对持久的实践活动就是工作。诚信作为一种发挥指引作用的劳动精神，不仅发生在个体与他人交往的过程中，也存在于个体与自我的交往过程中。诚信不仅是"不欺人"，而且是"不自欺"。

《二程集》中的表述则更为直接："诚者，天之道。敬者，人事之本。敬则诚。"诚信是个体对自身劳动过程的敬重。劳动过程是有形的物质活动过程和无形的精神或观念活动过程的统一，无形产生于有形，有形需要无形指引。

工作就是客体，也是人们改造世界的方式。一个对工作有敬畏之心的人，是不可能对自己的工作懈怠、应付，甚至有亵渎之心的。我们对诚信的需要，不仅仅是客观世界对它的需要，更是主观世界对它的需要。改造客观世界的我们，需要诚信来涵养自我。许多人选择诚信，并不是因为外在监督，也不（全）是因为利益驱动，而是因为诚信令他心安。"不诚"并不一定是欺骗他人，即使没有欺骗他人，也可能欺骗自己。事实上，在许多工作中，是否尽了自己的最大努力，只有本人最清楚。如果没有全力以赴，便是自己主动放弃了"诚"之乐。

（五）创造性劳动

一些人认为创新是一种"锦上添花"的劳动精神，因为每种职业、每名个体的创造力都是有差异的，所以，它不宜成为普遍要求。事实上，在劳动形态层出不穷、劳动标准日新月异的今天，创新已经成为每位劳动者的必备素养。任何一个岗位（无论是体力劳动为主，还是脑力劳动为主），都要求从业者在不同程度上具有创造性。进一步来看，这既是客观规定，也是主观诉求。在创造中，人类展现自己作为主体的特性，在创造中，见证了劳动美的诞生。

1. 创新是拥抱不确定性的积极探索

现代人正生活在一个充满不确定性的社会中。现代社会加速了可能性，劳动者的生活方式因此充满了前所未有的竞争性和不确定性。社会学家将现代社会称为"个体化社会""风险社会",风险社会是一个"有威胁的未来"始终影响当前行为的社会,这种独特的现实状态(不再信任,但还没有毁灭;不再安全,但还没有灾难)就是风险概念所要表达的核心意义。无论是哪种称谓,都揭示出一个基本事实。在现代社会中,劳动者从整体中分离出来,成为自足的个体,个体没有整体的保障,需要自己负责全部生活。从劳动者的角度来看,工作的标准具有相当程度的弹性,知识更新、环境改变都为工作赋予了新的复杂性,甚至工作本身的更迭也加快了(新的职业不断涌现,旧的职业也可能不时消亡)。从这个意义上来说,创新是劳动者的必备素质。劳动者从事的传统职业中有新的内容,劳动者还可能开创出新的职业。劳动者必须在不同程度上展开新的探索。

人类从直立行走到 2003 年的 400 万年间,一共创造了 5 艾字节的信息;到 2010 年,人类每两天就会创造 5 艾字节的信息;到 2013 年,人类每 10 分钟就创造 5 艾字节的信息;再到后来,每 1 分钟就能创造 5 艾字节的信息!

风险社会,既是挑战,也是机遇。从创新的本质来看,创新本就是对"标准答案"的突破和对既定思维方式的超越。从创新的条件来看,外部环境的不确定性使企业以及个人不能再安于现状,而是积极改变。工业化创造了岗位工作,以劳动属性定义,工业经济也可以被称为岗位经济。

20 世纪 80 年代以后,岗位工作在劳动形式总体中的占比开始下降,另一类工作形式则在攀升,那就是"自由劳动"。人们只能以局部社会为市场,局部市场对创新的需求总是不足的,故它会限制人的创造力。我们正在踏入的数字社会,人与社会因数而连,个体化是社会的基本形态,在社会为个体生存提供了基本保障的条件下,人的生活因为数字平台的存在而进入一个无限空间,任何不违背人类伦理道德与国家法律的创新才真正有了发挥的空间,进而让数字时代的零工成为真正能够发挥人类创新性的零工。岗位工作从工作涉及的关联关系看,属于局部的工作。局部社会因其市场容量的局限,总是会遏制创新。假设一个人不只有岗位工作能力,还有创新能力,且善于创新,在岗位工作时代,创新的部分就会被遏制。

同质化会遏制创新,差异化才会激励创新,而差异化又需要一个需求空间,需要从局部突围。问题是人的生物特征会阻碍人们突围。如今,即使我们乘坐最便捷的交通工具,一个昼夜也只能从地球的一边移动到另一边,可是,满足信息、合约、物流、支付等闭环的数字平台,却可以让人瞬间触达创新空间的任意角落。所有这一切的背后有一个基础,就是零工的数字化,即"数字刻画的零工雇佣"。① 局部社会对创新始终具有排他性，一个人的创新会阻碍另一个人的创新。在充斥着不确定性的时代中，个体当然需要运用自身的创造性思维，勇于开拓。同时，制度对创新的鼓励也非常重要。如果制度没有为多元主体提供参与机会和宽松氛围，一些创造性劳动的价值就不易被人发现。

以互联网为代表的新一代信息技术是全球研发投入最集中、创新最活跃、应用最广泛、辐射带动作用最大的科技创新领域。但实际上，技术难度大本身，并不足以阻止我们实现突破。芯片等半导体行业有一些特征：一是研发投入大、周期长、风险高，动辄需要几十亿美元、上百亿美元的投资；二是对材料技术要求高；三是制程工艺水平高，这也是芯片领域的核心技术，国际先进水平在向 3 纳米进发，而我国到 2023 年才有望实现 14 纳米制程量产；四是生态链构建复杂。

不确定性作为时代特征，不仅针对个体，还影响社会和国家。信息领域核心技术的突破，还面临材料技术、制造工艺、制造设备以及生态链构造与专利壁垒，形成了信息技术软硬件系统生态链和价值链。即便有更好、更先进的技术，也很难取而代之。经济全球化为国家发展、国际竞争带来了新的不确定性，国家只有创新才能够掌握主动权。要实现技术创新，归根结底是要培养创新型人才。技术的底层是基本原理、基础理论与思想，而所有这一切，都与人才有关。

对当代青年而言，创新不仅是个体在风险社会中应对挑战、拔得头筹的法宝，更是助力国家在复杂多变的国际形势中和平崛起的利器。当今世界正经历百年未有之大变局，无论国家还是个人，都需要开拓创新，在变化中谋发展，在竞争时攀高峰。

2. 创新是人之主体性发挥的集中体现

劳动是人类的创造性活动之一。劳动是人类有意识的活动，是只有人类才具有的特征，而其他依靠本能生存的动物不可能具有。创新是个体对抗异化劳动、展现自己"人之所以为人"的特性的一种重要方式。因为，当个体身处异化劳动情境时，创新能够帮助个体再次呈现出人的本质力量，用灵动和新颖超越乏味和机械。

创新既然能够展现人类的本质，那就意味着每个人都有创造的能力。创造力具有普遍性，所以无论是体力劳动者还是脑力劳动者，无论个体身处何种职

---

① 邱泽奇. 零工经济：智能时代的工作革命［J］. 探索与争鸣，2020（7）.

业，都可以具有创造性思维。创造性思维与非创造性思维相比，虽然在思维结果上有本质区别，但是，它们的基本形式都包括形象思维、抽象思维和灵感思维 3 种，从大脑中产生的生理机制也完全相同。如果把一般思维视为人脑功能的体现，那么，导致崭新认识成果的创造性思维便是人脑特定功能的体现。正因为创造性思维与非创造性思维的发生机制并无差异，所以，在一般情况下，每个人的大脑都具备产生创造性思维的功能。

之所以有的人能更好地发挥了自己的创造性思维，是因为他们实现了坚持不懈与敢于实践的统一。一方面，创造不是一蹴而就的，相反，它需要大量知识或经验的积累。许多创造性劳动都是建立在劳动者长期思考的基础之上的。另一方面，创造不是空想，它必须建立在实干的基础之上。1897 年，居里夫人在前人发现铀的放射性以后，发现了钍的放射性，后又发现了新的放射性元素并将之命名为钋。此外，她意识到放射性可能是某一类元素的共性。于是，在长期不懈的艰苦劳动后，终于发现了预期的强放射性元素——镭。

3. 创新是劳动美的重要源泉

个体在创新中更容易感受到这种本质力量，事实上也创造出了更多的美。同样是建房子，如果建筑师只是复制以往的设计图纸，就不能够感受到自己的本质力量，房子也不可能呈现出真正的美感。即便第一次的设计是美的，后期的复制却造成了千篇一律，因此不会继续产生美感。相反，如果建筑师在设计过程中发挥了自己的创造性，则可能会诞生新的美感。总之，人类正是以美的创造活动来丰富人的本质力量的。

港珠澳大桥作为世界上最长的跨海大桥，大桥 6.7 千米的海底隧道由 33 节沉管对接而成，施工难度史无前例，其设计和施工难度刷新了多项世界纪录，成为"现代世界新七大奇迹"之一。我国建设者们经过 1 400 多个日夜的苦战，2013 年 5 月 2 日，海底隧道开始下放第一节沉管，终于将 33 节沉管在海平面以下 13～48 米的深度实现海底无人安装、精确对接，误差在 2 厘米以内。在港珠澳大桥的建造过程中，类似沉管技术这样的革新还有很多。在挑战中摸索，在摸索中前进，建设者们攻克了一系列世界级难题，打破多项世界纪录，形成的发明专利达 400 多项。如今，港珠澳大桥已经成为伶仃洋上最美的风景！

如果生产劳动以资本增殖为目的，人们在从事美的实践活动中得不到美的享受：人的真正本性如审美需求等被物质需求所排斥，于是一切价值最终都归于物质价值，使个体片面且畸形发展。如此一来，将会带来两种极端：一种是劳动者无法在自己单调、压抑的工作中创造美；另一种是劳动美被消费主义五光十色的假象所遮蔽，使人们不再能感受到劳动中的创造之美，而追求消费文化中趋同的符号和潮流。

由此可见，创造性劳动不仅仅是一个事关改革与创新的经济性活动，而且也是每个劳动者自由自觉类本质得以真正实现的必由之路。

第四章 劳模精神与工匠精神的当代诠释

党的十九大庄严地向人民宣告，要在全社会范围内大力"弘扬劳模精神和工匠精神，营造劳动光荣的社会风尚和精益求精的敬业风气"。这是党的历史上第一次将"弘扬劳模精神"正式写入党的报告，使之作为党的思想中重要的精神指引向全社会提出倡议。劳动与劳动者奠定了劳模精神的基石，劳动者只有经过劳动的淬炼才能锻造成为先进的模范，先进的模范身上迸发出先进精神的火花。劳模精神的产生和弘扬，是历史的必然，是时代的呼唤。新时代是奋斗者的时代，是以劳动为荣的时代，是时刻创新自我与创新社会的时代，是劳动不断被赋予新鲜内涵的时代，是劳模精神能够发挥更大引领作用的时代。因此，我们必须大力弘扬劳模精神，发挥劳动模范的示范带头作用，以高尚的精神塑造人，以先进的事迹感召人，以美好的情操引导人，以模范的作用启发人。

劳模精神当代诠释

一、劳模精神的内涵

劳动模范是民族的精英、人民的楷模。劳模精神是对劳动模范身上所蕴含的丰富精神力量与内容实质进行的总体概括，既体现了我国社会主义精神文明和劳动文化独有的社会主义性质与民族性，也随着时代的变迁不断丰富扩展，成为伟大时代精神的重要组成部分。劳动模范身上蕴含的突出的、一致的劳动态度、职业精神与道德品质就是我们常说的劳模精神。劳模精神有利于增强广大劳动群众的竞争意识，劳模精神的特点主要包括制度性、先进性、群众性、时代性、教育性等。

（一）劳模精神树立学习的榜样

劳模精神首先是榜样精神的代名词，因为劳动模范是广大劳动群众学习的榜样和楷模，他们身上体现的劳模精神为我们学习劳动模范的先进事迹提供了具体的思想内容和精神引领。

（二）劳模精神指明奋斗的目标

劳动模范一般是在各种劳动竞赛中脱颖而出的先进劳动者代表和榜样人物。作为推动他们成为先进劳动效率和超高生产指标的创造者和引领者的劳模精神，为广大劳动群众指明了奋斗的目标。

（三）劳模精神体现坚定的理想信念

劳动模范能够在广大劳动者群体中脱颖而出，成为劳动者的杰出代表、创造卓越的劳动业绩，根本上取决于他们坚定的理想信念。这种坚定的理想信念实际上就是他们身上所体现的劳模精神。

（四）劳模精神展现高尚的境界

劳动模范作为一个先进群体和一种崇高荣誉，代表了一种做人、做事的高尚境界。劳模精神就是展现这种高尚境界的精神。这种精神主要表现为无私奉献、任劳任怨等丰富内涵。

（五）劳模精神代表时代的潮流

不同时代有不同的时代主题，每个时代的劳动模范都承担着不同的时代责任。但是，劳模精神都代表了时代的先进思想和价值追求，代表了所在时代的潮流。

二、劳模精神的主要内容

劳模精神的主要内容包括爱岗敬业、争创一流，艰苦奋斗、勇于创新，淡泊名利、甘于奉献。

（一）爱岗敬业、争创一流

爱岗敬业是劳模精神的立身之本。干一行，爱一行，也只有爱一行，才能真正做到干好这一行。劳动者只有在情感上对岗位、对劳动有发自内心的爱，才能在行动上自觉地尊敬职业、尊重劳动、崇尚劳动。爱岗源于强烈的主人翁意识，爱岗源于勇担历史使命的责任意识，爱岗源于劳动者对社会主义劳动本质属性的认识与把握。所有劳动模范都是在工作岗位上做出了卓越的成就、超越了很多人，才成为大家学习的榜样和标兵。工作岗位没有高低贵贱之分，只有贡献大小之别。一个人只有立足岗位、了解岗位、热爱岗位才会不断取得进步，在为社会和国家作出贡献的同时，实现自己的人生价值。劳动模范就是因为热爱岗位、敬畏职业，才会专心致志地学习专业知识，掌握技能、技艺、技术，提高自己的业务水平。争创一流有一种积极作为、奋发向上的精神面貌，代表着劳动者在敬业精神的驱使下，不断勇攀高峰，凝心聚力、追求更高理想与目标的勇气与坚守。

争创一流是劳模精神的不懈追求。爱岗敬业是劳动态度，而争创一流就是劳动者追求的目标。争创一流一方面是劳动者奋斗的目标，另一方面内化为劳动者工作动力的力量之源。争创一流是劳动者的目标，只有以争创一流为目标，爱岗敬业才能成为终生事业。劳动模范能够创造一流业绩的首要原因在于他们总是坚持一流的标准，总能跟随甚至引领行业、国内、国际的潮流。一个国家、一个企业的竞争力主要取决于是否掌握了一流的技术标准。争创一流的劳模精神体现了劳动模范对一流技术永不停歇的追求。劳动模范面对各种问题、困难、挫折、挑战乃至失败时，总会从积极的方面去思考，从可能成功的一面去努力，最终取得一流的业绩，他们的一流态度更多表现为阳光、积极、向上的心理状态。一流的态度转化为一流的习惯，才会取得一流的业绩。劳动模范的一流，在根本上表现为一流的工作习惯。一流的习惯就是不断坚持做最好的自己，从而创造出一流的成绩。

（二）艰苦奋斗、勇于创新

艰苦奋斗是一种内涵丰富、历史悠久的传统与作风，不仅是劳模精神的重要内涵，也是劳模精神的优良作风，更是中华民族的优良传统。

艰苦奋斗是一种既具有恒定内核又有时代特征的精神品质。不管条件如何变化，自力更生、艰苦奋斗的志气不能丢。艰苦主要是指物质条件的穷苦以及面临的处境艰难。成功注定不是一条开满鲜花的平坦之路，艰苦奋斗是披荆斩棘、破除阻碍的利器。

新时代的奋斗者，应该在思想上锐意进取，在作风上敢打硬仗，在学习钻研上永不满足，在工作劳动中勇于创新，在生活要求上朴实无华。劳动模范的成长、成才、成功的关键在于奋斗。正是因为他们持续不断地奋斗，才创造了平凡又伟大的成果。

勇于创新是劳模精神的发展动力。纵观人类发展历史，创新始终是推动一个国家、一个民族向前发展的重要力量，也是推动整个人类社会向前发展的重要力量。劳动模范之所以能成为广大人民群众的模范和榜样，很大程度上取决于他们不断有创新的成果、创新的技术和创新的思想。一个善于创新的职工会更有作为，一家善于创新的企业会更有活力，一个善于创新的国家会更有力量。创新需要勇气。很多劳动模范会把一些不可能变成可能，其中很重要的原因就是他们有创新勇气。劳动模范敢于不断挑战极限，特别是不断挑战自己。面对很多人不看好甚至放弃的重大困难，他们总能挺身而出、迎难而上、锲而不舍，最终总会取得重大突破，这绝对离不开巨大的创新勇气。

劳动模范作为党和国家选树的先进劳动者代表，承担着重要的创新责任。劳动模范也有责任和义务引领广大人民群众承担创新的责任，营造鼓励创新、爱护创新、尊重创新、支持创新的良好氛围，进一步发挥人们创新的积极性和主动性。有创新的责任意识对于创新勇气起着重要的支撑作用。

（三）淡泊名利、甘于奉献

淡泊名利是劳模精神的崇高境界。劳模精神中的淡泊名利是指劳动模范在平凡岗位中做出不平凡业绩时，不过多在意名和利，而更在意自己对社会的价值和贡献。很多劳动模范几十年如一日，默默耕耘，脚踏实地，为国家和社会作出了重大贡献，实现了自己的人生价值和理想，成为广大人民群众学习的先进榜样。劳模精神中的淡泊名利要求劳动者在从事劳动时，放下名利，轻装上阵。将个人荣誉、物质利益、待遇享受、社会地位看得淡一些，才会更加超然、更加纯粹地投入工作劳动中去。如果过多考虑个人得失，很多伟大的壮举是无法完成的，很多惊人的成果是无法产生的。

劳模精神中的淡泊名利倡导劳动者知足常乐、宠辱不惊。欲望是客观存在的，合理的欲望是推动社会进步的动力，但是一定要在欲望控制上知进退，明是非，晓荣辱。以国家大局为重，以社会上大多数人的利益为重，以集体的荣辱为重，看重劳动的过程，而非劳动结果对个人得失的影响。知足常乐，常怀对生活、对社会、对国家的感恩之心，就能够在名利得失面前泰然处之，坚定地踏上劳动的艰辛长路。

甘于奉献是劳模精神的高尚品格。劳模精神的最后一层内涵是甘于奉献，如果没有将自己对生命的激情、劳动的热情、人性的温情奉献给事业的决心与恒心，就无法练就一个真正的劳动模范。爱岗敬业将"爱"和"敬"奉献给了劳动；争创一流将"拼搏"和"钻研"奉献给了劳动；艰苦奋斗将"自强"与"奋发"奉献给了劳动；勇于创新将"智慧"与"创造"奉献给了劳动；淡泊名利将"大公"和"无私"奉献给了劳动。奉献是一种高等级的道德品质，奉献的原意是将自己的所有物、劳力或者情感等恭敬地呈献，后引申为了他人或集体的利益，自觉让渡或者舍弃自身利益，并且不求回报的做法，甘于奉献体现的是一种爱，是劳动模范对自己事业的不求回报的爱和全身心的付出。奉献对于奉献者来说并不是剥夺与丧失，而是出于爱心与善意的自然流露，奉献者本身也是幸福的。

实现中华民族伟大复兴，需要"舍小家、顾大家"的甘于奉献的精神。只有将自己的命运与国家的命运紧密相连，在为国家富强、民族复兴的过程中奉献自己的力量，才能真正体现生命的意义。甘于奉献是一种美德，更是一种力量。每个时代都会涌现出一批批劳动模范。他们或贫穷，或富有，但心中都有坚定的信念——不图回报，千千万万劳动模范的事迹都凸显了甘于奉献的强大力量。

三、劳模精神的新时代诠释

（一）弘扬劳模精神，帮助大学生树立正确的价值观

劳模精神是对社会主义核心价值观的生动诠释。弘扬劳模精神，有利于涵养深厚的劳动情怀，有利于营造崇尚劳模、学习劳模、争当劳模的良好氛围，引导青年大学生树立正确的劳动价值观。

（二）弘扬劳模精神，引领青年大学生树立正确的职业道德

劳动模范是劳动群众的杰出代表，是最美的劳动者，是时代劳模精神的承载者和践行者。劳模精神所体现的忘我的劳动热情、淡泊名利、艰苦奋斗，也是大学生真正从事未来职业的客观需要。

（三）弘扬劳模精神，促进大学生建功新时代

劳模精神是实现中华民族伟大复兴的中国梦的重要力量。中国特色社会主义伟大事业需要辛勤劳动、接续奋斗来实现。弘扬劳模精神，用劳动模范的先进事迹和优秀品质感召青年大学生勤奋做事、勤勉做人，激励青年大学生

以敢闯敢拼的勇气、激荡自我的智慧、舍我其谁的担当，勇做新时代的见证者、开创者、建设者，以饱满的奋斗热情、昂扬的拼搏斗志，争做新时代的奋斗者。

（四）弘扬劳模精神，培养大学生的创新创业精神

劳模精神既有民族精神的深远基础，又凝结着新时代的活力，反映了劳动模范群体的风采。伟大的创新创业（简称"双创"）实践，需要能够支持和鼓舞的劳模精神。劳模精神作为劳动模范共同的价值取向和行为准则，具有巨大的感染力、改造力和影响力，是规范大学生创新创业思想和行为的无形力量，具有提升大学生创新创业能力和实践水平的强大功能。

四、工匠精神的内涵及表现

"工，匠也。凡执艺事成器物以利用者，皆谓之工。"《辞海》对"工匠"一词如此解释。工匠精神是各行各业从业者对自己的工作认真负责、对技艺精益求精、追求更高更好的理念。自古以来，中西语境下的工匠精神都指示了三个层次的精神内涵，即"精于技""守于艺""信于道"，工匠精神的核心素质由这三方面构成①。在中国传统文化中，工匠精神是至真至美的崇高精神，当劳动者全身心投入劳动时，往往能创造出最优良的劳动产品，更有利于提升劳动产品的价值，彰显劳动者的生命价值。

工匠精神

（一）工匠精神表现为劳动者对工作的热爱

被誉为能工巧匠的工匠，之所以能成为广大劳动者群体中的佼佼者和杰出代表，首先表现为他们酷爱工作的劳动态度。酷爱工作的劳动态度会让劳动者"干一行、爱一行、钻一行"，并"精心打磨每一个零部件，生产优质的产品"，从而创造出精品乃至极品。

（二）工匠精神展现劳动者在平凡工作中的不平凡

工匠精神就是劳动者在平凡工作中展现不平凡的精神。这就需要劳动者在

---

① 段卫斌.解构与重塑［D］.北京：中国美术学院，2018.

奋斗中成就不平凡的人生。2019 年 4 月 30 日，习近平总书记在纪念五四运动100 周年大会上发表重要讲话强调："在实现中华民族伟大复兴的新征程上，必然会有艰巨繁重的任务，必然会有艰难险阻甚至惊涛骇浪，特别需要我们发扬艰苦奋斗精神。"①

（三）工匠精神是劳动者高素质的集中体现

对工匠精神的追求体现的是劳动者的自我超越、自我提升和自我完善。也就是说，工匠精神是提升劳动者素质的内在力量。俗话说，你最大的对手不是别人，而是自己。战胜了自己，就战胜了一切。

（四）工匠精神彰显的是精神的力量

工匠精神的核心是精神的力量，反映了劳动者的工作态度、工作境界、工作习惯以及整体工作风貌。2016 年 10 月 21 日，习近平总书记在纪念红军长征胜利 80 周年大会上强调："人无精神则不立，国无精神则不强。精神是一个民族赖以长久生存的灵魂，唯有精神上达到一定的高度，这个民族才能在历史的洪流中屹立不倒、奋勇向前。"②

（五）工匠精神为广大劳动者指明了奋斗的方向

工匠是能工巧匠的简称，他们的自我学习、自我钻研、自我挑战、自我突破，是其成为能工巧匠的根源。他们不断超越过去的自己，成为战胜自己的榜样。当他们不断超越过去的自己，也超越其他很多人时，他们就会成为各自领域内的佼佼者。

工匠精神具有重大的时代价值和鲜明的时代特征。我国历史上有很多非常杰出的工匠，他们的作品及名声之所以能流传百世，就取决于他们身上体现的精益求精的工匠精神。纵观当今很多发达国家的一些企业及其产品，之所以有着强大的全球竞争力，其根源也是因为它们展现的是精益求精的工匠精神。从这个意义上讲，工匠精神不仅具有时代性，还具有历史传承性、创新性和引领性等特点。

---

① 习近平．在纪念五四运动 100 周年大会上的讲话［N］．人民日报，2019 - 05 - 01．
② 习近平．在纪念红军长征胜利 80 周年大会上的讲话［N］．人民日报，2016 - 10 - 22．

五、彰显工匠精神的新时代要求和新时代价值

工匠精神的主要内容包括执着专注、精益求精、一丝不苟、追求卓越。

(一) 执着专注

执着专注是指工匠坚定不移、集中全部精力完成一项工作时的态度,是工匠专心致志做事情的工作状态。

1. 执着态度

态度往往决定一个人能到达的高度。对工作没有执着的态度,就很难取得显著的成效。没有卑微的工作,只有卑微的工作态度,每个人的工作态度完全取决于自己。工作态度比工作能力更重要,个人的态度决定他会把事情做到什么程度。因此,做任何事情,都要有一个好的态度。

2. 专注程度

专注就是把全部精力都集中在专业领域的学习和发展上。只有专注地深耕于某一专业领域,才能取得常人所不及的成就。有了专注才会有钻劲,有钻劲几乎是大国工匠共同的优良品质。

(二) 精益求精

精益求精成为工匠精神的另一种表述方式,反映了工匠成为更好的自己的最高追求。精益求精的字面意思是,已经做得很好了还要追求更好,精了还要更精,好了还要更好。

1. 更高的追求

任何成功都不是轻而易举取得的,需要人不断地有更高追求,当在学习或工作中遇到问题时,应该和自己较劲,对得到的答案一遍遍斟酌,一遍遍推敲,从 60% 做到 90%,再从 90% 做到 99.99%。精益求精就反映了工匠不断有更高追求的工作状态。

2. 更高的标准

如果说更高的追求主要是指个人的主观愿望和理想,那么更高的标准主要是指各种客观标准和工作指标。更高的标准代表了更高的竞争力。只有达到甚至超过了高标准,才意味着一个人的实力足够强。工匠精神就是追求更高标准的精神。

3. 更好的自己

工匠精神的本质就是不断追求做更好的自己的工作信念和价值追求。精益求精的本质也就是让自己的工作状态变得越来越好。工匠精神表面上是不断打磨自己的产品，让自己的手艺越来越精湛，实际上他们是在"打磨"自己的人生，让自己的人生越来越出彩。

（三）一丝不苟

1. 认真细致的工作态度

认真细致的工作态度是一丝不苟的工匠精神的基础。它体现为个人真正的认真细致的态度，把所有精力用在学习进步上，把全部心思用在干事创业上，扎扎实实地把工作做好。

2. "严"的工作精神

"严"的工作精神是工匠共同的优秀品质。他们能够自觉培养这种"严"的工作精神和作风，以严之又严、慎之又慎、细之又细的工作态度为标尺，衡量自己的工作。在这种"严"的工作状态下，鞭策自己不断进步，学有所得、思有所悟，不断提升自身的综合素质。

（四）追求卓越

卓越是指杰出、优秀的意思。追求卓越就是追求杰出的、优秀的目标。这一目标既可以是成为杰出的、优秀的人，也可以是取得杰出的、优秀的成就。工匠精神中的追求卓越是指不断让自身保持良好的工作状态和坚定的人生信念。这种状态和信念一般源于工匠的崇高使命感、自我超越的人生追求以及关注细节的工作态度。

1. 崇高使命

对工匠精神的弘扬和践行本身就是具有崇高使命感的表现。因为工匠精神对于强国、强企、强人都有着重大的价值，我们要建设社会主义现代化强国，要培育一批具有全球竞争力的世界一流企业，要培养高素质的劳动者大军，就需要追求卓越的工匠精神。对于每一位工匠来讲，追求卓越的工匠精神充分展现了他们为国家、为民族、为社会、为人民创造最大价值的使命和担当。

2. 自我超越

工匠精神的本质是一种自我超越的精神，自我超越就是不断超越过去的自己。人可以对标先进典型，也可以进行自我超越。不断反省自己、完善自己、提升自己是自我超越的过程，也是追求卓越的过程。

3. 关注细节

俗话说，细节决定成败。追求卓越在一定意义上取决于关注细节的程度。细节在反映一个人做事、用心程度的同时，也反映出他对一件事情的重视态度及精细程度。追求卓越就需要从细节入手，寻找实现卓越的路径和方法，从而践行工匠精神。

（五）工匠精神的新时代价值

港珠澳大桥、京张高铁、北斗卫星导航系统……一个个超级工程、一台台大国重器、一项项高精尖技术背后，都离不开工匠精神的支撑。

中国特色社会主义进入新时代，工匠精神的时代价值更加凸显。越来越多的青年投身新时代技能人才队伍，他们适应当今世界科技革命和产业变革的需要，成为传统技艺传承、新兴技术攻关、工艺难题破解的"先锋队"，青年人应培养一颗工匠之"心"，干一行、爱一行、钻一行，摒弃浮躁，深入钻研，推陈出新，精心打磨每一个零部件，练就过硬的真本领，为推动高质量发展、实施制造强国战略、全面建设社会主义现代化国家贡献智慧和力量。

大国工匠需要青年力量，要让工匠精神的种子在青年群体中生根发芽，让广大青年技能成才、技能报国的路越走越宽。全社会应有留住匠心之"境"，营造有利于技能人才脱颖而出的良好环境，不断完善激励机制，提升技术工人在职业教育、经济待遇、社会保障等方面的获得感、荣誉感和工作积极性、创造性，为各类青年人才迸发创造活力营造空间、搭建舞台。

劳动创造幸福，技能成就梦想。工匠精神是时代精神的生动体现，折射着各行各业一线劳动者的精神风貌。期待更多的青年人坚守生产一线，经得起风雨、受得住磨砺、扛得住摔打，始终坚守梦想，在百舸争流、千帆竞发的时代洪流中勇立潮头，成就精彩人生。

第五章　新型劳动关系、岗位及权益保障

一、劳动关系及主体

劳动关系是指人们从事劳动过程中发生的社会关系。随着我国经济社会发展、产业结构升级、生产生活方式转变、企业管理模式和劳动价值观变化，劳动力市场日趋成熟，劳动关系也在发生巨大变化，劳动关系问题越来越重要。对于进入职场的每一个劳动者来说，劳动关系都是必然要面对的一种重要社会关系。

劳动关系一般指雇员与雇主之间在劳动过程中形成的社会经济关系的统称，指劳动者与用人单位之间，为实现劳动过程而发生的一方有偿提供劳动力，另一方将劳动力用于同其生产资料相结合的社会关系。劳动关系在不同国家不同时代有不同称谓，如劳资关系、雇佣关系、劳工关系等。劳动关系在法学和人力资源管理领域有不同的内涵。从法学领域讲劳动关系是指存在于企业、个体经济与劳动者之间，劳动者事实上已经成为企业或者经济组织的成员并为其提供有偿劳动的关系，强调劳动关系中的事实部分。在人力资源管理领域，劳动关系是指企业法人及其所有者与员工和组织之间基于有偿劳动所形成的权利和义务的关系。

劳动关系的本质是管理者与劳动者个体及团体之间产生的，由双方利益引起的，受到一定社会的经济、技术、政策、法律和文化的影响的合作、冲突、力量和权力关系的总和。劳动关系以劳动合同或者协议来规定双方的权利义务。劳动关系的主体一方是劳动者，另一方是劳动使用者即用人单位。从法律地位来看，劳动者和用人单位具有平等的法律地位；同时，主体双方存在管理和被管理的关系，即劳动关系建立后，劳动者要服从用人单位的管理，遵守规章、规定和制度，二者之间又是从属关系。

劳动关系的主体有广义和狭义之分，其中狭义劳动关系就是指用人单位和劳动者之间的关系，而广义劳动关系则包括政府、用人单位、劳动者、雇主组织和工会等多方关系。劳动关系中主体有三方主体，也有五方主体，三方一般指劳动者、用人单位和政府，五方是指劳动者、工会、用人单位、雇主组织和政府。

1. 政府

政府在劳动关系中的主要作用：一是保护劳动者的权利；二是促进劳动者和用人单位谈判和集体谈判；三是调停劳动争议；四是规划就业保障与人力资源；五是本身是公共部门的雇主。

2. 用人单位

在我国，企业组织、事业单位或者政府部门，民办非企业和个体经济组织都是劳动关系中的用人单位。企业是最常见的用人单位之一，企业在创造利润、承担社会责任的同时，也承担着对劳动者的责任和义务如安全生产、保证职业安全、保护劳动者合法权益等。用人单位在劳动关系中的作用可以概括为：一是使用与管理劳动力；二是承担劳动者权益；三是担当企业社会责任。

3. 劳动者

劳动者既是用人单位发展的主体，又在劳动关系中处于弱势地位，劳动者的合法权益容易受到侵害。建立和谐稳定的劳动关系，劳动者要做到三点：①用工作表现来获得权益。劳动者对用人单位要忠诚，要遵守用人单位的制度、规定和劳动纪律，具有职业道德，努力完成工作任务，用自己的工作表现来实现人生价值和获取劳动报酬。②依法维权。当劳动者合法权益受到侵害时，劳动者应当通过正当渠道保护自己的权益，必要时要通过法律渠道来解决。③积极加入工会组织。劳动者要增强加入工会的意识，通过工会组织表达和维护自己的合法权益，变个人维权为组织、集体维权，降低维权成本，提高维权成功率。

4. 雇主组织

雇主组织是为了维护雇主利益、维持协调的劳资关系、促进社会合作而建立的。我国劳动者在劳动关系中处于弱势地位的发展阶段，因此从内在动机来看，用人单位缺乏成立雇主组织的动力。从社会环境来看，我国劳动法制还不够健全，用人单位缺乏强大的对手，在劳动关系谈判中，既没有组织起来的内在动力，也缺乏组织起来的外部压力。

5. 工会

成立工会是为了构建和谐的劳动关系，维护劳动者的合法权益。

二、新型劳动关系等特点

随着当今世界经济全球化和产业信息化蓬勃发展，以互联网、人工智能和物联网为标志，我们进入了网络信息时代。2018 年 3 月 28 日，北京市一中院发布《劳动争议审判白皮书（2010—2018）》。北京市一中院审结的劳动争议案件超过 2 万件，涉网约车等基于网络平台运营的新型行业案件不断涌现①。近年来北京市一中院已经审理了涉及天猫客服、物流速递、网约车、家政服务等在内多个行业的"互联网＋"经营模式下的劳动争议。企业生产经营方式不断变化升级，新业态不断出现。人们的生活方式、价值观念更加多元，在互联网时代传统劳动关系的主体和客体已经发生深刻变革，这些变化都直接影响到劳动关系。相较传统劳动关系，新型劳动关系表现出新的特点。新型劳动关系与传统劳动关系有什么不同？

劳动关系与权益保障（上）

（一）劳动模式更加灵活

传统的劳动关系形成于社会化大生产时代，劳动者需要集中在固定地点、固定时间内，在统一组织安排下进行生产劳动。当今经济社会互联网快速发展，尤其是第三产业快速发展，企业也转变了生产经营模式，很多劳动和生产经营活动由企业内部转移到了企业外部。劳动者的工作时间更加灵活、弹性，工作场所不一定在用人单位，甚至不固定，例如微商或者网络直播带货，劳动者在家中即可接受工作任务。随着互联网技术的广泛应用，劳动关系已经突破时空限制，用人单位对于劳动过程的控制进一步减弱，劳动报酬的分配和支付更加多样。

（二）劳动关系松散

企业等用人单位越来越多地通过互联网平台组织生产，对劳动者的管理方式也发生了变化，劳动者在劳动时自主性增强，对用人单位的依附减弱。网约车司机通过网络平台发现顾客并提供服务，网络平台对网约车司机进行监督管理，但是身份上的从属性逐步弱化。

---

① 任珊．"互联网＋"带来劳动关系认定难［N］．北京日报，2018－03－29.

三、常见劳动者权益受侵害的情况

《中华人民共和国劳动法》等诸多法律都对劳动者权益做了明确规定，但是现实生活中，依然有部分用人单位并没有完全按照国家法律法规维护劳动者，侵害了劳动者的合法权益。

（一）不签订或者推迟签订劳动合同

《中华人民共和国劳动合同法》规定了建立劳动关系应当订立书面劳动合同，用人单位与劳动者应在用工前或自用工之日起一个月内订立书面劳动合同。但是现实中，部分劳动者还是遇到了用人单位未在规定时限内订立劳动合同的情况。

（二）工资待遇不合理

劳动者的工资大多由用人单位自主确定，有些用人单位不遵守法律规定，克扣或者拖欠劳动者工资，尤其是降低试用期内劳动者工资报酬。发放给试用期劳动者的工资低于当地最低工资标准，使劳动者的试用期变成了用人单位的压榨期。拖欠工人特别是农民工工资的现象也时有发生。

（三）休息休假权得不到保障

休息休假权是劳动者一项重要的法定权利，我国宪法和劳动立法均对其作出明确规定。但现实生活中，劳动者的休息休假权往往成为最易遭受侵害的劳动者权益，延长工作时间、不按规定放假等现象多发，劳动者休息休假权得不到保障。

（四）社保缴纳率低

用人单位和劳动者应依法足额、及时缴纳基本养老保险、基本医疗保险、生育保险、工伤保险、失业保险和住房公积金各项费用（俗称"五险一金"）。五险一金缴纳，对于用人单位而言是法定义务，对于劳动者而言既是法定权利也属于法定义务。然而，在现实中，部分用人单位为了节省成本，有意或无意规避其为劳动者缴纳五险一金费用的义务。

（五）劳动条件差，职业安全无法保障

部分行业和用人企业尤其是部分危险或有职业危害的岗位，劳动条件差，劳动者身体健康、职业安全无法保障。

随着大学生群体参与社会实践活动增多，很多大学生在校外参加实习、兼职、打工等有报酬的劳动活动，由于大学生实习、兼职有分散性、短期性和临时性特点，侵害大学生劳动者合法权益的情况时有发生，但是很难在法律框架内解决，这也是需要引起社会和政府关注的问题。

四、保障劳动者合法权益

保障劳动者合法权益，保持劳动关系和谐稳定，直接关系到经济社会稳定，是任何国家政府都不能忽视的社会问题。我国是社会主义国家，人民当家做主，让人民群众过上更加幸福的好日子是我们党始终不渝的奋斗目标。从政府和用人单位层面来看，如何保障劳动者合法权益？

劳动关系与权益保障（下）

（一）不断提高劳动者收入水平，构建多层次社会保障体系

从政府层面来说，发展经济、稳定就业、不断提升劳动者收入水平的同时，也要重点解决好劳动者的教育、社保、医疗、养老等社会保障问题，构建、完善多层次社会保障体系，不断提升广大劳动群众的获得感、幸福感、安全感。

（二）适应新就业形态，建立新型劳动关系

要适应新技术、新业态、新模式的迅猛发展，维护好快递员、网约工、货车司机等就业群体的合法权益，推动建立多种形式。

（三）监督用人单位用工行为，改善劳动安全卫生条件

用人单位违反相关法律规定的，卫生行政部门有权责令其停止产生职业病危害的作业，或者提请有关人民政府按照国务院规定的权限责令关闭。不具备安全的卫生条件，用人单位不得从事生产经营活动。

（四）劳动争议的处理

在我国劳动争议案件比较突出，企业倒闭、破产职工安置、改制改组企业劳动关系处理、下岗职工社会保险福利待遇、企业恶意欠薪等都是主要劳动争议的冲突点。劳动关系是一种基础性社会关系，关乎社会的稳定和国家的长治久安。在市场化劳动用工制度下，尽管现代劳动关系流动性强，但劳动关系的稳定性与长期性仍然是社会的首要目标。在很多情况下，劳动争议双方仍然希望在劳动争议解决后维持劳动关系。因此，一个完备有效的劳动争议处理制度，能够使劳资双方矛盾或纠纷得到及时化解，并能够继续维持劳资双方的合作关系。一旦发生劳动争议，劳动者可以通过协商、调解、仲裁和诉讼等多种途径、手段来解决劳动争议。

五、数字经济下的劳动岗位——电子商务职业认知

职业是社会生产活动进行分工的结果。随着社会分工的日益细化，职业的种类也越来越多。2015 年 7 月，我国颁布了新修订的 2015 年版《中华人民共和国职业分类大典》，将我国现有的职业归为 8 个大类、75 个中类、434 个小类、1 481 个职业。电子商务从业人员的职业大类属于社会生产服务与生活服务人员；中类属于批发与零售服务人员；小类属于销售人员。

电子商务专业
就业岗位

（一）电子商务专业岗位

电子商务专业从业人员是指在互联网及现代信息技术平台上，从事商务活动的人员。

"十二五"期间，我国电子商务保持了持续快速发展，在工业、农业、商贸流通、交通运输、金融、旅游和城乡消费等各个领域的应用不断得到拓展，应用水平不断提高，正形成与实体经济深入融合的发展态势，电子商务发展的内生动力和创新能力日益增强。"十三五"时期，电子商务将进入规模扩大、提速增质的快速发展阶段。一是面临国家大力推进电子商务的战略机遇，国家实施"互联网＋"行动计划，出台了一系列政策，明确提出大力发展电子商务，加快培育经济发展新动力。二是面临产业结构加快转型升级的战略机遇，

为电子商务加快发展提供了新需求。三是面临消费模式升级的重大机遇，国家出台扩大消费的相关政策，挖掘消费潜力，扩大消费规模，小批量、新品种、个性化消费成为新时尚，为电子商务发展提供了广阔市场。在这样的行业发展背景下，企业和市场对高素质技能型电子商务人才的需求日益紧迫。

（二）电子商务相关岗位职业守则

电子商务是一种新型的商务运作方式，它以信息传递快、市场规模大、商品品种多、可靠性强、流通环节少、交易成本低而风靡全球。电子商务业务涉及计算机、企业管理、市场营销、物流、法律等多方面知识与技术，电子商务从业人员的工作必须紧扣当前社会经济和科技文化变革的时代脉搏，必须提高自身素质，加强职业道德修养。

1. 忠于职守、坚持原则

电子商务从业人员要有强烈的事业心和责任感，坚持原则，注重社会主义精神文明建设，反对不良思想和作风。

2. 兢兢业业、吃苦耐劳

电子商务的业务特点决定了电子商务从业人员的工作性质，从业人员不仅要在理论上有一定的造诣，还要具有实干精神。能够围绕电子商务各项活动的开展，脚踏实地、埋头苦干、任劳任怨。

3. 谦虚谨慎、办事公道

电子商务从业人员要谦虚谨慎、办事公道，只有谦虚谨慎、公道正派的电子商务从业人员，才能做到胸襟宽阔，在工作中充满朝气和活力。

4. 遵纪守法、廉洁奉公

遵纪守法要求电子商务从业人员要遵守职业纪律和与职业活动相关的法律、法规，遵守商业道德。要以国家、人民和企业整体利益为重，自觉奉献，不为名利所动。

5. 恪守信用、严守机密

在商务活动中，电子商务人员应当严格按照合同办事。必须遵守诺言、恪守信用，自觉维护企业的商业信用。严守机密是电子商务从业人员的重要素质，电子商务从业人员必须具备严守机密的职业道德。

6. 实事求是、工作认真

电子商务从业人员要坚持实事求是的工作作风，一切从实际出发。在工作中，切忌主观臆断、捕风捉影，分析问题必须从客观实际出发。

7. 刻苦学习、勇于创新

电子商务从业人员工作涉及面广，电子商务从业人员应该具有广博的科学文化知识，勤奋学习、刻苦钻研，努力提高自身的思想素质和业务水平，以适应工作的需要。同时，作为复合型人才的电子商务从业人员要勇于创新，不空谈、重实干，不断提出新问题，研究新方法，走出新路子。

8. 钻研业务、敬业爱岗

从发展的角度看，电子商务从业人员必须了解和熟悉与自身职业有直接或间接关系的领域中取得的新成果，才能更好地掌握电子商务从业人员工作的各项技能。掌握电子商务交易所需要的技能，如计算机技能、网络技能、网络营销技能、电子支付技能等。同时，电子商务从业人员应掌握电子商务交易中的各种管理知识，将网络技术与商业管理结合起来，提高企业应用电子商务的能力，促进企业经济效益的提高。

（三）电子商务安全需求

在 Internet 上的商务活动，其安全问题备受关注。所谓电子商务安全，主要是指网络安全问题，需要从电子商务对网络系统的安全需求分析出发，采取安全技术措施，提供安全服务，以满足电子商务的各种安全需求。

电子商务相关
法律法规知识

电子商务的安全需求主要包括以下几个方面。

1. 信息的保密性

在交易过程中保证交易信息的安全，在国外也称为交易信息的隐私性，是指保证交易双方的信息在网络传输或者存储中不被他人窃取。

在传统的商务交易中，对于敏感性的数据，如商务合同、银行卡号码、交易机密等可以通过文件封装或者采取其他可靠途径来传递，以保证数据的安全。而 Internet 是开放式的，由于 TCPP 协议采用 P 报文交换的方式，因而存在数据被窃取的可能。所以，电子交易过程中要保证交易数据的隐私，确保交易数据不被窃取和跟踪就显得尤为重要。

2. 交易各方身份的确定性

交易各方身份的确定性即交易的认证性，就是指在商务交易开始之前，买卖双方能清楚知道电子商务是在网络上进行的电子交易，买卖双方可能素昧平生、相隔千里，因此，在这种情况下可能存在的风险有：双方身份是否与其在网络上声称的一致，是否存在着诈骗的可能性，而能在互联网的环境下辨别交

易双方的实际身份就显得尤为重要。

3. 交易的不可否认性

交易的不可否认性也称不可抵赖性，主要是指交易的双方不能否认彼此之间进行的信息交流。由于商情千变万化，因此交易一旦达成是不能被否认的，否则必然会损害到一方的利益。

在传统的交易过程中，即使买卖双方不见面（如邮购过程），双方对交易的行为也是很难抵赖的，因为有足够的证据（如邮寄中的单据、凭证等）来证明买卖双方的交易行为。而在网络环境中，由于采用的是电子化信息，如果没有相关手段来保证的话，确实很难证明哪笔订单来自哪个卖家。在电子商务中的不可否认性无法像传统的交易那样可以通过签订合同、盖章来加以确认，但是可以采取类似的思路，通过利用如数字签名等技术来加以确认。

4. 交易内容的完整性

交易的完整性是指交易数据在传输过程中不被窃取或不发生意外的改变、损坏。交易的保密性固然能保证交易数据在传输中不被窃取，但是不能保证在传输过程中不发生某种意外或非授权情况下的破坏，同时也难以保证数据传输的顺序统一，而完整性对交易中的敏感数据是非常重要的。例如，交易中的扣款过程需要在双方的账号上进行操作，如果交易不完整，只在一方账号上进行了操作，那么产生的结果将是难以预料的。

（四）电子商务创新劳动岗位职责与任职资格

1. 移动运营专员

岗位职责：

（1）负责公司移动端产品的运营和推广工作。

（2）通过线上和线下手段进行 App 推广，完成下载量、安装量、活跃度目标等指标。

（3）参与撰写市场推广文案，产品在线销售方案的设计和制作。

（4）参与活动组织、执行；逐步制订产品的改善方案，积极寻求移动市场推广资源，负责对外与市场资源合作；寻找合作切入点，拓展合作渠道。

（5）维护合作伙伴关系，争取渠道推广资源，对推广渠道进行数据监控和反馈跟踪，对推广数据进行分析，有针对性地调整运营策略。

（6）移动产品运营优化，并提出改进需求，提升用户体验，优化推广效果。

（7）整理每日、周、月监控的数据，包括产品管理、活动排期和客户管理，负责 App 和触屏版的日常运营工作。

任职资格：

（1）熟悉并热爱各种互联网流行的新兴传播手段（如微博、SNS 推广、BBS 推广和官网管理），热爱网络流行文化，能掌握并熟练应用大部分的网络流行语言。

（2）具有 App、WAP 产品推广与运营经验，有 Android 或 iOS 产品规划与设计管理的实际经验者优先。

（3）有较强的数据分析能力，了解市场动态和目标用户心理。熟悉 App 运营的流程并能进行流程梳理和流程优化。

（4）能独立操作 App 产品陈列，以增加产品销量，提高点击率和浏览量，完成销售目标，熟悉移动互联网行业；熟悉电商运营，具备较强的分析与解决问题的能力。

（5）能根据产品的生命周期、节庆因素和竞争对手因素策划并执行活动。

2. 移动前端开发工程师

岗位职责：

（1）负责公司移动端产品的前端页面和交互设计的实现。

（2）负责公司各个产品的浏览器兼容性调试。

（3）根据公司产品发展方向，负责、参与新产品的开发。

（4）负责产品的页面制作及维护，根据设计图完成页面 HTML5 应用的编码。

（5）根据产品设计，利用 HTML5 相关技术开发网站、手机、平板电脑等多平台上的前端应用。

（6）协助后台程序员完成功能镶嵌和调试。

任职资格：

（1）具有一年以上 HTML5 工作经验，三年以上前端工作经验，熟悉 HTML5 特性，了解 HTML5 最新规范，能够熟练运用 HTML5 特性构建移动端 App。

（2）熟悉 JavaScript、Json、XML 和 HTML 5 等 Web 前端技术，熟练使用 Jquery Mobile 框架。

（3）熟悉跨平台移动应用中间件框架，有实际使用经验者优先。

（4）熟悉交互设计，对可用性和可访问性等用户体验知识有相当的了解和实践经验。

（5）具备良好的服务意识、责任心、较强的学习能力、优秀的团队沟通与协作能力，能承受一定的工作压力。

（6）有微信公众平台开发经验者优先。

3. 互联网产品需求分析工程师

岗位职责：

（1）对用户体验有很好的理解，熟悉移动互联网/手机客户端产品的策划和运营方法。

（2）负责移动互联网产品策划，独立制订产品及需求文档、产品流程、DEMO原型、交互设计。

（3）负责项目组内部需求讲解与培训，以及相关文档的撰写和发布。

（4）与产品经理、软件开发工程师、测试工程师进行沟通，以确定需求和视觉效果的最终实现。

（5）协调资源推动产品功能实现，跟踪管理需求的变更，与相关团队进行有效沟通，配合跟进项目进度。

（6）能够根据用户群，提出构思新颖、有高度吸引力的创意设计。

（7）能够持续优化产品的易用性，提升用户满意度。

（8）能够时刻关注和分析当前主流产品的市场需求、视觉设计趋势，并能够做出相应的分析报告。

（9）能够归纳总结产品的交互设计规范，推动规范有效执行。

任职资格：

（1）三年以上互联网产品设计工作经验，两年以上移动互联网/手机客户端产品策划或需求分析工作经验，具有成熟产品（作品）经验者优先。

（2）工作认真负责，有较强的规划及协调能力，有较强的责任心和很好的执行力。

（3）具备良好的沟通能力和时间管理能力，逻辑清楚，思维活跃，刻苦敬业，能承受较大的工作压力。

（4）具备良好的职业素养和团队合作精神，并能很好地参与团队合作。

4. 产品运营经理

岗位职责：

（1）制订微信、微博等新媒体的推广计划并落实实施。

（2）策划相关主题，每日推送、粉丝互动以及粉丝经营，并做好渠道监控工作。

（3）基于推广需要，能够进行内容的策划、采集、编写、发布、推广。

（4）拓展微信粉丝以及加强行业的合作与交流，做出微信的影响力。

（5）能够不断创新，挖掘粉丝需求，建立自己的粉丝社群，真正形成自身自媒体的行业品牌。

（6）深刻理解互联网、移动互联网的线上、线下推广之道，能够根据产品自身的特点精准定位推广渠道。

（7）负责公司移动电子商务客户端的业务运营管理、目标，并带领团队完成任务考核目标。

（8）充分了解用户需求，收集用户反馈，分析用户行为及需求，对电商运营进行持续的优化和改进。

（9）负责与研发、设计、销售等部门沟通，确保各个协作部门对产品运营拓展做好支撑。

（10）对产品运营数据进行监控，提供客户支持，持续不断地改进提升整体产品的用户满意度。

（11）负责移动客户端产品相关的合作推广、客户服务工作，并完成相应任务指标。

任职资格：

（1）懂策划——具备一定的策划能力，能够基于业务需求策划相关的推广内容。

（2）有创意——敢于创新，并能在工作中迸发新的思路，用各种创意不断诠释公司品牌。

（3）勤写作——具备一定的写作功底，能够进行相关推广素材的二次加工。

（4）会推广——能够整合内外部各类资源，不断推广微信，建立微信影响力。

（5）爱学习——喜欢移动互联网，拥有良好的阅读习惯，有冲劲和闯劲。

5. 微平台运营专员

岗位职责：

（1）负责微商城的运营、维护和业务拓展；微商城活动的策划和执行；与消费者沟通，对消费者和用户提出的问题进行及时反馈和响应；追踪销售数据，管理会员系统，跟进售后事宜，优化商城活动。

（2）维护公司旗下自运营及托管的微博，负责微信公众平台管理、粉丝互动、品牌维护、舆情监控、客服咨询，并定期收集分析其他微博的运营情况及最新活动信息。

（3）提高粉丝活跃度，除与微博、微信粉丝保持良好互动外，还需对微博粉丝的网络行为进行分析与总结。

（4）及时向项目经理反馈网络状况、微博和微信的运营情况，协同其他部门或同事完成微博和微信项目的运营要求。

（5）挖掘和分析网友使用习惯、情感及体验感受，及时掌握新闻热点，能够完成专题策划和编辑制作。

（6）更新及维护官方微博、微信，增加粉丝数，提高关注度；负责微博、微信运营策略的制订及执行；与网站相关部门配合，定期策划并执行微信营销线上及线下活动。

（7）建立有效运营手段，以提升网友活跃度；进行微信对手调查，掌握其他微博和微信产品的变化等。

任职资格：

（1）精通微信使用方法，熟悉微信公众号后台的接口与功能。

（2）熟悉除微信外的其他网络营销手段。

（3）对产品网络的推广有敏锐的营销思路，能根据产品策划方案。

（4）具有对新闻事件的高度敏感性，具有良好的新闻、话题判断和标题把控能力；通晓活动策划、文案撰写与数据分析，具备良好的危机处理、用户管理能力和服务意识。

（5）对整合传播、新闻传播、活动与事件管理均有深刻的认识。

（6）热爱互联网，熟悉网络营销理论和思想，对微信、SNS、博客、论坛等产品有浓厚兴趣及深刻认识。

（7）有较强的数据分析能力，有优秀的文案写作能力、图片编辑能力、优秀的信息采编整合能力，熟悉网络推广；能够发掘移动互联网营销新渠道。

（8）熟悉口碑营销、网站 PR 值提升、论坛营销、SNS 营销者优先。

（9）熟悉微博、微信数据分析工具者优先。

（10）能够独立完成微博、微信营销策划方案的撰写，熟练使用 PPT 等 Office 软件，会使用 Photoshop 及其他图像处理工具更佳。

6. App 开发工程师

岗位职责：

（1）负责公司应用产品的 Android 系统的研发及维护。

（2）参与业务需求设计及讨论，基于 Android 平台进行应用程序开发。

（3）负责移动平台软件框架的研究、设计、实现以及关键技术攻关等工作。

（4）进行代码开发和单元测试等工作。

（5）参与移动规范制订和技术文档的编写。

（6）推动及协调产品的开发进度，把控项目质量；验证和修正测试中发现的问题。

（7）根据运营收集的用户反馈和用户行为及需求分析，配合运营需求对产品进行持续的优化和改进。

（8）对产品数据进行监控、分析和统计，提供用户支持，提升整体产品的用户满意度。

（9）与团队成员进行充分、有效的沟通和协作，进行技术风险评估和项目时间评估。

任职资格：

（1）精通 Android 应用开发，具有扎实的 Java 编程功底，可熟练使用 Eclipse 等开发环境。

（2）熟悉主流数据库应用及开发过程，掌握常用的数据结构及算法思想。

（3）熟悉各种主流品牌移动终端型号的特点、技术参数和扩展 API 等，掌握手机应用开发的常用技巧等。

（4）熟练运用 Windows 和 Linux 及常用工具，精通 Android App 开发，熟练使用 Eclipse 或 Android Studio 等开发环境，熟练掌握 Android App 编译及打包流程。

（5）开发基础良好，理解设计模式，在项目或产品中有很好的设计实践经验。

（6）具备 Android APK 代码反编译和修改能力。

（7）具备 Android 系统的 ROM 制作和修改能力。

六、电商从业人员心理调适

（一）劳动心理健康

劳动心理学是研究人在劳动过程中心理活动特点和规律的学科，是心理学的一个分支。劳动心理学在欧美国家也被称作工业心理学或职业心理学。它是心理学基础理论结合劳动过程和劳动组织的实际，围绕劳动者的需要、动机、行为，研究劳动者个体心理素质、群体心理现象、心理保健及安全生产等内容。作为一门应用心理学，劳动心理学关注的

电商从业人员
心理调适

是工作情境下或者职场环境中的劳动者，研究劳动者在劳动过程中的心理活动规律。其目的在于调动劳动者个体和用人单位的生产积极性，发挥劳动者的才能，促进劳动关系和谐融洽，提高劳动者和用人单位的效率和效益，同时保持劳动者身心健康，实现劳动者和用人单位的可持续发展。

劳动心理学研究劳动过程中的人际关系、人机关系、人与工作环境关系，以及劳动作业的内容、方式、方法与人的工作效能的关系问题。研究内容具体包括四部分。一是对劳动者的心理、兴趣、技能、气质、爱好、性格、劳动动机进行调查、评估及研究；二是对劳动环境如作业空间、照明、机器噪声以及劳动工具等影响劳动者心理及工作的相关因素进行研究；三是研究导致劳动者工作疲劳的因素，并采取必要措施，缓解劳动者疲劳程度，提升工作效率；四是研究劳动管理的心理学问题。通过心理学测试，评估劳动者各项能力，展开职业研究，采用合理的方法对劳动者予以技能培训，激发其工作热情。劳动心理学作为一门交叉学科，发展至今，涉及人事心理学、管理心理学与职业社会心理学等多个方面，比如职业群体中人与组织的关系、人与人的关系、劳动者情绪、沟通与压力管理等多个方面。

心理健康是影响劳动者劳动成效的重要因素之一。如果我们具备一定的劳动心理健康知识，能够进行自我调整，那么劳动就会更加顺利，劳动价值观和劳动精神也会更加根深蒂固。

1. 精神压力

精神压力是心理压力源和心理压力反应共同构成的一种认知和行为体验过程。通俗地讲，精神压力就是一个人觉得自己无法应对环境要求时产生的负面感受和消极信念。

精神压力是影响人们身心健康的重要因素，虽然它有时可以转化为动力，但也是影响工作绩效和职业健康的消极因素。劳动者在劳动过程中产生精神压力的原因多种多样，如负担重、责任大、时间紧等。产生精神压力后，劳动者如果可以自我调节，则精神压力会转变为动力，促进劳动效率提高；如果无法自我调节，则精神压力就可能影响劳动者的劳动态度，造成回避工作、生产能力降低等不好的结果，甚至引发心理疾病。因此，我们在劳动的过程中需要合理地应对精神压力。

当我们在劳动中感觉有精神压力时，我们可以通过保证充足睡眠、合理饮食、适当放松身心营造良好的劳动环境和宣泄不良情绪等方式，进行自我调节。当然，应对精神压力，关键还在于树立正确的劳动观念、培养劳动精神。

当我们养成辛勤劳动的习惯，能够践行爱岗敬业、无私奉献等劳动精神时，工作任务重不会对我们造成心理负担，只会让我们加倍努力。

2. 身心疲劳

疲劳是我们在从事劳动的过程中产生的正常生理反应。当人体出现疲劳感时，我们可以通过适当休息缓解疲劳。例如，从事写作的劳动者出现视觉疲劳时，可通过适当休息来保护眼睛；建筑工人出现疲劳时，可通过适当休息来恢复身体，缓解疲劳。然而，相对于身体疲劳，心理疲劳对劳动者造成的影响更大。出现心理疲劳时，劳动者对劳动的主动性会降低，在这种情况下，劳动者如果进一步出现身心俱疲、能量耗尽的感觉，就可能产生职业倦怠。应对心理疲劳，一方面我们需要有良好的劳动价值观作为职业引导；另一方面我们需要设定合理的劳动节奏，保证休息时间，并学会放松，这样才能以充沛的精力投入劳动中，创造出更多的价值。

3. 职业倦怠

职业倦怠是由于长期过度的压力导致情绪、精神和身体极度疲惫的状态，它不是疾病，却会影响身心健康。职业倦怠主要有 3 个特征：一是感觉精力不足或耗尽；二是对工作丧失热情，情绪烦躁、易怒，对周围的人、事物漠不关心；三是工作效率下降，觉得自己不能胜任工作，对前途感到无望等。

研究表明，从事业务繁重、压力大的工作容易使人职业倦怠，如流水线作业、广告媒体工作等。缓解职业倦怠的状态有 3 种方法：一是认清自我价值，掌握自己的优势与不足，不给自己施加过大的压力；二是工作之余培养自己的兴趣爱好；二是工作劳逸结合，懂得享受工作的乐趣和细微处的美好等。

（二）情绪管理

心理学研究表明，一个人情商高，经常处于一种稳定而愉快的情绪中，有利于提高脑细胞的兴奋度，想问题、干工作就会思路开阔、思维敏捷，解决问题就会果断迅速、富有成效。事实的确如此。情商高的人遇到问题和困难，往往能从容应对、冷静处理。他们不仅能保持良好的工作状态，充分发挥自己的能力，做好本职工作，而且能与他人融洽相处，给身边的人带来正能量，共同推进各种问题的解决。人生之路不会一帆风顺，总会遭遇这样那样的逆境。在现实生活中我们不难发现，很多党员、干部虽身处逆境，但不忘初心、不改初衷，继续兢兢业业、勤勤恳恳做好工作，最终得到组织和群众的认可，打开了事业发展的新局面。相反，有的人虽然身在顺境，却怨天尤人、消极麻木、不思进取，常为一些鸡毛蒜皮之事或忧愁烦闷或偏激固执或大发雷霆。很显然，前一种人情商较高，在逆境中善于调节情绪、自我激励，因而能成为工作和生活中的成功者；后一种人情商较低，哪怕在顺境中也缺乏健康心态、前进动力，最终往往成为落伍者。

情商高的人可以较好地管控冲动情绪，这是一种自控力。这种能力越强的人，越能承受挫折和压力。具有良好思想素质和较强自控力的人，当他们遭遇困难甚至失败时，会冷静、客观地分析原因，找出问题和症结所在，从中吸取教训，站起来继续前进；当他们面对成功或荣誉时，不会得意忘形、盛气凌人，而是淡然处之，将其作为新的起点。他们始终在一种积极的情绪状态下学习、工作和生活，既成就自己，又成就团队。与此相反，一些情商偏低的人在遭遇困难和失败时，很容易灰心丧气，甚至怨天尤人、迁怒他人，而一旦面对成功和荣誉则忘乎所以，因而很难成就大事。

情商的高低主要取决于后天的学习。古罗马一位诗人说过：忍耐和坚持虽是痛苦的事情，但能渐渐地为你带来好处。情商的影响贯穿人的一生。党员、干部尤其是领导干部应重视提高情商，自觉控制情绪，不断坚定意志，始终以昂扬的姿态投入工作、面对生活①。

情绪是影响人类行为的重要方面，在当今社会，情绪成为人们普遍研究的课题，情绪对人的生活、工作、学习、交友等各个方面都产生一定的影响。对于大学生而言，情绪和身体健康与未来职业工作都有着正向联系。积极、正面的情绪能够帮助大学生健康成长，消极、负面的情绪会阻碍大学生的成长。情绪稳定是心理健康的重要标志。情绪管理是个体社会性发展的重要评价标准之一，良好的情绪管理对于促进人际关系融洽、减轻心理压力和促进心理健康有重要意义。

1. 情绪概述

情绪是一种复杂的心理过程，人的情绪通过影响行为、决策等方式发挥作用。《现代汉语词典》中对情绪的解释是：人从事某种活动时产生的兴奋心理状态；或指不愉快的情感。心理学认为情绪是伴随着认知和意识过程产生的对外界事物的态度，是对客观事物和主观需求之间的关系的反应。情绪具有两面性，既有积极的一面，也有消极的一面。因此，情绪分为两大类：积极情绪和消极情绪，通常人们认为只有消极情绪才需要调节和管理。情绪包括四个方面

---

① 谢非．重视提高情商［N］．人民日报，2017－06－12．

的外显反应：一是生理反应，当我们正在经历某种情绪时，身体就会产生某种生理反应，例如心跳加快、呼吸急促、肌肉紧绷、面色潮红等。二是心理反应，指我们的心理感受，如愉快、平静、不安、紧张、焦虑、烦躁等。三是认知反应，即个体对引发情绪的事件或刺激情境所做的解释和判断。四是行为反应，即个体因为情绪表现出来的行为、姿态、语调和表情等。

2. 情绪影响因素

外部因素：人生活在社会中，所处的外部环境必然对人的情绪产生一定的影响。这些外部因素有社会、工作环境、家庭等。不同的企业文化和工作环境、不一样的家庭生活方式、不同的人际关系都会对人们的情绪产生一定的影响。外部因素客观存在，不以人的意志为转移。面对这类影响因素，个体要调整好情绪以适应外部环境。

内在因素：情绪是一个人内在的心理过程，每个人的性格特点、观念、文化程度、生活经历各不相同，构成了情绪的内在因素。对于同样的事情、同样的情景，不同的人会产生不同的情绪。

3. 情绪管理概述

在现代社会，情绪管理越来越受到重视。张孝金在《大学生心理健康教育》一书中把情绪管理定义为个体对情绪进行控制和调解的过程，是对情绪智力的挖掘和培养，是培养驾驭情绪的能力、建立和维护良好的情绪状态的一系列过程和方法[1]。情绪管理源于发展心理学，在客观认识自我情绪情感特征的基础上，有意识地培养健康、积极的情绪情感，建立科学的宣泄和调解控制机制，能够自觉克服和消除负面情绪的影响[2]。

（三）大学生情绪管理的方法

大学生的心理健康与身体健康有着紧密的联系，如果负面情绪不能得到很好的控制，在人的内心不断地累加到一定程度后就会影响身体机能的正常运行。因此大学生要学会情绪管理，要允许负面情绪发生，有效的情绪管理不是一味地对消极、不良情绪进行压抑和控制，而是要接纳、疏导、调节情绪。通过自我安慰、适度宣泄、体育锻炼等途径，消除负面情绪，促进身心健康。大学生情绪管理的步骤可以分为：调整认知、控制情绪、释放压力。控制情绪的

---

① 张孝金．大学生心理健康教育［M］．北京：北京理工大学出版社，2008.
② 舒仙桃．幼儿教师情绪管理初探［J］．湛江师范学院学报，2000（6）.

小技巧有情感梳理、音乐陶冶、保持幽默、心理咨询、展开想象等。

1. 自我安慰法

自我安慰法又称自我慰藉法。大学生会遇到虽然经过主观努力，但是仍未达到预期目标的情况，例如考试不及格、学习成绩不理想、评奖评优失利、考研考公失败、失恋等。由于大学生处于心理健康依然发育不完善的状态，难以实现情绪的有效管理，往往容易出现情绪低落等问题。可以借助自我安慰的形式，缓解内心压力，提高心理承受能力，促进身心健康，从而保持身心愉悦的状态。

2. 适度宣泄法

大学生应该认识到，情绪波动是正常情况，负面情绪的出现也是正常状态。但当负面情绪堆积过多，又无法对负面情绪进行有效引导与疏通，长期压抑负面情绪，不仅不利于学生的心理健康，而且会导致其生理功能出现紊乱和下降。当负面情绪出现时，大学生可以采用适度宣泄法，适度宣泄是对负面情绪进行缓解和管理的有效方式，可以分为身体宣泄和心理宣泄。身体宣泄指身体外在地参与活动，比如大哭一场，或者参加一些体育锻炼，转移自身的注意力。心理宣泄是指借助他人来调整个体的情绪，比如向家人、朋友等信赖的人倾诉苦闷，通过写信、写日记或者与朋友讨论等都是很好的心理宣泄方式。但同时也要注意，宣泄要适度并注意场合和身份，不能违背法律和制度规定，不能采用破坏性宣泄。

3. 体育锻炼

体育锻炼是非常好的心理疏导方式，有效的体育锻炼能够帮助学生保持身心健康。一是大学生投入体育锻炼，不仅有利于身体机能的锻炼，也能有效消除负面情绪，有助于情绪的宣泄。二是体育锻炼尤其是集体运动，不仅可以使大学生锻炼身体，提升注意力，获得快乐，而且可以增进交往和了解，促进感情交流，从而把负面、消极的情绪成功转化或者转移，让大学生保持身心愉悦。

（四）电商从业人员职业压力

工作压力是指与工作相关的各种不良刺激及其所引发的负性体验和相应的心理、生理反应。"互联网＋"时代的来临，预示着电商行业的发展前景远大。然而，电商从业人员却面临着多方的巨大压力，这就需要电商企业、从业人员以及政府多方努力，从人力资源的角度出发，采取多种措施，缓解电商从业人员的职业压力，保证电商行业的健康、稳定发展。

电商从业人员压力大、过劳的根源在于行业缺乏有效监管和公正的竞争机制。对于电商企业来说，员工的稳定是企业健康发展的基础。如何留住员工，是他们急需解决的问题。电商从业人员也要学会自我调节，缓解自身的工作压力。从业人员首先要关注自身的健康，应该注意在工作之余，适量运动，预防疾病的发生，而科学运动既可以锻炼身体，也可以放松心情，减缓工作上的压力。同时也要合理安排自己的上班时间，缓解作息压力。

（五）电商从业人员心理调适路径

增强适应能力。研究表明，面对新的环境，大约50％的人会产生心理压力，典型的特征是情绪的焦虑、抑郁、行为的犹豫。但大多数人都能始终保持良好的心态，不会影响正常的人际交往。也有一些人则由于人格缺陷或个体适应不良，处于恐惧、退缩、软弱、多愁善感的状态，产生消极的心理防御，甚至影响今后的职业发展。所以电子商务营销人员必须尽可能多地积累生活经验，在生活中增强自我意识和自我实现，使心理活动与外部环境和谐一致。适应环境的同时，也要培养自己的耐心，既不要对一时的成功沾沾自喜，也不要为一时的失败而沮丧，不要在意一时的得失与成败。

要有自知之明。在自尊自爱的基础上，确立充满理想而又现实具体的目标，扬长避短，充分发挥自身的潜能，使自己达到最佳状态。要通过向书本学习，向社会学习，向同行学习，向富有经验者学习等多种渠道，不断给自己"充电"，从而提升自己，获得客户尊重，增强自己从事电子商务营销工作的信心。

积极从事社会实践。社会实践是个体心理健康发展的基本途径。它能促进大脑、身体及心理能力的发展，能增进人际交往、了解和互助，有助于消除以自我为中心所带来的不良影响，促进个性的发展。与此同时，电子商务营销人员必须恪守信用，维护企业的商业信用，维护自己的个人信用。要遵守诺言，遵守时间约定；言必信，行必果。在商务活动中，还要严格按照合同办事，要事先做好充分的准备工作，避免因个人的疏忽大意对工作造成不良影响。

学会调节自己的情绪。营销人员在电子商务活动中要注意培养自己的良好情绪和情感，相信大多数客户是以信任和诚恳的态度来对待自己的，不要把自己置于不信任和不真诚的假定环境中，从而克服不良情绪。大多数情况下，人们可以通过意志的力量来改变自己性格上的许多东西，克服诸如优柔寡断、神经过敏、胆怯等不良心理。调节自己的心态是电子商务营销人员的必修课之一，在工作压力面前要敢于面对，沉着应对。要善于把紧张情绪疏解，学会使用一些平静、放松的语句进行自我暗示，常能起到缓和紧张情绪，减轻心理负担的作用。

七、电子商务客户服务

电子商务客户服务是基于互联网的一种客户服务工作，是网络购物发展到一定程度下细分出来的一个工种，与传统商店售货员的工作类似。这种服务形式对网络有较高的依赖性，所提供的服务一般包括：客户答疑、促成订单、店铺推广、完成销售、售后服务等几个方面。

电子商务客户服务工作的主要宗旨是以客户为中心，为客户提供更多的贴心服务，让客户快乐购物，注重客户体验。能否让客户满意，主要取决于客户关键接触点，每一个接触点所提供的产品或服务都至关重要。

电子商务客服是承载着客户投诉、订单业务受理（新增、补单、调换货、撤单等）。通过各种沟通渠道参与客户调查、与客户直接联系的一线业务受理人员。客服作为一个直接影响客户购物体验的岗位，对企业的整体运营具有重要意义。

（一）电子商务客户服务分类

客服以沟通为中心，带动整个营销流程良性运作。

1. 按形式分

（1）在线客服。在线客服是以网页为载体，运用网络技术为网站访客提供服务的方式，是集即时通信、访客监控、流量统计、客户管理等于一体的先进互联网在线客户服务。可以主动邀请访客、强制访客对话、实时留言转发、智能机器人 24 小时在线接待等。

（2）语音客服。语音客服是指主要以固定电话或移动电话的形式进行的客户服务。

2. 按业务职能分

（1）售前客服。售前客服是指企业在销售产品之前为顾客提供的一系列活动，如市场调查、产品设计、咨询服务等。

（2）售中客服。售中客服是指在产品交易过程中，销售者向购买者提供的服务，如热情为客户介绍、展示产品，详细说明产品使用方法、耐心帮助客户挑选商品，解决客户提出的问题等。售中客服与客户的实际行动相伴随，是促进商品成交的核心环节。

（3）售后客服。售后客服是指因与所销售产品具有连带关系所提供的支持服务，如产品的安装调试、退换货、中差评处理、客户投诉等。网购中，商品寄出后出现的主要问题由售后客服进行处理。

3. 按自动化程度划分

（1）人工客服。人工客服是指主要以客服人员面对面或人工交流的形式进行的客户服务。

（2）电子客服。电子客服是指主要以电话自动应答或在线应答的形式进行的客户服务。

（二）电子商务客户服务的内容

1. 在线接待客户

与客户在线交流，了解客户需求，介绍促销活动，解答客户咨询，为客户提供导购服务，掌握客户服务技巧与方法，辨别处理客户诉求，妥善处理客户异议与投诉，保证让客户满意。

2. 处理有效订单

电子商务客户服务人员负责网店日常销售工作，依据订单交易流程，利用网店管理软件，进行接单、打单、查单等业务服务。

3. 提供售后服务

解决客户的疑问（关于商品、快递、售后、价格、活动、支付方式等疑问）、沟通协调订单异常或者无货等情况，处理交易纠纷，提供售后服务并及时对客户进行跟进回访，提升服务的满意度。

4. 客户关系管理

收集客户资料，分析客户信息，建立客户数据库，划分客户等级，实施分类管理，提供客户关怀。

（三）电子商务客户服务工具

互联网与其他媒体截然不同之处在于网络的"互动性"。电子商务客服互动式的服务不但渠道多样化，而且拥有强大的客户处理能力。其主要工具包括电子邮件、电话、即时交流和常见问题解答等，是一个输入输出双向的互动式服务渠道。

1. 电话服务

电话服务是客户服务人员代表公司通过电话与客户进行沟通交流、维护客户关系的一种方便快捷的服务方式。例如，中国电信客服中心面对的客户就是通过拨打 10000 客户服务热线，获得电信服务和受益的访问者。

2. 电子邮件

客户服务人员使用基于互联网的 Wb 邮箱和邮件客户端软件，与客户交流沟通，接受客户咨询，给客户发送广告信息和反馈信息。互联网上的许多公司，如 Google、雅虎、中国的新浪和网易等，都提供 Wb 邮箱服务。用户可以在任何连接至互联网且拥有网页浏览器的地方读取和发送电子邮件，而不必使用特定的客户端软件。

3. 在线表单

通过网络在线市场调查及报表统计，使企业更好地把握消费者的心理。

4. 电子商务平台客服沟通工具

当客户访问企业网站时，可以通过单击页面上的在线客服图标，实现和客服人员的对话。当企业销售或服务人员离线时，还可以通过手机随时随地与网站上的客户进行即时沟通。

（1）淘宝网常用工具。千牛卖家工作平台是阿里巴巴公司推出的，是一款卖家"一站式"平台。如果有卖家淘宝账号，就可以直接登录千牛。宝贝管理可以显示已被购买的商品，并能直接发布商品；店铺管理包括店铺装修、图片空间、子账号管理几个功能；货源中心则可以直达阿里供销平台和到 1688 采购批发平台进行采购；营销中心集成了量子统计、数据中心和会员关系管理系统；其他则主要有支付宝、阿里学院、淘宝贷款三个入口。

（2）QQ 客服。QQ 在线客服是一种网页式快捷版即时通信软件的总称。QQ 在线客服会是更多客户选择的一种沟通工具，也是网站客户服务、辅助网站销售的一个不可缺少的工具。QQ 客服优点：无限座席功能，可以登录多个客服，方便转接客户，使沟通效率提高。具有主动发起功能，主动邀请客户，由原来的被动变为主动寻找客户进行沟通。

（3）微信。微信是腾讯公司在 2011 年 1 月 21 日推出的一款多平台的即时通信软件。通过微信手机版可以给客户分享文字与图片、位置共享等。在客户咨询产品信息的时候微信客服可以通过提供文字、图片、语音和视频等方式与客户进行沟通，例如，在某些不方便使用文字表达的情况下，可以使用语音或视频聊天与客户进行沟通，可以更清晰地解答客户想要了解的产品各项信息。微信公众平台，主要面向名人、政府、媒体、企业等机构推出的合作推广业务。通过这个平台可以将品牌推广给众多用户。微信公众号被分成订阅号、服务号和企业号，运营主体是组织（如企业、媒体、公益组织）的，可以申请服务号、企业号，运营主体是组织和个人的可以申请订阅号，但是个人不能申请服务号。

5. 问答系统（FAQ）

FAQ 是英文 Frequently Asked Questions 的缩写，其中文意思是"经常问到的问题"，或者"常见问题解答"。在很多网站上都可以看到 FAQ 列出的一些用户常见问题，它是一种在线帮助形式。在客户服务与管理中，FAQ 被认为是一种常用的在线客户服务手段，一个优秀的网站，应该重视 FAQ 的设计。

6. 网络社区

网络社区主要形式有电子论坛、聊天室、讨论组等。表 5-1 比较了几种客服的优点和缺点。

表 5-1　几种客服形式的优缺点

客服	优点	缺点
电话客服	最直接的沟通方式，适合紧急问题的处理	要求长时间在线
在线客服	回复便捷，无须注册	要求长时间在线，不够稳定，需要安装
QQ 客服	即时消息，稳定，使用率高	QQ 软件
邮件	工作人员有充足的时间思考回复，成本低，重要的事有记录，可搜索、不可否认	非即时
机器人（自动回复）	能解决一些重复常见问题	比较机械，不够人性化

优质的客户服务和客户关系管理不仅会帮助企业在管理客户关系方面表现更佳，而且可以帮助企业更快更好地打造核心竞争力。通过每个员工在业务上开拓、培养和维持与客户产生的客户关系来提高客户忠诚度，为企业赢得竞争优势和利润。

乡村振兴智慧劳动
实践篇

第六章 共同富裕、乡村振兴与创造性智慧劳动

让全体人民通过诚实劳动、辛勤劳动过上富裕幸福的生活是我们党的奋斗目标，也是广大人民群众的殷切期盼，更是实现共同富裕的关键途径。鼓励勤劳创新致富是扎实推进共同富裕的重要原则之一，这不仅体现了中华民族热爱劳动、艰苦奋斗的光荣传统，更强调了传承该传统的重要性。劳动是财富的源泉、幸福的源泉，也是推动人类社会进步的根本力量。智力劳动或脑力劳动，这种复杂劳动也是创造价值的源泉，而且是大于它自身价值的源泉。

基于脱贫攻坚的伟大成就，让我国实现共同富裕具有坚实稳固的基础，持续巩固拓展脱贫攻坚成果，使之与乡村振兴实现更高层次的有效衔接，能够进一步推动乡村振兴的发展，最终达到共同富裕的理想追求。而在这一过程中，同时完成了作为社会主义现代化国家中国的一个历史性的伟大任务。因此，必须牢牢把握新发展时期乡村振兴与共同富裕的内涵，深刻理解两者之间的内在逻辑。

一、新时代下共同富裕与乡村振兴的科学内涵

基于新发展时期理解共同富裕，必须明确这是一个系统性的有机主体，需要全方位、多角度地对其进行分析。

首先，从实现动力来看，想要实现共同富裕，就要依靠全体人民的勤劳与创新。实现共同富裕是充分发挥人民主动性的过程，如果仅仅依赖"等靠要"，是无法完成的。必须结合全体中华儿女的艰苦奋斗、劳动创新，才能为实现共同富裕的美好目标提供源源不断的动力。从实现主体来看，立足于这一时代，国家的发展是为了人民，实现共同富裕更是为了人民。由此可见，实现共同富裕的主体也同样应当是人民。只有团结一心共同奋斗的人民，才能作为实现这一伟大时代目标的主体。只有众志成城创新发展的人民，才能享有共同富裕所

带来的成果。从实现内容来看，新发展时期所要达到的共同富裕，是努力缩小区域、城乡的发展与收入差距，是不断满足人民日益增长的美好生活需要，是解决发展不平衡不充分的现实问题。

目前，我国社会矛盾已经出现了转变，已经由物质层面转向精神层面。这就意味着不同地区、不同群体的人民精神富裕程度出现了差异，而实现共同富裕，就能解决这一问题。从实现途径来看，新时期实现共同富裕的路径，要将重心放在高质量发展与协调发展的三次分配当中，从而实现共同富裕，实现全面发展。

二、共同富裕是新时代富有内涵的有机主体

基于共同富裕目标下的乡村振兴，也同样需要与之内涵相契合。只有深刻把握共同富裕的内涵，才能更加全面、深刻地认识乡村振兴的意义，掌握乡村振兴的发展趋势。具体来看，可以从以下几个方面展开分析。

首先，实现乡村振兴的动力源泉应当是农民群体为达到脱贫致富从而具有的内生动力。乡村振兴不同于脱贫攻坚，也很难像其一样举全国之力。同时，对于乡村振兴而言，如果借助外援之力，即使能解决燃眉之急、一时之困，也很难做到彻底的振兴。由此可见，必须充分激发农民群体的内生动力，才能让实现乡村振兴具有用之不竭的"源头活水"。

其次，从实现主体来看，必然是农民群体。究其原因主要有两个方面，其一是需要农民群体参与到乡村振兴的建设当中来，其二是农民群体应当是乡村振兴的最大受惠者。

再次，从实现过程来看，乡村振兴是基于共同富裕目标下的发展战略，由其难易度和艰巨性可知，实现乡村振兴必然不是可以一蹴而就的短期成果，而是中长期发展战略。不仅如此，由于区域之间的发展差异，导致乡村振兴并非各地区齐头并进，还是应当结合自身发展条件和环境差异，分阶段有序推进。

最后，从实现途径来看，想要实现高质量的乡村振兴，可以从两个方面入手，第一是提升农业的发展效益，让农村物质资料生产更加丰富。第二是完善利益分配机制，使之实现更加公平的利益分配，确保农民收入实现稳定增长。

三、共同富裕与乡村振兴之间的关系

党的十八大以来，我们党带领全国人民，打赢了脱贫攻坚战，历史性地解决了农村绝对贫困问题，亿万农民同步迈入全面小康，朝着共同富裕目标迈出了坚实的一大步。全面小康路上一个都没有掉队，共同富裕路上也不能落下农民农村。

当前，我国城乡发展不平衡、农村发展不充分仍然是社会主要矛盾的突出体现。走中国特色乡村振兴道路，优先发展农业农村，确保在现代化进程中农业农村不掉队、同步赶上来。

乡村振兴是共同富裕进程中的必然环节。实施乡村振兴战略，能够有效促进区域、城乡的均衡发展，使工农关系更加融合。不仅如此，在实施乡村振兴战略之后，亿万农民的权益和福祉得到改善，在农业农村现代化的发展进程中，农民的收入获得增加，生活条件日渐改善，这一切都推动着共同富裕向前迈进。由此可见，加快促进乡村振兴。不仅能够使关系发展更加正向，同时稳固现代化建设的质量和水平，带领着全国人民朝着新的时代任务稳步前进。

对于共同富裕而言，实现乡村振兴是其中的重难点。从中华人民共和国成立发展至今，我国乡村虽然已经实现了旧貌换新颜，但仍旧处于我国现代化建设的薄弱地位，是实现共同富裕最急迫需要解决的问题。对于这一点，主要有以下几个方面，首先是乡村振兴不具有坚实基础。由于我国人口众多，人均资源有限，因此分配到农村的资本更加薄弱。因此，仍旧存在一些低收入或者有特殊困难的群体。同时，由于农村要素供给有限，导致农民发展渠道窄、增收不稳定。其次是城乡要素交流渠道仍有一些障碍。由于地理位置的局限，交易成本很难降低，使农业发展的空间局限性仍旧存在。最后是目前共同富裕的实现形式多元化程度较低，经验欠缺。因此，乡村振兴发展受限，成了实现共同富裕的难点。

共同富裕为乡村振兴提供了更加光明的前进指引。实现我国发展进程中的乡村振兴，其方针战略与发展依据必然是共同富裕。一方面，搞好农业农村的现代化建设，为共同富裕的实现创造了更加坚实的基础，通过不断探索，寻找发展方向，让市场实现有效运转，确保社会福祉更多地出现。另一方面，是否实现了更高程度的共同富裕，是作为乡村振兴发展程度的衡量标准出现的，对其进行考虑，不仅要包括乡村产业和环境的变化，共同富裕的实现状况是更重要的一方面。不仅如此，实现共同富裕，不能扭曲市场机制，更不能实行严格管控，而是要把握好市场与政府之间的关系，在实现两者有效结合的基础上，共同加快乡村振兴，推动共同富裕的发展进程。

四、农业强国的理论依据

强国必先强农，农强方能国强。巩固拓展脱贫攻坚成果是全面推进乡村振兴的底线任务，把脱贫人口和脱贫地区的帮扶政策衔接好、措施落实到位，坚决防止出现整村整乡返贫现象。没有农业强国就没有整个现代化强国；没有农业农村现代化，社会主义现代化就是不全面的。要铆足干劲，抓好以乡村振兴为重心的"三农"各项工作，大力推进农业农村现代化，为加快建设农业强国而努力奋斗，要锚定建设农业强国目标，科学谋划和推进"三农"工作，加强顶层设计，制定加快建设农业强国规划。

建设农业强国要体现中国特色，立足我国国情，立足人多地少的资源禀赋、农耕文明的历史底蕴、人与自然和谐共生的时代要求，循序渐进、稳扎稳打，多做打基础、利长远的事情；走自己的路，因地制宜、注重实效，立足资源禀赋和发展阶段，解决农业农村发展最迫切、农民反映最强烈的实际问题，不搞脱离实际的面子工程，不简单照搬国外现代化农业强国模式。农业强国是社会主义现代化强国的根基，要依靠自己力量端牢饭碗，依托双层经营体制发展农业，发展生态低碳农业，赓续农耕文明，扎实推进共同富裕。满足人民美好生活需要、实现高质量发展、夯实国家安全基础，都离不开农业发展。要坚持把增加农民收入作为"三农"工作的中心任务，千方百计拓宽农民增收致富渠道。

保障粮食和重要农产品稳定安全供给始终是建设农业强国的头等大事。要实施新一轮千亿斤*粮食产能提升行动，抓紧制定实施方案。要抓住耕地和种子两个要害，坚决守住 18 亿亩**耕地红线，逐步把永久基本农田全部建成高标准农田，把种业振兴行动切实抓出成效，把当家品种牢牢攥在自己手里。要健全种粮农民收益保障机制，健全主产区利益补偿机制。保障粮食安全，要在

---

*　斤：1 斤＝500 克。

**　亩：1 亩＝1/15 公顷。

增产和减损两端同时发力，持续深化食物节约各项行动。要树立大食物观，构建多元化食物供给体系，多途径开发食物来源。要严格考核，督促各地真正把保障粮食安全的责任扛起来。

要依靠科技和改革双轮驱动加快建设农业强国。全面推进乡村振兴是新时代建设农业强国的重要任务，人力投入、物力配置、财力保障都要转移到乡村振兴上来。推动乡村产业全链条升级，增强市场竞争力和可持续发展能力。要健全村党组织领导的村级组织体系，把农村基层党组织建设成为有效实现党的领导的坚强战斗堡垒。

五、用勤劳智慧助推共同富裕

勤劳智慧是社会群体在现实生活中逐渐形成的一种生活品质。近百年来，中华民族依靠勤劳智慧这一品质，久经磨难而不衰，从一穷二白发展成为世界第二大经济体。

对全社会来说，勤劳智慧是推动高质量发展的动力源泉；对每个人而言，勤劳智慧是开启幸福之门的黄金钥匙。

共同富裕与乡村振兴

共同富裕不会自动到来，美好生活更不会从天而降，这些都需要亿万人民脚踏实地、久久为功来实现。以浙江省武义县为例，绵延的山，崎岖的路，一度是武义南部山区山民们脱贫致富的障碍。20 世纪 90 年代，一部分山民尝试走出大山，来到上海及周边城市打工创业，通过开办超市赚到了人生"第一桶金"。武义抓住"超市经济"这一星星之火，出台一系列政策举措，鼓励扶持山民搬迁下山、开办超市，闯出了一条特色致富路。几十年间，从无到有，从小到大，从弱到强，在故乡和异乡之间，用勤劳智慧开创了超市商帮经济的先河。截至目前，武义全县涌现出 20 余个超市专业村，20 000 余名武义人在全国各地开办超市 10 000 余家，年销售额 600 多亿元。蓬勃发展的超市经济不仅让 1/4 山区群众脱贫致富，还带动了本地农产品的销售、带旺了武义旅游。富起来的超市业主，通过跨地域与家乡支部联建，积极反哺家乡，踊跃投身乡村建设，形成了共富共享的良好局面，被经济学家誉为"区域经济协调发展奇观"。可见，勤劳智慧是促进富民增收、推动社会发展的有效手段。这是因为，每个人都是共同富裕的主体，既是受益者又是贡献者，只有人人参与、人人尽力，才能实现人人享有。挖掘好、运用好勤劳智慧这一品质，有助于广大群众涵养"弱鸟先飞、滴水穿石"的韧性、"斗志昂扬、孜孜

不倦"的干劲、"逢山开路，遇水架桥"的闯劲，进而在共同富裕的征程中自觉主动地胼手胝足奋斗、携手并肩拼搏。

当前，国内经济已从高速增长阶段转向高质量发展阶段，共同富裕不仅仅是人民群众的共同期盼，还是社会主义的本质要求。推动共同富裕既要有长远眼光，也要有务实行动。要根据各个地方的实际情况、发展水平，运用勤劳智慧去统筹考虑需要和可能，因时因势因地制宜设定发展规划，作出政策设计安排，按照经济社会发展规律循序渐进，看准时机就要及时调整和完善，具备条件就要尽力拼搏和奋斗，以更大的力度、更实的举措让人民群众有更多幸福感和获得感。

雄关漫道真如铁，充分激发人民群众勤劳智慧的生活品质，鼓励人们以实干创实绩、以智慧促发展，让全体人民进一步展现奋进姿态、释放创造潜能，我们就一定能汇聚接续奋斗的磅礴力量，当好共同富裕的"排头兵"。

六、以劳动教育夯实共富基础

新时代进一步加强劳动教育，是学校贯彻落实"立德树人"根本任务的重要职责。

（一）培育学生正确的劳动观念

劳动教育的核心目标就是培养学生正确的劳动观念，让受教育者充分认识到劳动的重要性，避免出现"享乐主义""拜金主义"等错误思想，甚至落入"福利主义""养懒汉"的陷阱。谁都不能搭便车，不能不劳而获。我国以按劳分配为主体、多种分配方式并存的分配制度是对资本主义制度"建享分离"异化结构的批判。要让学生明白一个最基本的道理：劳动是创造社会财富的必要手段，它既是人的生存、生活之本，也是社会不断进步的根本动力。马克思指出："每一个生产者，在做了各项扣除以后，从社会领回的，正好是他给予社会的。他给予社会的，就是他个人的劳动量。"马克思还强调："任何一个民族，如果停止劳动，不用说一年，就是几个星期，也要灭亡。"正因为如此，恩格斯说"劳动创造了人本身"。学校要以马克思主义理论为指导，以习近平总书记重要讲话精神为指引，分门别类、因地制宜开展好劳动教育，让每一个学生都树立起正确的劳动价值观。

（二）培养学生良好的劳动习惯

青少年是潜在的劳动者和中华民族历史的未来续写者，劳动教育不能只停留于口号上，更需要体现在行动上。要让学生通过辛勤劳动，去准确体会什么是劳动；通过诚实劳动，去深刻感悟什么是生活；通过创造性劳动，去深刻体悟什么是人生。学校、家庭和社会要紧密配合、相互协同，及早培养他们的劳动意识，养成他们的劳动习惯。学校要在学生家庭、社会各界的大力支持下，积极组织学生开展各种各类劳动活动，都需要让学生主动养成辛勤劳动、诚实劳动、创造性劳动的良好习惯。

第七章　点亮古村落，闲居变金屋，温暖共富路

我国地大物博、历史悠久，孕育了丰富多彩的文化。广大乡村蕴藏着充满特色风情的文化资源。就物质文化层面而言，乡村有着大量文物古迹、传统村落、民族村寨、传统建筑、农业遗迹、灌溉工程遗产以及自然风光、田园景观等；从非物质文化层面来说，乡村的民族节庆、传统民俗、戏曲曲艺等文化资源也十分丰富。

我们要深入挖掘乡村文化中蕴含的优秀思想观念、人文精神、道德规范，充分发挥其在凝聚人心、教化群众、淳化民风中的重要作用。同时，要因地制宜，立足乡村实际，把乡村文化与现代文明要素、农村农民发展需求等结合起来，汲取城市文明及其他文化优秀成果，在保护传承的基础上推动优秀传统乡村文化创造性转化、创新性发展，不断赋予其新的时代内涵、丰富表现形式，释放乡村文化的内在魅力，丰富农民精神文化生活，引领乡村风尚向上向美向善，使乡村振兴的内生动力更加强劲。

丽水市位于浙江省西南部，地形地貌以中山、丘陵为主，山地面积占比近90%，是个典型的"九山半水半分田"的山区。由于生态环境优良、旅游资源丰富，多年来丽水市坚持"绿水青山就是金山银山"的理念，大力发展旅游民宿产业，着力实现乡村振兴。

一、欢庭·下南山原生态度假村

规划是乡村建设的"施工图"。如果没有规划约束，乱建违建还会冒出来，今后治理代价更大、成本更高。加快编制县域村庄布局和村庄建设规划，合理确定村庄布局分类，保持历史耐心，明确建设时序，避免在"空心村"无效投入、造成浪费。乡村建设不是搞大拆大建，重点是在村庄现有格局肌理风貌基础上，通过微改造、精提升，逐步改善人居环境，强化内在功能，提高生活品质。同时，注重保护传统村落民居，守住中华农耕文化的根脉。

好的规划能使民宿产业与当地旅游资源完美结合，使民宿产业具有更强的生命力，也能使当地的旅游资源更好地实现经济转化。丽水市莲都区碧湖镇的下南山村，村中泥墙青瓦，古朴自然，是瓯越古建筑的典型代表。2016 年，下南山村将荒废的老屋修复后，以全村现有土地、房屋及设施的使用权作为出资，由联众集团建设和运营"欢庭·下南山"精品民宿项目。如今，漫步在下南山，你能看见过去村民休憩纳凉的青石台，依然待在原来的位置。那些村民留下的坛坛罐罐、小石磨、小石篮，全都被用做造景的元素。每座民宿，每个院子，都有自己不一样的构造与风景。民宿外部是五百年的历史，内部却是五星级的享受。通过"众创＋酒店"古村利用新模式，引入工商资本打造了全国首个古村落度假综合体，带来了一批乡村创客，召回了在外打拼的游子，曾经的"黄泥房"变身"黄金屋"，不仅容颜如玉，而且留住了乡愁①。度假村里上到店长，下到一线服务人员，几乎都是下南山村和邻村村民。村民一边收租，一边上班，大家再也不用靠山里的几亩田过日子了！整个度假村每年能为全村村民带来 640 万元的收入。

许多传统乡村充满诗情画意，所以成为文化人的灵魂归处。一些现代乡村则不伦不类，以为在墙上涂涂画画就是美丽乡村了，严重缺乏美感和诗意，大家避之唯恐不及。乡村振兴需要美学回乡，这十分重要。一定要有高水平的建筑和景观设计，一次做到位。因为是市级文保单位，所以下南山不能大拆大建，但如果完全不动，又和现代生活不相匹配。

下南山的设计核心，就是外观上最大程度地修旧如旧，内里上则是以古为新，将古建筑转成高端轻奢酒店。在保留历史风貌、传承传统文化精神的同时，过着现代的生活。美人靠、小石磨、柱基石、村民走后留下的坛坛罐罐……都被设计师以最大的敬畏心保留了下来，同时又加以巧妙利用，设计用作造景的元素，加强场所记忆。甚至原来的猪舍、柴房，都被赋予了新的生命、新的含义。乡村振兴关键是要"聚人成业"，就不能只是停留在"生态宜居"上，而是要"自然美居"。要按照唐诗宋词的意境来重建乡村。这才能恢复古代乡村灵魂归处的魅力值，才能真正达到聚人的效果。"美居"才能吸引人、聚人。

劳动的内容需要以创造性智慧为根基，围绕第四次工业革命涉及的新型技

---

① 资料来源：https://mp.weixin.qq.com/s/w7ZJ06wa-jczbA7Hy-tFYw.

术进行重组和调整，赋予劳动内容更强的灵活性和智慧性，产生更大的劳动价值。专业化人才是成功的关键。在内生力量驱动的农村电商，往往在品牌建设和电商运营方面缺乏专业人才，乡村振兴赋能平台"村主任说"无疑是很好的补充，由资深媒体人领衔组建的专业媒体团队带领当地村民一起补齐农村电商的短板弱项，通过互联网走出乡村、走向世界、共同致富。在下南山，电商吸引大量农民返乡创业，网店主、村播、专业大户等新型经营主体发展迅速。手机变成了"新农具"，流量变成了"新农资"，直播变成了"新农活"，大量的"村红"变身农特产品、农旅的代言人。通过不断前沿创新，一大批电商"新农人"足不出户，便将山沟沟的"土货"卖到了全国各地。

2023年中央1号文件重点是"全面推进乡村振兴"，所列重点工作颇多。城乡融合作为乡村振兴的重要切入点，一般都要涉及乡村资源、人力、环境、农产品与城市资本、人才、技术的互换或流动，这就涉及休闲农业与乡村旅居的问题。

土地和宅基地作为农民核心资源是可以与城里人拿来作为交换的，其交换路径就是共享，共享是城乡融合的重要方式。如：共享农园、菜园、果园、池塘、民居（民宿），等等。乡村振兴不能排斥城里人，就目前大多数乡村的实际状况而言，连起码的劳动力都严重不足，更何谈人才、资金和技术。城里人下乡创业、休闲、养老可以给原乡民带来收益。未来乡村一定是新乡村、新乡民、新农业、新空间，是城乡人共同的、最后的家园。

村庄规划必须立足于地理空间、城乡区位、乡土传统、气候特点、历史渊源、地域文化、产业特点，以及休闲农业与乡村旅游市场需求，确定发展目标与未来定位，因地制宜，因势而建，因市而造。乡村基础建设应根据周边或沿线旅游区、城市人口基数和人流情况，统筹布局，有效引流、共享、互补和联动。中国几千年的农耕文明，一直有一个颠扑不灭的治国理念："郡县治，天下安"。对于乡村振兴，城镇是乡村的引领，县城主要是服务于乡村的，然后才是服务于区市的。行政领导应该往下看、往下沉，农业的产业链条应该更长，因为县城居民与乡村的纽带更为紧密和亲近，还因为县城是居民下乡、归乡、还乡的第一资金来源、技术来源和人才来源。

在乡村产业发展过程中，电子商务进乡村给乡村带来了革命性变化，发展至今很多新零售模式走进了乡村，联众发起成立的"村主任说"就是其中之一。创办"村主任说"的初心就是要打通农村电商"第一公里"，因为很多农村好物是不被外界知晓的。"村主任说"通过给每个乡村建一个线上商城，专业媒体人对乡村好物进行品牌重塑，多渠道宣传，从而打通城乡纽带，让更多城里人知道村庄好货。对于养老托幼，不仅包含农村鳏寡孤独与老弱病残，还可以延伸到城里人的田园养生养老和旅游休闲，以及面向少儿的亲子产品和研学产品。

让承载着几代"乡愁"的破旧老村重新复兴，从发现古村，用保护的方式构建场景，服务和本土特产成为它的货品，再到将这些服务和商品推荐给它的会员，会员再通过口碑传播吸引新会员。这一特别的方式，搭建起乡村振兴新一代农村双创生态模式。如今下南山古村落不只是一个景区，更是一个开放平台，将乡村康养医养、乡村美术馆、乡村博物馆、乡村创业学堂、民宿、手工艺空间、咖啡厅、书吧、会议室等多元素融合，并依托电商、品牌等深度赋能为乡村带来更高的生态红利。休闲农业与乡村旅游是重要乡村新产业、新业态，对于城里人，农业与工业、传统与现代本身就存在一种差异化体验。乡村民宿更是旅游六要素之"住"——乡村旅居的重要载体。乡村建设行动规划先行，有序开展，必将带来农村风貌的全面改观、农民生活水平的大幅提高、农业与文化旅游产业等融合发展。

第二届全国革命老区振兴发展现场经验交流会在浙江省丽水市召开，位于丽水市莲都区的丽水欢庭·下南山古村综合体有幸作为"红绿金"典型案例。为什么欢庭·下南山能有幸作为"红绿金"典型案例？不妨从欢庭·下南山"红、绿、金"的发展方向中找一找答案。

下南山所在的莲都区拥有根正苗红的"红色基因"。绿水青山，红色热土。丽水作为全省唯一一个所有县（市、区）都是革命老根据地的地级市，莲都区作为丽水市唯一一个市辖区，革命历史悠久，红色文化资源十分丰富。中共浙江省委机关旧址在丽水莲都区厦河村77号，占地200多平方米，1939年3月，中共浙江省委机关从温州秘密迁到丽水，领导全省党的工作和抗日救亡运动，直至1941年4月省委机关迁回温州。当时的省委书记刘英化名王志远，以"兴华广货号"老板身份，租住于此。中共丽水县委旧址纪念馆位于莲都区雅溪镇岱后村，原为朱氏宗祠，是建于清代的泥木结构建筑。1947年3月，革命先辈张之清、林艺圃在这里重建中共丽水县委，建立革命队伍，创建游击根据地，领导开展武装斗争，为丽水县解放作出重要贡献。莲都南乡不仅是莲都区最早的红色堡垒——中共南乡区委成立地，也是烈士郑和斋、郑智诰的出生地。近年来，丽水大力弘扬践行浙西南革命精神，莲都区振兴发展取得了一系列成果。

从废弃古村落到现实版丽水山居图，下南山的生态"绿"十分亮丽。从山上俯视整个村落，房屋不过几十座，却错落有致，层层叠叠，陶渊明笔下的乡村风情扑面而来。曲水流觞，春花烂漫，只是推开窗的寻常景色。百年古樟兀自矗立，木石砌筑的院落，与整个村落的山水相映成趣。传承文化、活态保护、记住乡愁……以旧的肌理锻造新的灵魂。几乎每一个到访者都会被这里的一景一物所打动。但联众改造运营前，下南山只是一处废弃的古村落。下南山古村落始建于明万历年间，为郑氏聚居地。由于长期遭受风雨侵蚀，下南山老村缺少日常的维护管理，无人居住的老屋就渐渐荒废倒塌了，大部分古民居漏雨严重、梁架倾斜倒塌、木构件霉烂、墙体开裂坍塌。2016 年，村集体统一将村里的古民居整体打包进行对外招商引资。联众集团投资 6 000 万元，仅用 16 个月的时间就把一个荒废的古村落打造成现实版的丽水山居图。由于地处山地，原民居依山而建，为了不破坏原村道的原始味道，保留村落的自然风貌，联众人选择了肩扛、人抬、人挑、用骡驮等最原始的方式，每根木头、每筐石子都要靠人工运送。以"一院一品，一房一景"为设计理念，每幢房了都配有不同的庭院，有不同的品质和风格。设计团队根据每幢房特有的格局和特色，通过加入一些不同元素：青砖、老石板、瓦块、石墨等来丰富整个庭院。

将生态优势转化为经济优势，下南山创新"金"字尤为抢眼。作为"之江创客"2021 年全球电子商务创业创新大赛总决赛一等奖获得者，联众欢庭·下南山让一大批电商"新农人"足不出户，便将山沟沟的"土货"卖到了全国各地。这是联众通过不断创新的成果，联众用自己特别的方式，搭建起乡村振兴新一代农村双创生态模式。在欢庭·下南山，40 幢不同的古建筑，被联众赋予了新的功能，形成一个开放平台：乡村创业学堂、民宿、创意工作室、手工艺空间、咖啡厅、书吧、会议室等多元素融合，并依托电商、品牌等深度赋能，为乡村带来更高的生态红利。乡村往往在品牌建设和电商运营方面缺乏专业人才，而联众创立的乡村振兴赋能平台"村主任说"无疑是很好的补充，由资深媒体人领衔组建的专业媒体团队带领当地村民一起补齐农村电商的短板弱项。持续优化的电商环境，吸引大量农民返乡创业，网店主、村播、专业大户等新型经营主体发展迅速。欢庭·下南山此次作为"红绿金"的典型，被寄予了更高的期望，联众也将继续探索"红绿金"融合协调发展新格局，创新引领打造"金色"新增长，取得新突破，努力使欢庭·下南山成为革命老区振兴发展的先行高地。

劳动的幸福程度与生产力和科技发展以及社会制度是相关联的。在开放灵活的智能时代，创造性智慧劳动激发了劳动者的无限生命力和活力。

二、那云度假村·悬崖上的天空之城

智能时代的劳动发挥劳动主体的创造性，用创造性智慧的方法和手段解决问题并通达劳动幸福。探索符合发展规律和地方实际的民宿发展模式，打造"互联网＋"模式、智慧民宿模式、网红模式等，提升民宿竞争力。

休闲旅游是重要的现代乡村服务业，吃住行游购娱之"购"可以融合电子商务和快递物流配送体系，建设县域集采集配中心，对于临近大、中城市的乡村还可以考虑中央厨房与预制菜项目。

坐落在景宁畲族自治县的"那云度假村"，耸立在苍翠山林和高耸山崖之间，在青山绿水间打造出隔岸之崖、岩上生屋，是"浮游"在悬崖上的"天空之城"和风行云绕的先锋度假生活目的地。2021年7月，当悬崖上的天空之城项目完成一期矿洞、温泉、空中泳池等工程并交付使用时，见证它诞生的每一个当地的文旅工作者都百感交集。那云度假村是利用废弃矿山资源策划的一个高度时尚文旅项目，为探索全新的废弃矿区治理再利用、变废为宝，产业"退二进三"提供借鉴，同时也为山区探索如何向山坡悬崖要土地、向垂直要空间提供了创新思路。文旅劳动者立足当地生态和民族文化资源，但设计思路又完全跳出生态、跳出畲族，设计的所有的内容都是策划型业态，为实现跨山统筹、跳出传统的资源型旅游开发模式、打造具有国际范的时尚项目提供了有益的借鉴。民宿经营者积极利用新媒体，将民宿融入互联网，开展多途径宣传和营销。利用数据挖掘技术，分析客户需求，科学定位市场，精准开发市场。

三、乡村民宿集群驱动乡村振兴

"产业兴旺、生态宜居、乡风文明、治理有效、生活富裕"是乡村振兴的总要求。其中"产业兴旺"是乡村振兴的根本源头和基础前提。农村产业要有大动作，依靠村庄自身力量或许有限，想要实现村庄产业的跨越式发展，对大部分乡村来说，还是要有专业运营团队的注入，通过运营盘活资产，产生经济效益。有外来团队进驻的乡村，就会出现政府、开发商、农民、村镇集体等多方利益群体的协作与博弈。如何保障农民的利益，是乡村振兴的重要课题。

浙江从"千万工程"实施以来，建成了大量的美丽乡村。走乡村产业振兴的多元之路，其中"松阳路径"非常值得借鉴。在被誉为"最后的江南秘境"的丽水市松阳县，诞生了过云山居、原乡上田、揽树山房等一大批口碑极佳的"网红"乡村民宿，并形成了山景、山居、山货统筹和联动的特色民宿产业，受到了市场青睐和业界好评。松阳乡村民宿何以如此引人瞩目？能为全国乡村民宿发展贡献怎样的经验？在全面推进乡村振兴的战略背景下，民宿如何作为？

松阳聚焦市场需求、完善政策供给，依托得天独厚的绿水青山、古村老宅和乡土文化资源，秉持"方向比速度更重要""品质比规模更重要""共赢比独赏更重要"的理念，以民宿为切入点，做好富民增收、乡村振兴"大文章"。短短10余年间，全县民宿（农家乐）如雨后春笋般应运而生，已从最初的52家发展到目前的494家，综合营业收入达到1.5亿元。

松阳的陈家铺村，坐落于悬崖之上。10年前这里因山而穷，但今天的陈家铺，在村党支部的带领下，引进了先锋书店、飞茑集精品民宿等，走出了一条在党建引领下的共同富裕之路①。

松阳民宿总体保持着较高的品质化、在地化、市场化水平，民宿主、管家满怀深情扎根乡村，与村民共建共荣共享乡村振兴发展成果，这是一个产业真正的生命力所在。

怎样让美丽乡村转化为美丽经济呢？需要用活村内的旧屋、河道、田野等素材，而不是城市化地照搬照抄。要按照村庄原有的脉络进行梳理，策划新产业，引进新思想，让更多的年轻人回到村庄，将规划与运营有机结合，让美丽乡村产生美丽经济。要创新产业规划设计，打造合理的乡村空间格局、产业结构、生产方式和生活方式，促进乡村人与自然和谐共生，让更多人爱上乡村。

有人曾说，古村落就是"一只从历史中飞出的美丽大鸟"。而致力于乡村振兴的文旅劳动者用智慧和创新，尽自己所能，捡起了这只鸟振翅时掉落的珍贵羽毛。山区民宿产品是山区各项资源变现的载体，是游客与民宿经营者的连接点，也是实现山区绿水青山转化为金山银山的根本抓手。民宿开发不仅推动了旅游业的高质量发展、加快全域旅游目的地建设，点亮古村落，闲居变金屋，也有利于解决"三农"问题，助推乡村振兴战略的实施。

---

① 资料来源：https://mp.weixin.qq.com/s/wkji2IXd9yPaSsc9oGhs1g.

四、多举措开展山海协作，促进乡村振兴

近年来，青田县仁庄镇立足自身特色，依托嵊州—新彭山海协作结对平台，挖掘和整合各类资源要素，多举措探索山海协作共富新路径，促进乡村振兴。

问海借力，打造乡村振兴示范阵地。2020年以来，仁庄镇新彭村借鉴嵊州先进理念，发挥自身文化特色，引进选进的运营机制和资金，从纵向到横向深度覆盖产业升级，提升人居环境，为山海协作乡村振兴示范点建设落地打下基础。"青·嵊"山海协作项目自开展以来，合计投入280万元，以"稻鱼共生"为核心主题，充分利用嵊州优势和村内生态资源，打造了十字亭区域亲水体验区，建成了"鱼·越"入口景观、"青山嵊海"长廊、稻田小咖、农家乐综合体配套设施建设和稻鱼共生产业基地等一批重要节点，强化了村庄风貌，彰显了文化特色，不断提高农村经济水平和产业多元化。同时，青田嵊州"助力26县跨越式发展 促进共富共进"座谈会在新彭村召开，仁庄镇强村公司与嵊州市新生代企业家联谊会签订消费帮扶合作协议，初次合作达成农产品交易9万元。实现嵊州传统产业与"青田稻鱼米"等优质农产品的文旅融合、联动运营，推动两地产业发展，合作共赢。

创新引领，打造第一届"五鱼音乐节"。仁庄镇结合"华侨大镇""青田稻鱼米主产区"两大优势，在"农侨共富"上进行了模式探索创新，举办了"千年稻鱼人缘、共富未来之约"仁庄镇第一届五鱼音乐节。首先，采取现场制作的"十大田鱼主题"创新菜的方式吸引嘉宾，为仁庄田鱼产业化发展、菜品的后续研发建言献策。其次，通过网红直播带货、线上销售的模式，为仁庄镇的稻鱼米、田鱼干等农副产品开拓新的销售阵地。再次，开展抓田鱼活动，让参与人员体会了民俗的乐趣，而由年轻人组成的汉服阵容，穿梭在田间地头，吹来了传统又年轻的清新风。最后，在古窑改造的青都迷宫庄园举行星空露营音乐节。休闲与咖啡、啤酒与音乐、红酒与哈蒙、房车与帐篷，仁庄的千年稻鱼人缘与华侨大镇的欧陆文化在这一刻交融在一起。镇强村公司通过承办活动收取服务费用达4万元，更重要的是打开了"稻鱼米文旅产业"仁庄之窗。

聚焦共富，打造"稻鱼共生"农遗直播基地。2022年7月以来，仁庄镇新彭村重新改造了闲置合作社，开工建设'稻鱼共生'农遗直播基地，目前已完成一楼服务区墙面粉刷、地面铺装和二楼直播交流区天棚外部框架搭建，

2023年3月底前投入使用。仁庄镇强村公司依托仁庄镇第一届五鱼音乐节，以电商直播形式推广仁庄镇稻鱼米、田鱼干等农副产品，并与江苏南通市通州湾浙江商会达成初步合作，销售田鱼干100斤，销售额达2万余元，直播助力农产品销售已然初见成效。

仁庄镇将持续深挖生态资源，坚持农业旅游业融合、产业链延伸，全力全速推进山海协作乡村振兴示范点的项目建设。着力谋划"稻鱼共生"综合项目，包括露营基地和田园小火车的建造，将新彭村不断打造成为"梦里农谷、自然学堂、稻鱼新彭"的农旅融合综合体，借力山海协作，助推全镇乡村振兴①。

五、以廉为美，以廉促富，"廉文化"擘画强村富民新蓝图

每个乡村都有自己的故事。江南的乡村有鲁迅笔下的百草园和三味书屋，有闰土和孔乙己；湘西乡村有芙蓉镇，因姜文和刘晓庆主演的电影《芙蓉镇》而闻名天下，也因宏伟瀑布穿梭其中，又称"挂在瀑布上的千年古镇"；关中乡村有白鹿原白姓和鹿姓两大家族的故事；云南乡村有阿诗玛、五朵金花、香格里拉的故事。正所谓"地以人传，人以文传"，故事、创意和文化是乡村的灵魂，是乡村得以闻名和聚人的关键。

一间艺术馆，一本连环画，一幅清廉画卷，徐徐讲述了千年古村力溪村的故事。松阳县樟溪乡力溪村，地处县城西北，松阴溪西岸，距离县城10余公里，车程15分钟左右。2022年该村为增强生态底色，投资70万元对力溪湖进行改造提升，完成清淤工程，水体质量得到大幅度提高，同时还新建景观平台、凉亭、广场等配套设施，为观光、垂钓等生态农业的发展打下了扎实基础。

近年来，力溪村深入挖掘本土廉洁故事，依托清廉村居建设，创新"一馆一画一坊"模式，通过搭建艺术馆、绘制出版连环画，将廉洁故事、廉洁家风、廉洁村规融入乡村治理和美丽乡村建设。传承廉洁之风，以廉为美，以廉促富，营造出崇尚廉洁的良好氛围，为强村富民注入"廉动力"。2022年，力溪村累计接待了30多批党建和中小学研学团队800多人次。还通过举办连环画艺术节，吸引了大批游客，助力村集体增收。目前，力溪村积极协助建设国

---

① 资料来源：https://mp.weixin.qq.com/s/w4mQksOxRUIJTggOTdtDsg.

内首家以连环画为主题的民宿和餐厅及文创产品，力争为"艺术助推乡村振兴"提供"力溪经验"①。

（一）"一馆"：搭建清廉艺术馆，创增收

樟溪乡力溪连环画乡村艺术馆作为全国首个乡村连环画艺术馆，网红打卡点效应突出。在馆内设有廉政教育专柜，将松阳传统廉洁故事、红廉故事编印成连环画并进行展陈，游客可免费观看馆内藏书，既能感受连环画乐趣，又能接受清廉韵味熏陶，离开时也总不忘收藏几本自己喜欢的连环画，回去和自己家人分享。展馆租金以及连环画的销售每年可为村集体增加 4 万元收入。

（二）"一画"：出版本土连环画，促共富

樟溪乡联合县档案馆、力溪连环画乡村艺术馆，发挥乡贤带头作用，收集本土廉洁故事，汇编出版《清廉樟溪》一书，以连环画画作的方式呈现，使小书本、小故事更具感染力。依托连环画艺术馆特色，村干部带头并指导群众发展旅游产业。经过半年多的争取和对接，备案投资 2.1 亿元的翔欧生态园项目落地力溪村，现已完成 100 亩用地审批，项目顺利落地。生态园建成后，村集体经营性建设用地入市收益预期约 320 万元，预计每年将带动游客 10 万人次以上，带动全乡农产品销售 500 万元以上。

（三）"一坊"：设立村民纳谏坊，解难题

樟溪乡纪委监察办指导力溪村"两委"在村口设立"纳谏坊"，广开言路，接受监督，助推清廉村居建设取得更好成效，村民的幸福指数连年上升。有些村民面对面不好意思提意见，现在可以写在纸上，放进纳谏箱里。村"两委"每周定期将收集到的信息拿到村务联席会议上讨论，了解民情民意的同时督促解决问题，从而收获了村民更多点赞。

目前，力溪村集体收入已突破百万元大关。下一步，力溪村将继续用好"一馆一画一坊"发展模式，打造好清廉村居，建设好美丽乡村。加快实现干部清廉、民风清朗、村民富裕的美好愿景。

---

① 资料来源：https://mp.weixin.qq.com/s/7H72vw77mVuk01CkrRWnKw.

六、在绿水青山间品味千年人文

14亿中国人，有9亿人都是有着乡村记忆的，乡村旅游让那些没有生活在乡村的人有了近距离感受乡村的机会，也让还生活在乡村的人有了创造更美好乡村生活的机会。这让乡村旅游拥有了良好的发展环境，其中乡村文化在乡村旅游开发中的重要地位日益凸显。然而现实中很多规划设计者并没有挖掘到乡村的原真文化，仅仅将乡村的文化表象粗暴放大和复制，使得塑造出来的乡村文化意象缺乏原真性和独特性，陷入了新的"千村一面"的尴尬境地。

什么是乡村文化？乡村文化隐藏在历史积淀塑造的人文内涵中。村名的背后，藏着一个人或一件事；村庄的建筑格局，是村民千百年择优而居的生存状态；聚落的形态，来源于一个望族或一段历史；村庄风水，饱含着先祖生存的智慧。乡村文化反映在乡村村民独特的生活方式里。"百里不同风，十里不同俗"。南北环境差异、民族风俗不一形成不同的饮食习惯。居草原则游牧，居水边则捕捞，居平原则耕作，居深山则捕猎。

如何提炼乡村文化？地域环境和自然资源决定了村民采用哪种生产方式从自然界中获取生存所需的材料，决定了村民们的生活方式，决定了乡村的景观。

正是地域根基的不同，使得乡村之间的生产方式、生活方式和乡村景观形成差异，体现在文化上就是乡村文化的原真性和独特性。因此挖掘美丽乡村文化应该首先了解乡村所处的地域环境，从乡村村民的生产方式、生活方式和乡村景观入手。

吃透隐藏在乡村背后的历史。每个村落的发展，背后都有着不为人知的历史、传说。这些村庄，或因为重大事件，或由于重要人物，一个单纯的地理名词转而拥有了自己独特的含义，并成为时代变迁的标志。也许是因为社会动荡才形成隐居深山的村落；也许是因为战事所迫才保留的军事要塞；也许是因为某个政客、英雄豪杰或者文人墨客等传奇身世才形成的一个乡村聚落……乡村文化的提炼，需要吃透这些隐藏在乡村背后的历史或人物，才能更好地选择独特的文化属性，打造一个乡村独属的文化品牌。

选择认同性强的文化符号。乡村，对于当地居民来讲，是一种生活环境，也是一种生命印记。而对于游客，对一个乡村的认知，更多的是一种文化认知，想要了解一个村落的故事，需要对本土文化有一种认同感，才能真正融入其中并感知这种文化；因此，对本土文化的重新塑造，需要提炼一种让村民认同、游客感知的文化符号，这种符号，应该是一种"来自生活而又高于生活"的东西，它可能是本土的建筑材料、可能是民族图腾、可能是生活素材……而这种文化符号，未来将应用在村落的景观环境、交通指引、建筑形态、文化演艺、产品包装等乡村系统中，成为一个村落的标记或者形象标志。

乡村文化如何应用于旅游开发？乡村文化涵盖村民生产生活的方方面面，旅游开发规划过程中应该对乡村自然生态文化和民俗文化进行提炼，确定乡村自然生态文化和民俗文化的表现主题，围绕着主题对乡村文化进行放大，形成乡村品牌形象。

保留当初的风景。文化的保护开发是特殊乡村景观的保留与环保开发。乡村景观，包含因地域环境形成的地域自然风貌、乡村聚落形态、后天农田景观等内容，是村民与自然和谐共处、天人合一的原真文化的体现，也是乡村旅游开发的重要节点之一，在旅游开发时就应该以恢复和保护为原则。乡村景观的保护与开发中，除了要提升基础的道路交通等基础配套设施，最重要的要注意提炼乡村本土的元素，还原乡村本土的风格，将原始的乡村风景保留，将最初的感觉保留，将历史的文脉保留，将乡村的味道保留。

回归原始的情怀。萦绕在很多人心中的"乡愁"，其实是远离乡土的人，对于家乡的一种记忆、一种儿时的情怀。因此，在发展乡村旅游的过程中，需要融入都市客群对乡村的一种原始记忆，儿时的乡村活动，容易引起游客在乡村旅游中的一种归属感。乡村生活方式、生产方式，是最能体现乡村文化的节点，是乡村文化的展示载体，同时也是游客感知一个乡村的最直接表现，游客需要一种真实可触摸的乡村旅游；因此，文化的融入可以让游客通过乡村农事活动体验、乡村农耕技术展示、乡村民俗活动体验等形式，参与到乡村旅游的建设中，成为游客感受乡村，寻找儿时记忆的一种体验。

还原最初的味道。文化的渗透需放大农副产品的文化包装与市场营销。乡村农产品，是乡村最真实味道的直接载体，也是涉及村民最直接利益的产业经济问题。在乡村旅游中，我们会提出"关注农民、关注农村、关注农田"等内容，会解决农民的再就业问题、乡村的旅游要素配置和特色问题，会解决乡村旅游核心农田景观的营造问题……同时也不能忽略了农产品的开发与乡村文化的融入问题。

乡村文化开发的创新性如何尝试？展现文化遗产的"真"面目——建设生态博物馆。生态博物馆是指不移动文物的原始位置，而把文物、文化保持在其原生状态下的一种博物馆建设形式。它打破了传统的集中收藏式展现文化的博物馆建设模式，能够让人们了解文化遗产的本来或原始面貌，能够满足人们对文化的"本性追求"，尤其适合古镇古村落的文化旅游开发，是目前较被认可的一种乡村文化旅游持续发展新模式。生态博物馆具有以下特点：一是原生态性，生态博物馆建立于自然环境、社会结构、经济状况和精神生活保存较完整的文化生态中；二是民众性，生态博物馆扎根于民众的社区里，社区居民与其所创造的文化和其所改造的自然和谐相处；三是原地保护，生态博物馆是以社区为基础，以原地方式进行原生态状况下的"活态文化遗产"的保护和展示；四是整体保护，社区面积即为生态博物馆的面积，整个区域内的文化遗产与自然环境都受到整体保护；五是动态发展，生态博物馆处于现实之中，联系过去和未来，重视经济变革，强调文化的演进和社会的发展，在动态发展中保持自身特质。

新农村田园主义，心灵栖息的"第三空间"。对于现代都市人来说，繁忙的工作和琐碎的家务使整个社会都承受着比过去更大的压力，每个人都需要一个"第三空间"，一个家庭和工作以外的舒适的社交聚会场所，一个既带有城市特色，又极具乡村韵味的心灵驻足空间。宅中有园，园中有屋，屋中有院，院中有树，构建了乡村与城市一体发展的理想模式，既能够满足城市居民对于乡村生活的所有追求和向往，又保证高品质的生活舒适度，能够获得身心的满足和愉悦。

在城市吹响田园牧歌——引寨入城。随着城市环境的不断恶化，许多城市开启了构建"田园城市"（兼有城市和乡村优点的理想城市）的步伐。这种城乡融合的城市设计理念能够使乡村文化慢慢渗透到城市中，为乡村文化在城市的复兴奠定了坚实的基础，形成"山、水、田、林、城"融为一体的田园式城市形态，形成现代城市与现代农村和谐相融、乡村文化与城市文明交相辉映的新型城乡形态。

文化是乡村旅游的灵魂，乡村文化并不是虚无缥缈、不可捕捉，它有其生存发展的地域根基。挖掘乡村文化需仔细探索，提炼乡村的原真性和独特性。关注乡村文化的形成和发展脉络，以点扩面，通过原生态乡村景观风貌保护、乡村生产方式、生活方式体验等方式，将挖掘到的乡村文化元素融入乡村的生产方式、生活方式和乡村景观中去全面体现。

（一）培育农旅业态，奔向"共富"新时代

"惟此桃花源，四塞无他虞"，这是北宋诗人沈晦在千年前，初到浙江丽水

松阳时发出的惊叹与赞美。如今岁月更迭、时代变迁，松阳仍以它独有的自然风光和厚重的人文历史成了诗画浙江中的最后"秘境"。而在这层峦叠嶂的群山环抱中，温润如玉的松阴溪水畔，也伫立着一座宋韵古风的千年古村，陪伴松阳渡过那漫漫历史长河。

象溪村坐落于松阳县东部的象溪镇，距县城 20 公里，"S"形的松阴溪把象溪镇镇域分割成"太极两仪"，村庄就坐落在"象溪太极湾"的极尾。村庄依山傍水，风景秀丽，"山对双峰水环半壁，富称万石贵甲一乡"便是描写象溪村的地理人文。仙坛观奕、双峰插云、虎庙谈经、圆塘映月这著名的象溪四景，也被收录进民国版的《松阳县志》。交通闭塞、产业薄弱一直阻碍着象溪村的发展。随着 2006 年溧宁高速的开通，高速路直接通到村口。区位优势的重大改变也为象溪村带来了发展机遇。2009 年，象溪村先后抓住旧村改造和"大搬快聚"等住房提升政策，拆除破旧房屋和违章建筑 68 处，村民们纷纷搬进新居，脏乱差的村庄环境一去不复返，村庄规划也为发展腾出了有效空间。2021 年，象溪村开展精品花园乡村创建工作，紧紧围绕当地生态、古文化和溪鱼农家乐等特色乡村旅游资源，先后修建了古村落一条街、进士文化区、半亩方塘以及特色展厅农具展示馆等，全面提升了村内道路、路灯等基础设施，以现代化新农村的面貌重新展现在世人面前，周边来访游客络绎不绝。

"人无精神不立，国无文化不兴"，对于一个村庄发展亦是如此。象溪村历史文化底蕴深厚，素有"秀才村""耕读村"等美誉，历史上曾出过 3 位进士、5 位举人、85 位秀才。其中最负盛名的当数松阳十大历史名人之一的高焕然。高焕然是光绪戊戌年进士，曾任钦州知府，官正四品。他一生勤政爱民，看透了清廷的腐朽不堪后，毅然辞官回乡，创办学校，致力劝读，兼松阳孔教会会长，1926 年还主持编纂了《松阳县志》。高自元和高威廉这对叔侄烈士是我国第一代飞行员，均在抗战中为国捐躯。元坛庙，又称虎庙，曾是朱熹的讲学之地，至今墙上还镌刻着《中庸章句》的一句话，叫做"行之笃，则凡所学问思辨而得之者，又皆必践于实而不为空言矣。"为了进一步丰富和培育村庄文化内涵，更好地传承和弘扬高氏一族的清廉、爱国文化以及千年流传的耕读文化，象溪村先后修缮了石门广场、高氏宗祠、虎庙等历史文化建筑，通过碑文、雕塑等形式详细生动地展现各位历史名人的生平事迹，让游客们感受到"苟利国家生死以，岂因祸福避趋之"的浓厚爱国情怀。

村庄美了、招牌响了、游客多了，致富的机会也来了。近年来，象溪村依托美丽的田园山水资源，通过镇、村项目投资和引进民间资本等方式，开启集"生态＋景区＋农业"发展新模式。先后新建游步道 2 000 多米，建设汽车露营基地、乡村大舞台、农业观光园、骑行步道等，为游客提供亲子研学、队伍团建等多元化景区体验服务。同时，每年举办摄影比赛、"溪鱼王"厨艺争霸赛、文艺演出、文化遗产展示展演、农家小吃现场展示及品尝、畲族民俗文化展示等文化活动。家家户户也开始售卖灯盏盘、山粉圆、茶叶火腿、土鸡、油豆腐、麻糍等当地特色民俗小吃，进一步打响"渔家乐"美食文化，至今已接待游客 31 万人次，带动了村集体增收 300 多万元，村民人均增收 3 万余元。相信在不久的将来，还有更多游者将走进这隐匿在瓯江玉盘之中的千年古村，来发现自然之美、感受文化之魂、品味美食之道①。

乡村旅游，本质上是乡村休闲。如果能够让城里人住下来消费，那就叫乡村旅居。乡村是最具生命力的热土，它孕育着一代又一代勤劳和智慧的人们从这里走向未来。改革开放 40 多年以来，城市受益于政策、交通、资金、人才、技术、资源等优势得到了全面且快速的发展；而乡村因与城市截然不同的条件，在改革开放进程中发展相对滞后。但也绝不意味着乡村就失去了发展机会与优势条件。乡村沉睡的巨大资源，正是国家推动乡村振兴发展的最重要战略性决策的基础，从另一个角度来看前 40 年改革开放受益者是城市，而未来 40 年机会在乡村。

但很多乡村在建设过程中摧毁了最应该保护的生态面貌，在地文化被破坏而不是被保护和挖掘，乡村最令人难以割舍和忘怀的乡土味道，在建设过程中遗失殆尽。那个让人怀念的乡村变成城不城村不村的怪胎，与它周围的人文、生态格格不入。许多拥有美好回忆让人们牵挂的乡村就被人为地抹去，再也回不来了！乡村要发展，但乡村更应该被保护。

希望在这个美好的时代里，在乡村发展浪潮涌来的机遇中，有远见的创业者、有情怀的艺术工作者、有资金的投资人、有想法的村干部，能够慢下来做足功课！乡村的发展不能急功近利，乡村的发展也不是刻章复制，乡村是城里人向往的乡村，把乡村的根留住，乡村才有未来。

（二）深耕"乡村旅游"，擦亮"国家传统村落"金名片

10 年前，杨家堂还是一个破败的古村，村内老屋残破、道路泥泞，断壁

---

① 资料来源：https：//mp. weixin. qq. com/s/6Ng7U5wWUFpp3GsoQ _ dCXA.

残垣随处可见，村民也都陆陆续续离开这祖祖辈辈生活的家园……

2013年，松阳县开启了以传统村落保护发展为核心的乡村复兴实践。通过多年的实践，杨家堂村等一大批传统村落重新焕发出生机。松阳县也因此被国家文物局、国家住建部和中国文物保护基金会分别列为传统村落保护利用试验区、保护发展示范县和"拯救老屋行动"整县推进试点县。杨家堂村顺着乡村振兴的这条"快车道"，通过实施省级美丽宜居项目、国家级传统村落保护项目、"拯救老屋行动"等，全面推进村落整体风貌修复和老屋修缮。作为浙江省第二批列入中国传统村落名录的村落，杨家堂利用"大搬快聚"政策盘活村内闲置资产，将闲置的房屋进行修缮翻新，再对外招商引进民宿投资。

鳞次栉比的古老房屋建筑，一层层翘首相对的马头墙，雕梁画栋、门窗雕花以及书写于墙头的朱子格言、"家规十条"……杨家堂村似乎又回到了最初的模样。因此，《国家地理》赋予杨家堂村"金色布达拉宫"的美誉，称之为"最后的江南秘境"。

"重孝友、崇忠敬、敦礼义、谨廉耻、正名分、敬师友、培祖茔、尚勤俭、戒骄奢、息词讼"这些铭刻在宋氏族人内心深处的"家规十条"激励着他们崇尚道德、清正廉洁。这种精神不仅体现为独特的墙头文化，对杨家堂人的熏陶和影响潜移默化、至为深远，彰显了杨家堂人"日耕夜读、崇文尚德"的良好家风——在这个只有300余人的小山村，仅民国以来的宋氏后人中，就出了46名教授，48名讲师。如今，他们或回乡创业或认祖归宗或携亲带友回乡考察旅游，对家乡，也增加了不一样的感情。

如今的杨家堂村，秉承着这代代家风，深耕"乡村旅游"，持续擦亮"国家传统村落"这张金名片，加快推进乡村振兴，村民生活更加幸福了。

乡村旅游成为农业农村领域发展势头强劲的新产业新业态，并随着城乡居民生活水平的不断提升，积蓄并释放着愈发深厚的市场潜能，成为振兴乡村产业的有力引擎。不过我们也应看到，在产业快速成长背后，一些问题与隐忧客观存在。比如产品同质化严重、服务水平参差不齐……

人们所期待的乡村旅游，应是有"烟火气"，有真实乡土生活沉浸感的，也应是有新鲜感、有生气的，是拥有"百里不同风，千里不同俗"等特色、差异与多样化的，乡村旅游全面升级迫在眉睫……

如何让"互联网＋乡村旅游产品"升级呢？

创意融入产品，满足消费者层次需求。在互联网时代，人们的消费已经进入个性化消费时代，传统的农家乐已经不能满足消费者的需求。因此在乡村旅游产品开发过程中，应该秉持互联网的信息化意识，通过搜罗各类信息寻找产品创意，挖掘每一个乡村独特的民俗、特产、风貌。

丰富产品文化内涵，树立乡村文化IP。近年来，越来越多有情怀、有理想的创客群体投身乡村，通过互联网思维和技术等手段，盘活乡村闲置资源，丰富产品文化内涵，重塑乡村生态、文化与产业价值，成为推动新时代乡村旅游IP的生力军。通过文化元素凝聚在外显的"承载物"上，使乡愁文化成为"有水之舟"。将文化创意融入风物，把传统的物产、文化变成有故事的、能够表达乡土理念的旅游产品和商品，乡村中的衍生品开发成为乡村创客眼中的蓝海。

网络可视化产品的增加。在线上产品设计中加大微信互动、网上订购、幸运抽奖、媒体网络互动等大众广泛参与的项目；同时在线下"郊外踏青、戏水垂钓、采摘种植、美食佳肴、畅享自然"基础之上，设计多种私人定制化的产品，通过网络可视化技术，提供乡村旅游产品的实时动态分享。在乡村旅游节庆活动中，通过线上的抽签、抽奖、签到模式，配合线下节庆活动的有序展开，增加游客的体验性。社交媒体和新技术的介入，重塑乡村旅游的消费场景。5G、大数据、云计算、物联网、VR等技术变革纷至沓来，未来已来，在线农场、乡村生活直播、农创云商城等乡村与科技的融合成为现实可能，智慧乡村旅游的发展将成为趋势。许多人已经发现借助抖音的平台优势进行形象宣传，不仅可以提升自身的知名度和影响力，也能吸引更多人旅游观光，带动相关产业的发展，对于乡村振兴也有积极的促进作用。互联网传播永远是内容为王，一个精品胜过千百个粗劣的视频。每个乡村都有各自的旅游优势，这正是对外宣传的关键。要集中资源打造具有较大传播价值的"网红"美丽乡村，旅游消费的一个重要特点是任何基于"点"的消费都会自然惠及全域。要通过确立明确的产品个性来获取这20%更契合、更忠诚的旅游者，再借助他们去扩大市场。

资源整合，开发联合产品。在互联网的信息共享下，地区乡村旅游不是一家一户的各自为战，而是要实现资源的共享、形象的整合和市场一体化基础之上的联合战略，形成更具竞争力的联合产品。依托强大的互联网大数据，整合地区信息资源，对地区乡村旅游资源进行开发和整合，不断丰富旅游目的地自身的价值内涵，强化目的地与游客之间联系的过程，积极利用特有的资源设计出符合游客需求的旅游产品和特色服务，打造唯一的地区乡村旅游目的地名片。

乡村旅游服务升级，从无意识到有意识。乡村旅游主要服务对象是自助游客、自驾游客，这些游客群体比较看重服务，对服务质量要求也较高，随着游客需求的升级，乡村游服务升级也迫在眉睫。在服务升级的过程中，一方面要重视发挥培训的作用，加强对从业人员的培训力度和准度，从服务理念、技巧等方面进行专业指导，让从业人员熟练掌握规范化的服务标准和流程，促进主动创新服务、主动钻研服务的意识和能力，变无意识服务为有意识服务，让服务创造新价值，增进游客认可度。另一方面，在规范服务的基础上，注重保持并突出乡村游服务朴实、真诚的特点，让服务具有情感，带有温度。这一点可以向中国台湾乡村游业界学习，在服务中适当地抽时间与客人沟通、聊天，就如亲人朋友一样介绍好山好水，与游客在泡茶赏月中交流分享人生经历、人生感悟、人生哲学，这是一种情感精神服务，对乡村游从业者的整体素养有一定的要求，因此，乡村游从业者也必须有意识地提升自身的人文底蕴、气质修养。

（三）融入村庄，"新乡人"有了"新身份"

在松阳三都乡松庄村有一家桃野民宿，它的入驻让空心古村从"沉寂"走向"复苏"。入驻以来，民宿创始人孙迎盈带领员工帮助村民销售桃子、桃胶和各类菜干等农产品，与村民建立了良好的合作关系，通过产品包装升级、线上线下联动，松庄村的桃子从 3 元/斤卖到了 6 元/斤，推动了桃子产业的复兴，2022 年为村民创收近 6 万余元。5 年时间里，孙迎盈深度融入村庄，与村民相处得像家人一样，以"新乡人"文化水平高、专业知识强等优势积极参与村庄治理与发展谋划，随后在市县人大换届选举中，成功当选县、市人大代表，有了身份上的新转变。同时她以优秀新乡贤身份积极参与"民生议事堂"围桌协商，协助三都乡开展"以商引商"，不断扩大三都双招双引"朋友圈"，成功招引 4 位客商进驻松庄签约，为三都乡富民增收出谋划策，促进乡村治理共同体的构建发展。

在松庄村，有这样一群可爱的爷爷奶奶，他们是土生土长的"原乡人"，通过艺术赋能，他们有了"乡土艺术家"的"新角色"体验。2021 年 10 月，在"新乡人"桃野工作人员的带领下，爷爷奶奶用果蔬拓印进行艺术创作，举办了一场"村口的涂鸦"农民画展。随后"村口的涂鸦"作品陆续被"搬"到了农创产品的包装上，每卖出一份农创产品，爷爷奶奶会得到一份专属于他们作品的分红。在"艺术共享、精神共富"理念的不断推动下，通过艺术共创和利益共享，文化产业与乡村治理不断融合发展，"原乡人"被赋予了"新角色"，带着精神的丰盈自发走向共同富裕。

近年来，松阳三都乡党委政府坚持"活态保护、有机发展"理念，通过实施拯救老屋、国家传统村落保护等项目，吸引了一群有情怀、有抱负、有能力的优秀青年返乡创业。返乡归巢后，这群"归乡人"有了"新职业"，开始以"主人翁"的身份参与村庄投资、建设与发展谋划。这群本土优秀青年、外来创业青年自发组成了青创联盟，凝聚了推动三都乡高质量发展的强大合力。"90后"优秀青年叶冠斌返乡后进入村委班子，始终牢记"建设家乡，带领村民致富"的初心，为西田村的"二次创业"积极出谋划策；为奶奶设计婚服的"00后"汉服设计师刘雯悦，回到三都里庄村建立了工作室，将从传统古村落中汲取的设计灵感应用到汉服设计上，积极宣传了传统村落与传统文化；"80后"叶科于2022年来到西田村将原五心小学旧址进行改造，新建五星书房，打造集研学、非遗手工体验、乡村文创等业态为一体的共富工坊，推动了共同富裕在三都的落地生根。通过融合"新乡人"资源，汇集"原乡人"智慧，凝聚"归乡人"力量，创新乡村产业、美化乡村环境、复活乡村文明、助力乡村治理。新乡人、归乡人、原乡人其乐融融，一幅宜居宜业宜游的未来乡村共富画卷正在三都乡徐徐铺开①。

（四）村村有特色，增收有门路

早在几年前，上垟村还是一个缺乏产业的偏远山村，2019年，祯旺乡因地制宜引进红糖产业，以"甘蔗生态园＋红糖工坊"模式，打造乡村"甜蜜"产业，带动村民和村集体增收致富。"无中生有"引进红糖产业后，祯旺乡创新推出"全域一村"经营模式，成立"田蜜真旺"供销社，建设全市首家村级农产品展销中心，提升总结种甘蔗、制红糖、产菌菇"1＋N"循环生金模式，打造红糖农业全产业链。

产业兴旺是实现乡村振兴的基石。近年来，祯旺乡因地制宜培育红绿融合的多元产业，以乡村富民产业发展推进共同富裕，通过引进"新乡人"、留住"归乡人"、激活"原乡人"，形成了"村村有特色、增收有门路"的共富新格局。在产业上坚持做精做特，在吴畲村、祯旺村、上垟村分别打造了"红旅研学＋露营""精品民宿＋垂钓""红糖出海＋农旅"等项目，乡村美丽经济呈现

---

① 资料来源：https：//mp.weixin.qq.com/s/XnLbmLxolBrDacNuMbxtIg.

蓬勃发展态势。多元产业发展使革命老区焕发新活力。元旦期间，吴畲村的野奢露营基地一房难求，许多客人提前一个月预订房间。野奢露营基地已举办生日会、研学游、亲子游、婚礼派对等活动近50场，产生直接经济效益100万元。营地依托吴畲红色教育基地流量资源，以"野奢风"走红，一经推出，便成为周边县、市的网红打卡点。

乡村共富并非一人奔富。营地采用"企业＋村集体"的共富模式，项目一期，村集体投资115万元，营地每年支付给村集体8％的固定投资收入。值得一提的是，营地还带动了十余名村民就业，实现他们在家门口就业的"致富梦"。产业的蓬勃发展，把越来越多的年轻人带回了家。如今，祯旺乡引进5名返乡大学生，共同打造"旺姑娘"品牌，通过电商、直播带货等"线上＋线下"的形式打开农产品销路，推动"山货进城"，打响祯旺"年货之乡"金名片，吹响"全民创业、全网带货、全民共富"冲锋号。截至目前，祯旺乡年货销售额已突破110万元。祯旺乡将紧紧围绕"生态美乡、产业富乡、党建强乡、旅游旺乡"的发展定位，继续发展多元富民产业，让老百姓共享发展成果，让年轻人"愿意回、留得住、发展好"，为建设共同富裕示范区革命老区样板不懈奋斗[①]。

七、浙西南革命老区红绿融合美丽村庄建设

（一）党建联建打造红色旅游集群

作为浙西南革命老区所在地，丽水市有着丰富的红色历史文化和革命遗址资源。近些年来，丽水市充分发掘红色资源优势和绿色生态优势，大力推进红色美丽村庄建设，形成5个中央试点村、7个省级建设村、10个市级建设村和78个县级建设村的联动建设格局，着力打造一批传承浙西南革命精神、以红色党建引领绿色发展的示范典型，扎实推动浙西南革命老区实现乡村振兴、共同富裕。一条长约2.5公里的山路，从浙江省丽水市缙云县双溪口乡金岭脚村延伸到大源镇稠门村。80年前，这段隐蔽山间的小路是一条生生不息的"红色通道"，为缙云县地下党员传递革命信息。现在，随着金岭红色秘密交通线的名气越来越大，来稠门村参观的游客络绎不绝，村里的民宿更是一房难求，当地的米仁、甜玉米土特产也成了抢手货，仅红色旅游一项每年就能为村集体

---

① 资料来源：https://mp.weixin.qq.com/s/gDmST2awXctoeblhAwIUHw.

增收 10 多万元。

随着省级革命老区乡村振兴示范区、市级红色美丽村庄等项目落地，2021年，作为主战场的招序自然村先后召开党员大会、村民代表大会和户主大会，统一思想、全体动员，推进村庄改造提升和红色遗址修建。建设过程中，老党员带头签订协议，群众也纷纷支持，两天时间，就拆除了 164 处旱厕、46 处乱搭乱建和 9 处危房，为项目建设腾出空间。

推动红色美丽村庄建设以来，丽水市坚持整合资源、集成发力，发挥财政奖补资金作用，撬动县、乡、村各类资金向红色美丽村庄集聚。各地红色美丽村庄立足特色，党员带头、群众参与、党群携手，深挖本地红色文化的"富矿"，挖掘修复一大批革命遗址资源，整理宣传一大批红色故事，极大改善村庄风貌环境。目前，共提升红色阵地 145 个，打造经典红色研学点位 533 处，真正使红色美丽村庄做到有址可寻、有物可看、有史可讲。

"党建联建把'一道菜'变成'一桌菜'，大家一起过上好日子。"龙泉市宝溪乡溪头村党总支书记、村委会主任曾志华说。2021 年 8 月，中央级红色美丽村庄溪头村与省级红色美丽村庄住溪村因地域相邻、文化相通、产业相近，积极开展党建联建，两村党组织结对合作，共同开发革命遗址资源，将入浙第一仗革命历史馆、红色文化广场、生物多样性体验馆等场所串点成线，打造一条连通两村的红色文旅路线，实现资源共享、客源互送、线路互推，两村双双创成新时代美丽城镇省级样板、国家 4A 级旅游景区，实现旅游收入 4 100 余万元。去年，又吸引当地 11 个红色美丽村庄参与联建，共同谋划"挺进之路示范带"项目，形成"手牵手、齐步走"的组团发展新局面。

红色美丽村庄大多地处偏远、交通不便，规模小、布局散、空心化是普遍现状，光靠单打独斗很难打开发展局面。为更好实现红色资源价值转化，丽水市深入开展百个红色美丽村庄党建联建，推动红色美丽村庄的基层党组织结对互促，进一步强化统筹协调，优化资源配置。截至目前，全市串点成线打造103 条红色研学线路、12 个红色基因党性教育教学基地和 29 个红绿融合发展实训基地，建设主题党日、干部培训、研学活动的主阵地，2021 年以来累计开展红色教育 83.37 万人次。

（二）双招双引做大绿色富民产业

"我们这种偏远乡镇，四周都是山，要地没地，要人没人，要发展产业是不可能的事情。"几年前，毛垟乡的党员对乡村发展心灰意冷。

景宁县毛垟乡是典型的革命老区，刘英、粟裕、叶飞等革命先辈曾在此战斗。毛垟乡还是个典型的"空心乡"，90％的村民外出务工经商，当地党员群众不看好本乡发展。近些年，毛垟乡党委在大力推进红色美丽村庄建设的同时，带领各村党员村干部开展"双招双引"工作，推介本地红色底蕴和优良生态，成功招引苔藓专业化培育企业，建成集苔藓育苗、种植、文创产品制作销售、民宿、绿化工程建设为一体的苔藓产业链，打造苔藓小镇，"红土地"实现绿色发展。

丽水市深入实施"双招双引"战略性先导工程，招商引资、招才引智，创新实施"乡村振兴共富合伙人"计划，开展"百企结百村、百博入乡镇"活动，特别是注重推动优秀人才、产业资源、工商资本向红色美丽村庄倾斜。依托红色美丽村庄优越的生态资源禀赋，精心打造"共富营地""共富基地"，与户外运动企业签订合作协议，谋划打造各具特色的越野路线及户外运动项目，更多的村庄资源得以整合，产业培育壮大，带动更多老百姓的"钱袋子"鼓起来。2022年，百个红色美丽村庄的集体经济收入同比增长36.7％，带动村民人均收入同比增长22.5％。

（三）"红色＋"激发革命老区发展新活力

景宁是浙西南革命老根据地，粟裕、刘英、叶飞等老一辈无产阶级革命家留下的红色基因在畲乡代代相传，其中梅岐乡更是传统的革命老区乡，中共景宁第一党支部诞生于此，有着悠久的革命历史和丰富的红色资源。

梅岐乡海拔800米以上，森林覆盖率达到93％以上，乡域内的龙潭桥水库为景宁县城主要饮用水来源，水质常年保持在Ⅰ类水水平，生态资源禀赋突出。该乡传统农耕资源保存良好，适合发展避暑、休闲、研学等旅游产业。

"红色梅岐 康养胜地"革命老区乡村振兴示范区项目以打造"红色＋"发展模式为抓手，聚焦红色文化传承、红色休闲和研学产业发展、乡村人居环境改造、乡村农业特色产业培育等重点项目，以乡村文创、农耕文化、创意农业等新产业新业态为驱动，打造红色旅游集散地和红色文化传承地。项目总投资为3 400万元，重点建设梅岐乡桂远村数字化"红＋绿"研学基地项目、梅岐现代农业产业基地项目、梅岐高山中药材基地基础设施项目、梅岐竹木加工点项目。该项目投产后，将引进专业化运营团队负责日常经营管理，并按照年租保底、引流分红、逐年递增的模式向景宁兴村富农投资发展有限公司支付费用，预计年收益达 120 万元。年收益将按持股比例分红给全乡 5 个村的村民和低收入农户，充分发挥红色文化辐射效应，全面带动小农户（低收入农户）与村集体经济增收。

通过该项目建设，还能推进景宁革命老区人居环境改善、农村特色产业发展、治理能力提升，增强革命老区发展内生动力和活力，走出一条新时代乡村振兴发展的新路子。

（四）微改精提，美丽乡村更怡人

丽水市景宁畲族自治县大均乡伏叶村坐落在美丽的瓯江支流小溪之畔，毗邻"中国畲乡之窗"景区，村庄不大，却是省级特色农家乐示范村、省特色旅游村、省森林村庄、省美丽乡村特色精品村，素有"田园伏叶"的美誉。伏叶村聚焦环境美、产业美、生活美等美丽目标，通过实施"微改造、精提升"工程，持续推进美丽乡村高品质提升、高质量发展。如今的村庄，整洁美丽，家家户户推窗见绿。

废弃的鱼塘整治后养起了鱼、种上了睡莲，为田园伏叶增添无限意趣；200 米长的进村绿道接口被打通，一路绿植延伸至村内；游步道、观赏台、入村景观节点等系列小品让村庄主题愈发浓厚……伏叶村搭乘景宁第一批"千万工程"示范村的东风，完成了污水纳管处理、外立面改造、路灯亮化等乡村环境提质升级项目。在"洁化、硬化、美化、景区化"等迭代升级过程中，伏叶村采取"修旧如旧、建新如旧"的方式就地取材，并融入地域文化来进行微改精提，环境和风貌变好了，农村发展的生机和活力更强了。

围绕"田园风光"，伏叶村做足发展功课，致力打造景区后花园。以"三改一拆"、环境综合整治等为抓手，实现村容村貌序化美，为发展赢得空间；在村庄洁化基础上开展美化、靓化工作，通过花样农家、美丽庭院评比，实现庭院布局协调美、植树栽花绿化美；围绕"一村一主题"，修复水车、种花植树，让游客一走进伏叶村就能感受到浓郁的田园气息……伏叶村既是景宁实施微改精提的缩影，也是山区通过"迭代升级、系统集成"，打造美丽乡村的典范。当然，农村人居环境整治是一个长期而复杂的过程，不只要整个村子干干净净、整整齐齐的"面子"，更要家家户户漂漂亮亮、和和美美的"里子"。伏叶村积极发动村民开展"我给房子洗洗澡""大家一起来种树"、环境整治日等活动，让群众真正成为主动参与农村人居环境整治提升的主体。伏叶村党支部书记雷建余说："伏叶是全县较早发展乡村旅游的村，也是乡村旅游的受益村。村民们都吃到了村庄环境变好的'红利'，大家都知道良好的村容村貌是伏叶发展的助推器，我们把村庄打造好，把美丽节点建设好，才能吸引更多投资商，群众致富才更有盼头。"

细微之处见真章。据不完全统计，近五年，伏叶村累计投入 600 余万元，完成环境整治提升、景区村亮化提升等 15 个"微改造、精提升"项目。通过做精做细"微改造、精提升"的"绣花"功夫，伏叶村立足三美融合，打造民族发展样板的愿景进一步清晰。下一步，伏叶村还将不断完善系列配套基础设施和村庄美化项目，力争以最小的投入获取最大的社会效益和经济效益，让田园伏叶更加赏心悦目，更加宜居宜游，实现美丽家园再升级[①]。

（五）走上"绿色＋红色＋金色"村集体经济腾飞之路

青田县黄垟乡秉持"两山"理念，充分利用资源优势，立足乡情实际，聚焦村集体增收，坚持外引内联，全面挖掘乡内丰富的绿色、红色、金色"三色"资源，实现村集体经济跨越式发展。黄垟乡因地制宜，依托金溪村数千亩的野生箬叶林，大力发展生态农业，挖掘特色生态农产品，拓宽村集体和村民的增收渠道。黄垟乡以乡贤大会暨"双招双引"推进会为平台，与杭州展鹏食品有限公司签订合作协议，为黄垟箬叶注册品牌和商标，对零散的采摘户进行整合优化发展，通过"企业＋村集体＋农户"的方式不断提升箬叶产业的市场化运作和规模化加工，补齐农村农产品销路难的短板，切实将自身绿色资源优势转化为经济发展优势，促进集体增收致富。目前，箬叶发展辐射带动全村60 多名劳动力受益，预计下一年开始，带动村民增收 10 余万元，村集体增收50 万元。

盘活特色资源，走旅游文化"红色路"。黄垟乡拥有丰富的红色资源，拥有黄垟红色革命纪念馆、石平川抗日护矿斗争遗址、黄垟战斗遗址、红十三军一团驻地旧址等一批具有本土特色的"红色地标"。黄垟坚持"红色引领、绿色发展"整体工作思路，以融合促发展，做大做强"红色＋"文章，致力将红色资源转化为产业资源、经济效益，累计吸引 1 万余人次驻足参观，带动村集体增收 20 余万元。推进峰山茶叶标准化建设，打通底项五台山道路建设，完成峰山村、外黄垟村 60 亩高山脆李种植，着力建成峰山茶叶、底项红花油茶、

---

① 资料来源：https：//mp.weixin.qq.com/s/WPwcSyjeRAoz1Q7 _ qT8u-A.

高山李三大农业产业基地，通过"村集体经济组织＋基地＋农户"的模式，预计增加村民就业岗位 30 余个，户均增收 5 000 元以上。

推动创新融合，走转型升级"金色路"。黄垟乡是我国重要的钼资源生产基地，钼产业兴盛，给乡村振兴注入了强大的力量。而由于矿业工业企业集中，矿山治理不规范，沿途工棚乱搭建；矿渣乱丢乱弃，带来了交通、环境等各方面的许多问题。既要金山银山也要绿水青山，近年来，矿山企业进行了大刀阔斧的整治和提升，建设了大量的节能减排、复垦绿化、清洁生产、综合利用等工程项目，建起了弃渣复绿工程、钼矿公园等，做到了污水零排放、资源全利用、矿区全覆绿。在此期间各村给企业提供了生活生产上的便利，企业盈利后又反哺村庄。秉持"村企结对、共享资源红利"的思路，采取项目强村、山林出租、工业兴村、捐赠帮村等措施，有力促进村集体增收 150 余万元，真正达到了社会效益、经济效益、环境效益、生态效益的统一[①]。

（六）"野蛮生长"的王村口走上红色文旅之路

王村口镇位于浙江省丽水市遂昌西南部，坐落在国家自然保护区——九龙山东麓，距离县城 50 多公里。这里是中国工农红军挺进师师部驻地和浙西南革命根据地中心地区，是粟裕大将和众多挺进师先烈的长眠之地，拥有月光山粟裕将军陵园、挺进师师部旧址、苏维埃政府旧址等王村口革命纪念建筑群。同时，先后被授予"国家级国防教育基地""浙江省 5A 级景区镇""浙江省红色旅游风情小镇""浙江省历史文化名镇""省级卫生乡镇"等荣誉称号。

王村口镇曾经是乌溪江畔偏隅一方的小山村，也是著名的革命老区。1935年，刘英、粟裕带领红军在王村口开展游击战，开辟了以王村口镇为中心的浙西南游击根据地，留下了诸多革命故事和革命遗址。

由于丰富的林业资源和水运便利，王村口人民长期以树木砍伐为生；可到了 2000 年前后，随着木材资源的减少和国家对木材砍伐的限制，王村口失去了林业资源优势。

不能走破坏性的发展道路，为何不利用丰富的红色资源做文章？前王村口镇党委书记徐土生看到了小镇得天独厚的旅游发展条件，即深刻在王村口镇历

---

① 资料来源：https：//mp. weixin. qq. com/s/lxMJt-TIjzuWZAiHoR9pmQ.

史文化中的"红色基因"；可惜的是长期以来，王村口镇的红色旅游业一直面临着资源利用率低，还有同质化严重等问题。

为了与其他同类型的红色旅游城镇有所区分，打造极具王村口镇特色的红色品牌，王村口镇党委选择了构建培训高地的方式来激活镇里拥有的"红色资源"，以推动小镇旅游业的发展，而其抓手就是2017年打造的浙西南干部培训中心。

王村口镇浙西南干部培训中心副主任吕春和对培训中心的一切都很熟悉。据他介绍，在王村口镇转型之初，有关负责人的目的便是打造一个"红色文化精神高地"，而不仅仅是个"红色旅游基地"。"王村口镇有浓厚的独属于革命老区的'挺进精神'，这是我们最为宝贵的财富，我们王村口镇人也感到有义务将它发扬光大。"为此，王村口镇借鉴了井冈山干部学院培训模式，于2017年开办了一个浙西南干部培训中心，借以带动整个王村口镇的红色旅游发展，并传播浙西南革命精神。"由于另选场地成本太高，且我们想要培训中心深入到红色旧址群中，有个退休教师就建议将附近的闲置校舍改建。"吕春和表示，这样的选址，便于培训中心借助实体革命遗址发挥优势，打造沉浸式的红色教学氛围。培训中心对"红色资源"的开发，在于通过革命历史场景、文物的再现，让参观者能更直观、更生动地感受那段艰苦的革命岁月。最初，培训基地通过情景教学的方式，聘请了多名资深教官与老红军，带领学员们"重走红军路"，将12处革命遗迹旧址和展示现场转化为教学课堂。然而，吕春和很快发现，虽然学员们学习热情高涨，却很难真正地投入红色研学当中，体悟到红军革命精神。"特别是年纪尚小的学员，他们更多的还是将实地研学当作参观游玩。"

红色旅游市场竞争很激烈，困难也很多，面临的主要挑战是现在的旅游产品和服务是不是能够很好地满足年轻人的消费需求。王村口镇把"红色城堡"打造成以"长征"为主题的沉浸式拓展体验产品，以红色文化为主题"寓教于乐"的新型文化旅游业态。

转变开始于培训中心对"仪式教学"的强调，学员们被要求穿上红军服、佩戴红军帽、挎上红军包、裹上红袖套，亲身体验"搬运红军粮""制作红军餐"。而在保存完好的天后宫、宏济桥、师部旧址、粟裕将军陵园等红色遗址处，"保卫战前动员""召开誓师大会""敬献花圈"等红色体验活动也不断开展，帮助学员们更好地融入教学之中。

"穿衣戴帽"，动员誓师，看似只是一些仪式性的符号，但是能够帮助学员们真正地融入这个氛围中，让他们自觉严格要求自己。培训中心不仅仅组织开展专题学习、专题培训、专题党课、专题论坛、专题宣讲等系列活动，同时，开展了丰富有趣的党史知识宣讲，走上街头，来到乌溪江畔，与前往王村口镇的游客们互动，寓学于乐、以乐促学，打造了"乌溪江畔学党史"响亮品牌，加深了王村口镇红色文化旅游体验。"我国开国第一将是谁？""粟裕！""当年王村口苏维埃政府驻地设在哪里？""蔡相庙！"每次宣讲下来，现场高涨的互动氛围和游客们饱满的学习热情总是给培训中心的讲师刘丹留下深刻的印象。她分享说：王村口镇红色旅游的独特之处在于，它提供的不是走马观花的红色观光体验，而是更有深度的红色文化的传播和红色精神的熏陶。

近两年来，王村口镇不断提档升级浙西南干部培训中心软硬件水平，新开发"浙闽红军古道"项目，完善白鹤尖红色点位基础设施，将23处红色点位进行数字化改造，纳入"智慧云地图"，开展红色氛围提升微改造项目。

通过以上措施，王村口镇开始在红色旅游基地之外承担更重要的角色，如"浙江省党史学习教育基地""省级首批党外知识分子思想教育基地"等，作为党史学习宣传阵地，收获了一批稳定的客源，全面提升红色旅游经典景区的功能和品位。借着省级红色旅游风情小镇创建契机，2018年初，王村口镇开展了"王村口1935"主题文旅街区复原项目。"近年来，文化产业作为旅游小镇发展的热潮，也是王村口旅游发展的短板，而古街复原留下巨大的产业真空等待填补，古街上的各行各业百废待兴，可以容纳更多的业态入驻其中。"在此反思的基础之上，徐土生认为，古街修整应与文化产业的发展需求结合起来，以达成不同业态的集聚效应，在互相推动中不断进步。为了使古街上原有的红色遗址不显突兀，有关部门通过统一规划，确定了项目"复古还原"的风格。在此基础上，该镇别出心裁地提出了"王村口1935"，志在以古街为串联，重现1935年红军挺进师进入该镇时的情景。针对核心古街的还原，徐土生表示，还原街容街貌尚在其次，最主要的还是要还原当时的氛围。为此，王村口镇组织历史学家和民间学者，深度挖掘王村口镇红色历史，形成"清单式培训日程和方案"，旨在重现1935年的王村口古镇风貌。比如，在王村口苏维埃政府成立大会和粟裕演讲会场旧址宏济桥，推出"保卫战前动员"体验式项目；在红军挺进师八一誓师大会旧址天后宫，推出"红军大舞台"剧目展演……为了鼓励和引导本地居民、社会资本参与文旅街区运营管理，镇里专门成立了商会，出台了《文旅街区奖励扶持政策》，吸引了40余家传统特色小店进驻古街，其中 2/3 的经营者是当地村民。"村民开店，镇里不仅不收租金，每个月还有将近千元的补贴。"使得"独门红军酒"老板毛建英提起文旅街便赞不绝口。

除了自酿的红军酒，古街上各种承载了红色记忆的老物件、老手艺百花齐放，草鞋、竹篾、手工蓑衣、木槿花宴等绽放出"老树新花"的瑰丽，让老区居民也走上了致富新路。布艺手工艺人毛紫菊夫妻俩原先是戏班里的成员。"1986 年下半年，因不想继续到处漂流，我俩回家自己创业，在家人的建议下学习做布鞋。我们是从一层层纳鞋底做起，开始了我们小家庭的创业梦。"毛紫菊家做的布鞋因外形漂亮，且鞋底子耐磨，受到了乡村邻里的喜欢。

王村口红色古镇的旅游风生水起，从杭州、上海、温州等地来的游客多了起来，他们来游玩时会购买一两双布鞋，纯属是对农村布鞋的好奇。不过随着农村生活水平的提高，穿布鞋的人越来越少了，毛紫菊的布鞋销路难免跌入一个低谷期。"王村口 1935"古街项目让夫妻俩看到了希望，"现在包含红色元素的店铺都聚集了起来，大家互相推销，我们的生意越来越好了。"他们把自己的房子整修了一下，经营起了"艄公客栈"农家乐，还邀请古镇上的文艺爱好者前来唱歌跳舞演奏乐器以吸引更多的顾客，毛紫菊同时继续做手工布鞋，受到前来住宿用餐的客人的追捧。

此外，王村口文旅区还定期举办妈祖文化节、红色 AR 定向赛、红军古道越野赛、九龙过江舞端阳、啤酒音乐节、慈孝"快闪"等活动，展现小镇风情，丰富旅游体验。如今，无论走在古镇的哪个角落，都能感受到这片土地厚重的红色韵味。一位上海游客这样说："我曾去过陕西延安和海南万泉河红色娘子军旧址，但印象最深刻的还是王村口。"

交通问题历来都是旅游小镇发展的重中之重，而乌溪江一直以来都是王村口镇的交通命脉。早在明代时期，王村口镇作为浙江福建两省边境商品货物的集散地，主要依靠来往的船只、木排、竹排，承担着货品运输功能。1935 年至 1938 年，粟裕和刘英率领的中国工农红军挺进师在这里进行了 3 年的游击战，木排和竹排又成了红军的交通工具。方小龙看到了把交通工具与旅游产业结合起来的商机，他由此成立了王村口镇乌溪江红军漂流有限公司，开发了属于王村口镇独具特色的"红军漂流"。王村口镇乌溪江河段河水清澈见底，四周竹木青翠环绕，沿途怪石嶙峋，水流缓急相间，沿途青山、飞鸟、游鱼相伴，创造了绝佳的漂流环境。方小龙说："通过几年经营下来，项目受到了广大游客的喜欢，夏天游客络绎不绝，每年可产生 70 万~80 万元利润。"王村口镇的漂流项目如今已经比较成熟，但能提升的空间依旧很大。比如说，针对不同顾客的不同需求，他们策划推出了不同体验的漂流活动，如还原红军当年漂流体验的"红军漂"、追求惊险刺激的空中漂流等。"我的梦想就是希望通过一系列的'补短'，能吸引更多的游客，让我们的王村口镇漂流更聚人心。"方小龙如是说。

随着"红军漂流"的运营逐渐步入正轨，一个新的问题也逐渐暴露出来。由于漂流终点处交通不便，且离"1935 文旅区"有一段路程，导致许多游客因考虑到交通问题而选择放弃参与漂流活动。方小龙为此积极构思对策，他将"红军漂流"的终点处转移到了新建的王村口镇至南尖岩景区通景公路附近，解决了漂流起始点的交通问题。

王村口镇党委也注意到了王村口镇的旅游交通问题。随着 51 省道的开通，王村口红色古镇作为浙闽边境重要交通枢纽作用越来越明显，古镇的发展迎来了新的机遇。因此，除王村口至 4A 景区南尖岩通景公路之外，王村口镇党委还全力推进了王村口红色古镇 3A 景区、桥东历史文化村、革命旧址群等地的交通、安防工程等项目建设，通过一系列项目的实施，打通了王村口镇交通命脉，并做好了安全保障工作。如今，这条耗资 8 400 万元、耗时 3 年的旅游大动脉串联起了王村口镇的 6 个村，也串联起了遂昌县几大重要旅游景点，将众多去南尖岩等景区的游客引流至了王村口镇，给小镇输入了源源不断的客流量。"希望通过我们全镇人民的共同努力，激活王村口镇的'红色资源'，我们也真诚希望各界朋友到我们古镇来做客。"王村口镇党委书记姚路杨如此表示[1]。

浙江之所以能涌现一大批乡镇经济集群，其实都是自然生长起来的：浙江是我国民营经济很发达的省份之一，全省 60％以上的税收、70％以上的生产总值、80％以上的外贸出口、90％以上的新增就业岗位来自民营经济，具备雄厚投资基础。另外，浙江也是我国"块状经济"最发达的地区，数百亿规模的"块状经济"集群就有 300 多个。浙江的乡村振兴，是在具备上述条件后，因产业而兴。

反观广大的中西部地区，与之相差甚远，甚至天壤之别，既没有厚重的民营经济基础，又没有形成优势的产业群，如果盲目抄袭模仿浙江模式打造"产

---

[1] 资料来源：https：//mp. weixin. qq. com/s/9aCG7sC＿-GOqDmh0FlQj＿Q.

业乡村"，既缺乏时间积累，又没有产业要素聚集，很难成功。一个特色产业不是短时期可以形成，也不是靠一个一个项目迅速聚集的，要靠时间和产业要素的聚集才能形成。

中国的中西部地区较东部地区，地广人稀，消费力弱，缺乏完备的产业体系和产业基础，远离海洋导致交通半径远。但是，我们有更美的山水，更多的民族，更神秘的文化，更有创意的故事，更好看的歌舞，更好吃的饭菜，更有魅力的村庄。这些东部地区所没有的东西，恰恰是旅游业的要素条件。所以要考虑充分发挥自身的优势和要素条件，打造"文旅乡村"。

点亮古村落，
闲居变金屋，温
暖共富路

第八章 田野种希望，品质出品牌，笃行共富路

第四次工业革命彻底改变了我们对这个世界的认知方式。

智慧劳动实现了由机械式劳动向智慧劳动的跃迁，智慧劳动打破了机械性、简单性、重复性劳动的藩篱，作为随着生产力发展不断进步的高级劳动形态和劳动教育的未来新常态，是依赖于人脑智力从事富有复杂性、创造性的智能劳动。

有这么一群人，他们勇于创新，勇于示范，勇于奋斗，在丽水的乡村振兴之路上，用劳动和汗水、用智慧与勇气，书写了自己的"硬核"青春故事，为全面建设绿水青山与共同富裕，相得益彰的社会主义现代化新丽水，注入洋溢的青春力量。

一、开辟销售新路径，麻鸭游进直播间

"85后"缙云麻鸭非遗传承人虞挥，听闻了爷爷风餐露宿千里牧鸭的故事，目睹了父亲筚路蓝缕创办养鸭厂的经历，坚守三代人的"麻鸭"初心，大学毕业，返乡创业。虞挥从基层做起，熟悉麻鸭加工产品的工艺流程：饲养麻鸭、挑拣鸭蛋、装卸货物等。虞挥意识到要想摆脱"靠天吃饭"的命运，必须提高产品附加值。除了基本的养殖，他还认真学习营销和管理的相关知识，积极和缙云当地的麻鸭养殖户沟通交流，争取打开缙云麻鸭的市场。虞挥将精力集中在麻鸭产品深加工上，近年来公司陆续向市场推出缙云麻鸭系列产品30多种。这些产品通过阿里巴巴、天猫、京东等网络销售平台，开始销向全国。公司还和楼外楼、外婆家，盒马鲜生及省内外多家商超开展合作，逢年过节，麻鸭礼盒经常供不应求。公司年产值由原来的2 000万元顺利突破至5 000万元。

二、原汁原味原生态，山沟沟里酿出"致富蜜"

景宁畲族自治县家地乡的养蜂带头人吴明杨小心翼翼地掀开蜂箱盖，取蜂牌、割蜂蜡、摇蜂蜜，一丝不苟地进行着每一道工序，保证了蜂蜜原汁原味原生态的品质。为了学好"中蜂活框箱加浅继箱饲养"这门新技术，吴明杨多次参加浙江省中蜂养殖高级研修班，并赴广西南宁，浙江杭州、湖州等地培训交流。回乡后，在不断"试错"和探索中，吴明杨逐渐掌握了浅继箱成熟蜜生产技术。经过多年努力，吴明杨养殖的土蜂蜜创出了品牌，打开了市场。2021年，他的"畲乡蜂味"牌蜂蜜登上浙江网上农博会展台，从"26县品牌馆"产品中脱颖而出，荣获金奖。吴明杨用6年的时间，实现了守家创业的梦想，使中蜂养殖业成为山区农民增收致富的源头活水。

家地乡依托政府政策、专家技术、本土人才，利用生态资源优势，大力发展中蜂产业，如今，家地乡全乡养蜂保有量3 500余箱，实现了在家农户人均10箱，每年产值450余万元，促进村集体经济增收15万元，家地乡被授予"中华蜜蜂小镇"称号。

三、田鱼"悠游"出山涧，"稻鱼共生"愈兴盛

（一）田鱼

秋风起兮，稻鱼肥。在这丰收的金秋季节，稻鱼双收。《史记·货殖列传》中记载，越人有"饭稻羹鱼"的习惯，而作为越人的青田先民为延续这一传统，开始利用稻田养鱼。青田稻田养鱼历史悠久，文化底蕴十分深厚，至今已有1300多年的历史。明洪武二十四年（公元1391年），《青田县志·土产类》中记载"田鱼有红黑驳数色，于稻田及圩池养之"，是有关青田稻田养鱼最早的文字记录。先民们创造了"以鱼肥田、以稻养鱼、鱼粮共存"的循环模式。一代代人坚持在保护中发展，让青田稻鱼共生系统这一全球重要农业文化遗产悠久传承、熠熠生辉。

青田县地形复杂，山多地少，自古以来由于耕地稀缺的环境压力，让青田先民们不得不想尽办法，利用好每一寸田地，在珍贵的"半分田"中大做文章。他们用溪水灌溉稻田，溪水中的鲤鱼在稻田中自然生长，经过反复的试养和驯化，从鲤鱼中选择出一种适宜于稻田饲养的"田鱼"，形成了天然的稻鱼

共生系统，培育了极具地方特色的品种"青田田鱼"，创造了稻鱼共生技术，并诞生了独特的稻鱼文化。方山乡位于青田县东南部，这里群山环抱、绿水绕村，传承千年的稻鱼文化浇灌出了独具地方魅力的深厚底蕴。2005年6月，稻鱼共生系统被联合国粮食及农业组织认定为"全球重要农业文化遗产"，这是中国乃至亚洲首个世界农业文化遗产①。

面对全面推进乡村振兴的新形势新任务新要求，如何保护好、利用好、传承好先辈留下来的宝贵财富，让青田稻鱼共生系统名气更大、元气更足、人气更旺呢？

让文化魅力沁入农遗之旅，是保护系统、发展系统的关键环节。方山乡邀请本土文化专家、专业布展团队在龙现村打造了展示农耕文化、华侨文化的12处系列展馆，并与高校研究院所合作打造"青田稻鱼共生系统博物馆"，建立中国田鱼研究中心和种质资源生态保护园，迈出了从田间地头的博物园向承载历史、满载文化的博物馆转变的重要一步。文化装扮着乡村，也点亮着乡村，助推方山乡农遗探寻线入选了"农遗良品"十佳旅游路线之一。挑起"稻"、捧上"鱼"，品牌创新元气满满。稻鱼米和青田田鱼是青田稻鱼共生系统的主要产物，也是主打产品。为了让大山里的好产品"走出去"，青田县组织开展新媒体、新农人培训，为当地村民提升技能插上腾飞的翅膀；推动一批青年返乡创业，研发出以稻鱼共生为主题的石雕、陶艺等文创产品，在中国当代陶瓷艺术大展、国际青瓷艺术双年展等重大赛事中惊艳亮相；承办全球重要农业文化遗产大会，由故宫文创团队设计的大会吉祥物"鱼多多"成功出圈，系列产品深受年轻人追捧……一张张名片、一个个品牌从无到有、应运而生，让原生态和新生代产品销路更宽、品质更佳、名气更响。

农场"愚公"徐冠洪，在稻鱼共生系统的基础上，探索"稻鱼猪""稻鱼鳖"等三品共生立体养殖模式，在农场建设了田鱼育苗池、孵化池、家禽养殖棚、科研室等设施，与浙江大学、上海海洋大学等院校合作科研稻鱼共生系统，让鱼苗食用稻田中的虫卵、撒落的稻谷等纯天然的饲料，与此同时鱼苗的粪便也在滋养着田地。鱼稻共生，互惠互利。徐冠洪还不忘带动周边更多的农民加入稻田养鱼产业，他还参加了东西部合作帮扶工程，把青田田鱼"远嫁"到四川省古蔺县，为他们提供鱼苗、带去技术，带动大家共同致富。

智能时代为劳动者提供了数字化、智能化、网络化的前沿技术支撑，同时

---

① 资料来源：https://mp.weixin.qq.com/s/uK-VZllkpKP1ZigwiOl3-g.

技术的更新迭代、工作环境的复杂多样对劳动者的要求也从吃苦耐劳向主动性、创造性、适应性转变，也更强调对新时代劳动者的创造性、劳动素养、劳动情怀的全面培养①。

农遗，从这里走向世界。"犒耕牛、祭天地、庆丰收"是稻鱼共生系统留存的传统习俗，为了扩大文化习俗影响力，方山乡接续举办农遗系列文化活动，小小村子里，也有走向世界的舞台。从青田稻鱼之恋文化节到"千年之恋—稻鱼共生系统"文化活动，从青田稻鱼共生系统15周年庆典活动到全球重要农业文化遗产大会，劳动人民聚焦目光、聚集人气，埋头蹚出了新路子，让方山乡真正成为展示农遗文化的"窗口"。特别在全球农遗大会召开之际，习近平总书记向全球重要农业文化遗产大会致贺信，让青田人民备受鼓舞，更加笃定。他们将紧紧围绕习近平总书记贺信精神，从中汲取思想力量、行动力量，坚毅笃行"丽水之干"，最大化实现大会成果转化，让青田稻鱼共生系统成为农业文化遗产走向世界、坚定传承、更好弘扬的新起点。

（二）稻鱼米

都说"民以食为天"，一碗香喷喷的米饭，无疑是中国人最基础的美食。不少人说起大米，会提到东北的五常大米，抑或日本的越光米、泰国的香米……但丽水，有一种传承千年、惊艳全世界的米，早在2005年就被联合国粮食及农业组织列为首批全球重要农业文化遗产，成为中国第一个世界农业文化遗产。它就是稻鱼米。这一种稻，依鱼而生，这一种鱼，依稻而活。

"田鱼姑娘"吴小玲的家庭农场——155亩梯田隐匿在大山深处，到处可见来自山间的天然泉水，成片的稻鱼米苗壮生长。吴小玲是景宁县英川镇岭根自然村人，初中毕业后，敢闯敢拼的她离开家来到温州，经过十多年的努力，吴小玲在当地办的来料加工厂生意红红火火，但她为何决定回乡创业呢？"以前我们都是吃自己家种的米，外面的米怎么吃都不是那个味道。"2013年春节回乡探亲，吴小玲发现，家乡田里的杂草有的居然有2米高了，这么好的环境、这么好的地，却无人耕种，"多可惜呀！"在英川镇山风林海的吹拂中，吴小玲决定回乡创业，将故乡的荒地重新耕耘起来，找回儿时的米饭香。说干就干，吴小玲花了一整年的时间开荒种植起老祖宗传下来的"稻鱼米"。暮春初夏，谷雨之后，便意味着新一年的稻谷可以准备抛种了。吴小玲和农人们，会

---

① 资料来源：https：//mp. weixin. qq. com/s/iBBAgSIxsnv1nuQIxWHqxA.

花费几天的时间，用最原始的犁耕方式犁地、除草、播种。"我们的水是山泉水，我们的田是烂泥田。"吴小玲说，这样的田与沙田不同，对环境的要求更高，当然营养也更为丰富。把秧苗插进稻田，鱼苗也就跟着放了进去，"稻鱼共生"，便在此时开始。

在接下来的三个月时间里，水稻为鱼提供了优质的生活环境和食物，鱼除了为水稻提供天然肥料外，更可以"耕田除草"、松土增肥。两个不同的物种通过原始协作、自我完善和平衡，形成一种互为依存的生态系统。三个月后，田间的水稻开始从青葱变得有些发黄，行走在田埂，看着金灿灿的稻子人们已经可以闻到稻香。此时吴小玲会放水收鱼，3两*以下的田鱼会被当作鱼苗留下，其余的田鱼则会养在自家水塘里，作为招待客人的重要菜品，有些则会被大家晒成田鱼干。初秋的炙热和稻田的热浪把稻香吹满了整个山间，这就是收割的信号。吴小玲家的水稻有一个重要特点，会比普通水稻晚收 15 天，营养和米香会更足。收割完成后，吴小玲会在院子里晒稻谷，在这个环节上，吴小玲也跟一般的工厂做法不一样："我们不用烘干机，都是自然晒干的。"吴小玲坚持慢工出细活，只为让稻米吸收最足够的阳光、保留最丰富的营养。就这样，全程无化肥农药，每一粒都饱含着农人们满满的诚意的稻鱼米诞生了。

鱼和稻相互依存，一年只产一季，这样的稻鱼米，因稀少而弥足珍贵。经过 5 年的努力，吴小玲的景宁"英川田鱼姑娘"交了一份合格答卷：基地的稻米连续 3 年被评为丽水山耕好稻米金奖，稻鱼稻虾共生模式被市、县农业部门评为示范生态模式，5 年共生产生态稻米 80 多万斤，产品远销到上海、杭州等大城市，打响了生态农业、效益农业和精品农业的金字招牌。

从乡村到城市，再回到乡村，吴小玲说，这是一场轮回与回归。坚持种植稻鱼米，不只是想传承古老的耕种方式，还有对丽水这片土地的热爱，以及对每一粒米的尊重①。

（三）红耀绿谷，强基共富

遂昌县王村口镇"红古绿"融合发展，创新乡村旅游促进共同富裕新模式，成为浙江省乡村旅游高质量发展大会发布的"浙江省首批乡村旅游促进共同富裕案例"。这是该案例获评全国首批高质量乡村振兴优秀案例后的又一殊荣。

---

* 1 两＝50 克。

① 资料来源：https：//mp. weixin. qq. com/s/InLBShoy1SafS3sPWPDGCg.

遂昌县王村口镇是浙西南革命史上最重要的地标之一。1935年，刘英、粟裕率领中国工农红军挺进师进入浙江开展游击斗争，建立了以王村口为中心的浙西南革命根据地。如今，王村口已蝶变成为省级首批5A级景区镇、省级红色旅游风情小镇。2022年，参观旅游总人数达20.9万人次，区域乡村旅游年收入5 500万元①。王村口镇深挖丰富的"红""古""绿"三色资源，用红色资源教化人，用"古"色资源吸引人，用绿色资源留住人，点燃革命老区新引擎，走出了一条"红古绿"融合发展的乡村振兴特色之路。2022年，"挺进王村口 烽火浙西南"乡村振兴示范区项目作为全省第一批、丽水市唯一的入选项目，获得5 000万元中央专项彩票公益金。

干部培训中心自2017年成立以来，已累计接待培训班1 544班次，人数12万人次，产生培训效益3 200余万元。通过全景式、沉浸式、互动式的红色教育体验，近3年来，接待省内外学员、游客60万余人次，实现经济收入2.1亿元，促进农民人均收入每年递增9%以上。

近年来，王村口将干部培训与红色旅游结合起来，打造红色培训、研学线路，串点成面带动乡村民宿发展，使红色干部培训加速撬动经济。借鉴井冈山、嘉兴南湖模式，王村口深入挖掘本土的红色资源，率全市之先成立浙西南干部培训中心，活态传承浙西南革命精神。在培育业态激活增收动能上，王村口通过打造100多米长的"1935文旅街区"，开张运营地域美食、传统民俗、匠人工艺、非遗体验等特色小店41家，新增"模拟发报机"、AR换军装等互动类业态，红色旅游品质得到极大提升并向全域渗透。

为更加凸显浓浓的红色风情，王村口整合小城镇环境综合整治、历史文化村落保护等项目资金1.3亿元，累计拆除违章建筑3.5万平方米，进一步推动了5A景区镇和绿色南尖岩4A级景区融合发展，投资1.7亿余元的王村口5A级景区镇整体提升项目即将完工。

丽水还有数量众多的古村落群，构成了"山水—梯田—村落"错落有致、和谐交融的一幅山居画卷，近些年，丽水提出"争当全面推进乡村振兴排头兵，打造以人的现代化为核心的农业农村现代化山区样板"奋斗目标，努力走出一条具有丽水特色的乡村振兴之路。在发展品质农业上，丽水成为全省农业绿色发展先行市。在建设花园乡村上，丽水已创成省级美丽乡村示范县5个，建成花园乡村413个，成为中国美丽乡村建设示范地。

① 资料来源：https://mp.weixin.qq.com/s/Qbo2lwynjqgVFqDtRpetYw。

四、诚信经营，擦亮农业产业品牌

"一家企业，要永续经营，最重要的是什么？"回答这个问题，每个人的答案或许各有不同。但在遂昌羽峰食品厂负责人翁升心里，永远只有两个字——诚信。

作为县级农业龙头企业，羽峰食品厂于 2001 年落地遂昌并投产。一开始，食品厂主要做原材料加工，"当时主要是将产品销售给大厂，但后来我们发现，遂昌农产品资源丰富、品质又非常好，我们是不是可以自己做成开袋即食的产品？"打定主意之后，翁升便开始投入精力进行食品加工研发，而厂里的招牌产品"油焖笋"，更是在一次无心插柳的契机下开发出来的。

"2006 年有一次，我在一个亲戚家里吃了一道油焖笋，它下面都是用酱油泡的，上面一层是用油封起来的。我当时拿回来就忘了吃了，等我想起来，已经大概过了一个多月了，结果再拿出来一吃，味道居然特别好！"无心的忘记，居然等来了最好的味道，就这样，翁升最终将这个意外得来的好味道，变成了厂里的招牌产品。翁升带领企业研发小组，以笋作为突破口，慢慢拓宽渠道，不仅开发出了油焖笋、卤味笋、泡笋等，更开发出了长粽、青糕、黄米粿等产品，逐步挖掘遂昌农产品的丰富价值。然而，2020 年初，一场突如其来的新冠疫情，让食品厂发展陷入瓶颈期。"2019 年之前，我们的营业额来源，百分之六七十是酒店配送，但疫情之后呢，酒店受到很大影响，商超也受到波及，我们的销售量就急剧下降了。"翁升说为了突破瓶颈，他自己想尽了办法。"比方说，我也做过手剥笋，2020 年的时候，很多直播带货主播，就将手剥笋打造成了网红产品，我们的销量慢慢回升。"翁升将目光转向了网络销售，除了直播带货，更是参加网上农博会等各式网络展会。

"电商当然是一个新渠道，但企业一定要求新求变。"对翁升来说，关注市场动态，是每天必不可少的工作，"只要我看到哪款产品在网上销售受到欢迎，我们就立刻跟进，把配套做上去，给网红主播做供应商。"翁升说，只要市场有需求、顾客有需求，就会第一时间改进产品，去满足顾客的需求，他也希望，通过运用互联网现代化营销手段，能让具有"遂昌味"的优质农产品，走向更多消费者的餐桌。

"食品最终都是要到消费者嘴巴里的，好吃不好吃的话，全凭一张嘴。"举个例子来说，笋好不好吃，嫩不嫩很关键。因此，翁升对员工的要求，就是宁愿多浪费一些原材料，多切掉一些，也要保证笋嫩的部位。再举个例子，油焖笋的标准是 22 斤，在羽峰食品厂里，翁升给工人制定的标准，便是"22 斤以上"。"我要保证，到消费者的手上，绝对不会缺斤短两。""这些都是细节，一时半会可能没人会感受到，但消费者最终还是会发现，我们的品质是最好的。"翁升认为，企业能发展这么多年，靠的就是自始至终对"诚信"二字的坚持①。

我们期待，和共同坚守品质的丽水新农人一起，让更多具有"丽水味道"的优质农产品走向更广阔的市场，为农业产业高质量绿色发展贡献新力量。

五、山里有个百果园，百果园里有个家

遂昌百果园的掌柜叫涂海军。七年前，他正准备种下第一批水果时，很多人都告诫这个"80 后"的新农人："种水果，没有多年的经验，皮毛都学不到。"但他坚持下来了，一坚持就是七年。技术上的空白让涂海军走每一步都如履薄冰。哪里有种植基地，哪里有培训班，他就主动去学，几年下来，涂海军硬是把自己从一个门外汉，"折腾"成了一个技术大佬。现在，百果园农场里随处可见他引进的技术模式，包括灯光促早栽培、肥水一体自动化灌溉、食品监控物联网、藻液微喷、太阳能杀虫等现代化农业设施、设备。在涂海军的果园里，120 亩种植区内除了种植蓝莓、葡萄、火龙果等 30 多种果树外，还养殖土鸡、土鸭，百果园不仅获得浙江省精品果蔬展金奖产品、全市精品水果十佳园、市级示范性家庭农场等荣誉，更成了远近闻名的有机农场示范点②。

六、科技创新作驱动，外婆村结"黄金果"

科技创新驱动就是通过大力推进良种培育、高效生产等科技创新，以"科技＋、互联网＋、标准化＋"做实生态高效的现代农业文章。在庆元县竹口镇新窑村，甜橘柚不仅是新窑村的"黄金果"，也是山区农民的"致富果"。这里有一个现代农业示范园——外婆村庆元甜橘柚精品化栽培试验与示范基地。在甜橘柚生产过程中通过科技创新驱动，推进产业化布局、标准化生产、数字化管控，推动农药、化肥的科学使用，助力甜橘柚产业高品质高质量发展。

---

① 资料来源：https://mp.weixin.qq.com/s/aFVcOKF7Iv-6ZhKQ9OPAaw.

② 资料来源：https://mp.weixin.qq.com/s/34EhZmYKKphtxiip2QzdcA.

2020 年，示范基地甜橘柚总产量达到 280 吨，亩产 1 239 千克，实现总产值 347 万元，亩产值 15 354 元，外婆村甜橘柚示范基地的杨宽英，举办现场观摩，培训果农和农技人员，带动当地农户新发展甜橘柚等柑橘基地 1 200 亩。通过示范推广甜橘柚绿色标准化生产技术，带动周边农户基地应用提质增效技术种植甜橘柚面积达 1 000 亩，优质果率提高 10%，亩增效益 720 元，取得了显著的经济效益。

劳动活动智能化是积极正向的劳动活动的具体化，劳动的创造性与工具的创新性是紧密联系在一起的，智慧性的劳动过程与先进工具的使用密切相关。创建农业创新示范基地，示范推广甜橘柚设施避雨栽培、地膜覆盖、肥水调控、控产提质、疏果套袋、果园清洁化、病虫害综合防治等技术，实行产品全程可追溯，显著减少农药、化肥施用量，发展特色优势产业集群，以新机制、新模式、新技术、新方法、新方案为重点，以全产业链融合思路打造优势主导产业，成为打通"两山"转化通道的生动实践。

乡村要振兴，农民要富裕，农民不仅要富口袋，更要富脑袋。人工智能和智能机器等先进技术已广泛应用于需要智能和认知能力的劳动活动中，尽管它们不能改变劳动的本质，却产生了智能劳动和智慧劳动两种新的劳动形态。人在改造自然的过程中从来都不只是徒手状态，需要运用延展和强化的手和躯体即工具进行劳动。新农人们依托农业农村独特资源优势，在田野中播种希望，播撒辛勤的汗水，在坚持不懈的劳动中，提升智慧劳动技能，创新劳动的方式，高质量推进农业品牌化，他们是会种田的"土专家"、爱农村的"新农人"、善经营的"农创客"、懂技术的"田秀才"。通过品牌引领、示范带动，把"生态资本"变成"富民资本"，促进农业高质高效、乡村宜居宜业、农民富裕富足，笃行乡村振兴共同富裕的发展之路。

农技培训兜住农户"钱袋子"。"受冻害的果树要等气温稳定回升之后再进行修剪，修剪时要把冻死的树枝剪掉，顺便去掉枯枝、病枝……""甜橘柚种植遇到的病虫害问题不少，其中褐斑病就是'头号杀手'，其次是黑点病也叫沙皮病……"庆元县农业农村局组织技术员，把甜橘柚的种植、管理技术送到田间地头，真正让"技术跟着产业走，培训跟着农户走"。

在齐圣水干果专业合作社里，浙江大学李红叶教授、丽水市农业农村局周晓音研究员为 70 多名甜橘柚种植户详细讲解了病虫害识别与防治的要点，并手把手教会农户给甜橘柚果树修枝整形。

"一年之计在于春，春季甜橘柚要抽芽、开花、长枝条，根系也要生长，所以春季果树管理是一个很重要的环节，在这个季节里我们就需要进行施肥、修剪、病虫害防治。"周晓音告诉记者："春季修剪是栽培中的一个难点，由于每棵树的树形不一样，地势不一样，农民的管理情况不一样，就会产生各种各样的问题，所以此次培训我给种植户们总结出了修剪的原则，对于不同的树该怎么进行修剪，并通过现场示范让种植户更容易接受、吸收。"

庆元甜橘柚已经成为山区精准扶贫和乡村振兴的支柱产业，随着产业的发展，逐渐凸显出了一系列的问题，其中病虫害防治让不少种植户"头疼"。

"褐斑病是甜橘柚的一种发病早、侵染时间长、危害重的真菌性病害，它的发生会引起枯梢，大量落果，有些果园甚至绝收。"李红叶说道。

"甜橘柚我已经种了七八年了，在病虫害防治和果树修剪上我们了解得还不够，都说田间课堂就像一场及时雨，听了两位老师的课，我们心里也有了明白纸，我们也会按照专家指点的要领来管理甜橘柚果树。"庆元县柚到你家家庭农场负责人陶卢明说。针对褐斑病的防治，李红叶表示，首先要进行合理施肥和田间管理，促进春梢的抽发。其次要做好清园工作，把发病的枯枝、有病斑的枝条剪掉并带离果园进行无害化处理，防止病菌滋生，侵染健康的枝条。最后待春梢萌芽到两三公分时要开始打药，过个 10 天再喷第二次药保证在春梢萌芽到开花之前喷 3 次杀菌剂。同时，降水是病虫害发生的一个重要的条件，各种植户要根据降水情况、果园的立地条件进行施药[1]。

培训采用现场示范讲解、农户动手实践与课堂教学培训相结合的方式，让种植户们真正学习了知识、掌握了技术。下一步，庆元县农业农村局将持续拓宽种植户获取知识的渠道，不断创新技术培训形式，促进甜橘柚产业持续健康稳步发展，努力把甜橘柚打造成为庆元县农民增收致富的支柱产业。

七、一片茶叶托起共富梦

作为茶叶大镇，茶产业一直是大柘镇群众收入的主要来源，但近年传统茶叶销路陷入困境，优质茶商进不来，价格卖不高，群众增收乏力。面对 1.4 万名老乡的殷切期望，茶产业如何破题成了大柘镇迈向共富的关键之举。

转型！必须转型。大柘镇只有高扬"丽水之干"的行动奋斗旗帜，攻坚克难，大干快上，才能带领老百姓蹚出一条共富路。为了找到破题思路，领导班

---

① 资料来源：https://mp.weixin.qq.com/s/IGGVDIYFUZ0IsNszORnTPA.

子成员带领镇村干部连续 3 个月时间地毯式走访茶农，问计于民，问需于民，为茶产业转型进行蹲点调研，并赶往宁波、温州等发达地区，学习数字农业先进经验……在走访调研和赴外考察的过程中，一套"立足本土、数字赋能、三产融合"的茶产业转型升级图景逐渐明晰——要利用万亩茶海生态优势，结合未来乡村建设，谋划建设集研发生产、仓储物流、网上销售等于一体的数字茶叶创业园，以数字赋能茶产业，提升茶产品附加值，拓宽销售渠道。

蓝图已经绘就，寻找一支高素质专业化的执行团队就成了亟待解决的问题。为了引进头部企业阿里数字乡村团队，领导班子成员"三顾阿里总部"，以最大的诚心、最好的政策、最优的服务邀请其入驻大柘数字茶产业园，阿里数字乡村团队最终入驻大柘，选择与 1.4 万名大柘老乡一起实现共富共享。

2022 年，阿里数字乡村团队积极发挥"电商领跑者"优势，为当地茶农开展电商培训、直播带货 1 800 余场，为茶叶打开网上销售新渠道。曾经靠嘴"吆喝"的大柘茶叶成功"触电"，此后 4 个月，网销茶叶近 2 000 千克，销售额达 510 万元。

在数字茶产业园的集中物流仓储基地，一个个快递正在集中分拣，这是阿里数字乡村团队与镇政府合作开发的"云上茶香"数字"强链"的一个物流改造项目，集成了申通、顺丰等多家快递渠道，目前日均发货量达 500 余单。

2022 年国庆假期，大柘镇万亩茶海人声鼎沸，随处可见拍照打卡的游客，这得益于大柘镇万亩茶海集成化项目，一期万亩茶山彩化项目的顺利完工已吸引了 8 000 余人打卡，可以预想随着二期桃谷浮云驿站、云上茶歇科研中心、岭上人家青创中心、万亩茶海星空帐篷爱情主题营地、万亩茶海产业集成配套项目的相继落地，这里将成为周末短途旅游目的地，为"茶主题"旅游复苏提供动力。

党的二十大报告指出，中国式现代化是全体人民共同富裕的现代化。循着党指引的方向，努力去寻找属于大柘百姓的"共富桃花源"。随着数字茶叶创业园、"茶主题"旅游的协同助力，2022 年二三季度大柘镇春茶产值比 2021 年同期分别增长 11.2%、13.5%，"茶主题"旅游带动农家乐等相关产业增收 18 万元①。

八、羊肚菌结出"共富果"

2021 年，五大堡乡与长兴县积极谋划乡村产业项目，通过多次考察和充

---

① 资料来源：https://mp.weixin.qq.com/s/tgyyfmZrFMaA4hOjzMPRSQ.

分讨论后决定流转土地 10 亩，新建羊肚菌大棚 28 个。在发展壮大村集体经济的同时，带动低收入农户及留守老人等劳动力增收。"羊肚菌是一种娇气但又喜低温的菌类，适宜冬种春收栽培模式，我们的羊肚菌是在 11 月份种植的，翌年 2 月中旬开始采收，两三天左右即可采收一茬。"正忙着收割羊肚菌的村民吴祥海高兴地说："羊肚菌虽小，效益可大着呢！这段时间每天都有订单，一亩地收入能超 3.5 万元！3 月羊肚菌全部采摘完后大棚将换种玉米，扩大土地亩产效益，预计每亩再增收 1 万元。""别看现在村民都夸羊肚菌好，刚开始种植时大家却很谨慎。村民担心没有技术和经验，种植积极性很不高，加上羊肚菌的菌种和营养包价格较高，一亩地需要 2 000 多元，种不好就得赔。"东半村党支部书记吴祥勇介绍道。为了消除村民的顾虑，他带头种植，第一年亩产值就达 3 万元。此举激发了村民的积极性，越来越多的村民成了羊肚菌种植户。目前，东半村羊肚菌种植面积已超 20 余亩，并辐射带动荷地、举水等周边乡镇种植，面积近 100 余亩。"今年我们通过改革创新，增加了直播带货、线上销售等路径，解决群众扩产的后顾之忧。"吴祥勇说，"下一步，我们将不断健全羊肚菌种植、加工、代购、销售为一体的现代化农业体系，增加东半村集体收入，让农户参与羊肚菌产业发展，带动更多农户增收致富。"按照目前的行情，预计东半村羊肚菌产值将达到 100 余万元，东半村以每平方米 2.5 元租金出租给农户，增加村集体收入 3 万多元。此外，村集体还种植了 6 亩羊肚菌，预计可以增加村集体收入 20 余万元，解决就业 100 余人，人均收入增加 1.5 万元，羊肚菌在东半村结出了喜人的"共富果"①。

田野种希望，
品质出品牌，笃
行共富路（上）

田野种希望，
品质出品牌，笃
行共富路（下）

---

① 资料来源：https://mp.weixin.qq.com/s/ZujcaumDQqudJ7vKtqf2vw.

第九章 聚力谋发展，智慧创模式，拓宽共富路

"绿水青山就是金山银山"。绿色既成为人民群众向往美好生活的主色调，也成为实现共同富裕的底色盘。

共同富裕是中华民族自古以来的理想追求，鲜明地体现了中国共产党的初心使命、社会主义的本质要求和中国式现代化的重要特征。生产劳动不仅创造物质财富，而且能够培养劳动者的情操。中国共产党代表劳动人民根本利益，为劳动人民服务，必然对劳动有着深刻的理解。

办好农村的事情，关键在党。全面实施乡村振兴战略的深度、广度、难度都不亚于脱贫攻坚，必须切实发挥党的领导作用和社会主义制度的政治优势，以更有力的举措汇聚更强大的力量，全面推进乡村振兴。

书写有温度有质感的民生答卷，聚焦民生始终是党员干部努力的方向。培养为民解忧的技能型干部，让干部成为群众贴心人，让技能型干部成乡村振兴"主力军"。一批批年轻干部握紧了手中的"接力棒"，在服务群众的过程中成长起来。

一、党建引领描绘实干致富图，"共富工坊"筑起村企共富之路

（一）新建镇笕川花海的"西乡味道"

带有家乡味道的乡村美食已成为一个地方的重要旅游吸引物，也是实施乡村振兴战略，带动地方农产品产业化，实现富民增收的有力抓手。新建镇27个行政村、两个镇（街）强村公司等企业利用"中秋月·西乡情"花海音乐（美食）节搭起专属摊位，推出各自的特色小吃、农特产品、文创用品，借助中秋佳节来临之际，依托笕川花海景区的区位优势，充分发挥西乡"共富工坊"的作用，以音乐为媒介，以"西乡味道"为载体，同台炫技招揽顾客，打

开了村集体经济增收新模式。新建镇充分发挥党组织战斗堡垒和党员先锋模范作用，积极探索合作模式，创新实干、奋勇争先，进一步助力村集体经济增收，促进共同富裕。在花海音乐节的现场，镇党委书记张伟峰亲自为各村摊位带货，助力各色美食销售；各村主职干部亲自掌勺摆摊，大展身手，煎蒸炸炒、锅勺交响；驻村、联村干部到摊位帮忙吆喝卖货；各村党员干部、网格员、志愿者齐上阵，为村集体经济增收表决心、鼓干劲、添动力，助推村集体经济增收。

全面推进乡村振兴，新情况新问题很多，涉及的面更广，面临的矛盾更加复杂。必须始终坚持用习近平总书记关于"三农"工作的重要论述武装头脑、指导实践、推动工作，把新发展理念完整、准确、全面贯彻到"三农"工作各方面各环节全过程。紧紧围绕"国之大者"抓主抓重，紧紧围绕党中央决策部署落细落小，不断提高政治判断力、政治领悟力、政治执行力，真正打造一支政治过硬、本领过硬、作风过硬的乡村振兴干部队伍。

创新带创业，共建推共富。缙云县新建镇固驰电子与溪东村通过组建"共富工坊"，为村里新增长期就业岗位 20 余个，创建"企业＋加工点＋农户"的村企合作共富新模式。自"共富工坊"成立以来，秉持社会效益大于经济效益的理念，在招工方面，优先考虑企业退休工人和低收入农户，特别是 50 岁左右的无技能的妇女，帮助他们实现家门口就业。今年 54 岁的低收入农户龙桂玲，以往靠着种地和亲戚接济勉强度日，自从到"共富工坊"上班后，每天可以有 120 元左右的收入，每月收入可达 3 000 元，不仅解决了生活经济困难问题，还可以照顾孩子。69 岁的马娥英说：没想到这把年纪了，还有机会自己赚钱用，党的政策真是好。"共富工坊"实现农户增收达 60 余万元，村集体增收 10 余万元。为村集体提供产业发展的端口和支撑，不仅有效解决村集体资源资产不足、发展能力弱的难题，还锻炼了乡村干部队伍带领村民致富的本领，提升了干群的凝聚力，现在大家对巩固拓展脱贫攻坚成果、奔向共同富裕更加充满信心。

（二）数字文创"畲"工坊里的年味儿

1. 线上年货节，家门口安居乐业

"直播间的朋友们，新上架的挂件有'年年有鱼''福兔迎春''好柿成双'等样式，价格实惠欢迎下单……"在"数字文创畲播·共富工坊"年货直播间里，主播们正向粉丝们推介福字挂件、春联、红薯粉丝、腊肉腊肠等年货品

类，让好畲品漫步"云端"。短短一周，接连 30 余场的直播售卖累计观看人数 150 万人次，销售额已达 120 余万元。2022 年，"数字文创畲播·共富工坊"实现每月订单量近十万件，吸纳 80 余名本地返乡大学生、农村闲置劳动力在"家门口"就业创业。

2. "苔藓兔"蹦出新春共富路

扬眉"兔"气、"兔"飞猛进、前"兔"似锦……一簇簇苔藓在毛垟乡村民手中，摇身变成了一幅幅融入美好祝福的精美艺术画。这是"大藓身手·共富工坊"最新推出的"一展宏'兔'"系列兔年文创产品，上架仅一周就收到来自上海、杭州等地的 300 余份定制订单，预计纯利润可达到 5 万元左右。2022 年以来，"大藓身手·共富工坊"根据客户需求，推出不同主题的苔藓文创产品，苔藓饰品、苔藓艺术画、苔藓微景观等走俏市场，为当地村集体和村民带来超 30 万元的收益。

3. "600 产业联盟"山货走出去

地瓜面、惠明茶、土蜂蜜……一大早，"600 产业联盟·共富工坊"的团圆礼盒分装工作热火朝天却又井然有序。2022 年以来，"600 产业联盟·共富工坊"将各农业企业、合作社订单、留守农户产品集聚起来，通过统一种苗、统一标准、统一管理、统一包装、统一销售，实现抱团发展，特色农业做得风生水起，特别是每到年末，独具畲乡特色的"景宁 600"礼包成为年货中的抢手货。销售额达 500 余万元，预计能带动 150 余户农户增收 50 余万元。

4. "民族＋"共富工坊服务不打烊

"远方客人到畲村，山笑水笑人欢笑……"伴随着欢快喜庆的畲族民歌，中国畲乡之窗 4A 级景区开启了春节服务模式。鼓乐引客、畲舞迎宾、拦路敬酒，独特的畲族文化魅力吸引着五湖四海游客纷至沓来。近年来，大均乡深入挖掘畲族文化特色资源，孵化培育畲族婚嫁、民族巾帼、水韵大均等"'民族＋'共富工坊"4 家，让村民们在家门口吃上"旅游饭"。18 家民宿、农家乐已接到春节期间的 80 余个客房订单、220 余桌食客，预计每天游客接待量超过 2 000 多人次[①]。

（三）三关六码头，跨地市共富工坊

丽水市莲都区大港头镇的农产品，在工坊的精心包装下，成为直播间里的

---

① 资料来源：https：//mp.weixin.qq.com/s/laIQ1f0qPr8yL0EhP7yXqQ。

抢手货。短短 4 个小时，这场直播就吸引了近万名网友观看。这次主推的是大港头镇的土鸡蛋，加上其他高山果蔬的预售订单，预计可带动大港头镇 30 多名村民人均创收近万元。

大港头镇平均海拔 700 米以上，土壤肥沃，村里的禽蛋、高山蔬菜等农产品品质优良。不过，近年来因产销不对称等原因，导致当地农产品滞销、村里土地抛荒闲置。2022 年底宁波市江北区委组织部、区农业农村局和丽水市莲都区委组织部、区经合中心等部门牵头，引导宁波当地知名食品企业"三关六码头"与大港头镇强村公司在镇上共同打造了三关六码头·共富工坊。

这是跨地市打造"共富工坊"的创新探索。该工坊利用当地土地、林地、耕地等资源优势，在大港头镇小井村建立农产品生产基地和初加工基地，目前首批基地面积已达 400 多亩。

"在'三关六码头'品牌带动下，本地农产品的附加值和知名度都提升了不少。"大港头镇相关负责人表示，"共富工坊"的建成，让老百姓的农产品有了销路，助力村集体经济和农民收入实现"双增收"，目前已带动周边 80 多名村民在家门口实现就业，预计可为小井村村集体增收 80 多万元[①]。

"共富工坊"是振兴乡村产业的重要抓手，一百年来，中国共产党始终坚持一切为了人民、一切依靠人民、发展成果由人民共享，永远同人民群众同呼吸、共命运、心连心，在实践中探索和形成了共同富裕的规律性认识，在继承马克思主义共同富裕思想的基础上创新、发展、丰富了中国式共同富裕理论。

（四）石雕抖音，智享方寸

青田县山口镇以全域党建联建为支撑，通过资源整合与数字化改革接轨，以"云"为媒，积极"触网"，围绕"直播＋石雕＋石文化"发展模式，融合原石切割工坊、板石文创工坊等产业链，整合零散直播商户，挖掘潜在网红爆品，加强文创研发设计，提升石雕产品附加值，不断推动石雕行业蝶变升级。

依托"石脉传承"石雕行业党建联建组织优势，推动抖音平台、浙江艺贝商务服务有限公司、山口镇强村公司和山口石雕行业协会党支部联合共建"石雕抖音智享方寸"共富工坊（石雕抖音电商直播基地），牢牢把握"电商平台＋运营企业＋强村公司＋党支部"发展密码。基地内设共富直播间 56 个、共富展销窗 25 个、共富"超链接"1 间和共富学堂 1 个，并以"产业整合＋

---

① 资料来源：https://mp.weixin.qq.com/s/GpJe0JnaFU-yAU1YYcxFbQ.

流量融合"进一步整合切石坊小微企业园、石雕文旅综合体、板石文创园，建成集原石加工、销售、文创、直播于一体的石雕电商直播式共富工坊集群，推动石雕产业数智转型的迭代升级。

2022年5月，"石雕抖音智享方寸"共富工坊（石雕抖音电商直播基地）在青田石文化产业共富园正式建成，带动周边农户就业435人，实现人均月增收1100多元，村集体增收同比增长超40%。

根据《青田石雕抖音电商直播基地扶持政策》，3年内给予运营方企业增值税、企业所得税（县财政留成部分）全额奖励，给予入驻商户个人所得税（县财政留成部分）及5年内场地租金全额补助；引进"AI赋能，智能艺术汇聚方寸之间"人工智能雕刻机器人6台，仅7分钟就完成1枚方章篆刻，进一步畅通石雕销售"快"车道；结合"党群连心 网格走亲"活动，组建"1＋3＋N"红色专员服务队，累计走访312余次，解决直播商户、运营方、物流等相关问题465余个，提供经营指导、重要政策、人才招聘等信息1200余条。"石雕抖音智享方寸"共富工坊占地4800平方米，现有精品直播间56个，目前入驻共富工坊的艺贝电商服务平台拥有优质直播商户高达800余家，平台石文化产品线上日均销售额约200万元，发货量达3000多单。搭建"线下＋线上"抱团发展平台，将实体商户作品摆放在共富展销窗进行展示销售，并推出石雕创意周边、文创盲盒等。联合中国美院、西泠印社、杭州职业技术学校等院校，依托共富学堂举办"大师讲堂""直播操练""技能比武"等活动，特聘8名国家级工艺美术大师和10余名省市大帅开展专业指导，目前已成为工艺品雕刻工国家标准培训实操基地[①]。

（五）党建引领，搭建电商促富新框架

2022年以来，丽水市商务局围绕丽水山播"共富工坊"建设，多措并举，创建75家丽水山播"共富工坊"，实现网络零售额41.2亿元，其中农产品网络零售11.8亿元，直播网络零售13.4亿元，带动村民就业1万多人，带动村镇增收1.5亿元。丽水市率先在全省商务系统制定印发《关于推进丽水山播"共富工坊"建设的工作方案》，明确乡村守护类、城乡融合类和集聚发展类丽水山播"共富工坊"指标评价体系。预计2024年年底，全市将建设打造140家丽水山播"共富工坊"，其中示范级工坊70个，基本实现全市乡镇（街道）

---

① 资料来源：https：//mp.weixin.qq.com/s/1IN_nDYCAGKKbrW0VkfRpw.

全覆盖。

以党建联建为抓手，工坊均建立党支部，将落实结对联系、组织覆盖、红色管家等党建赋能工作情况作为创建评优的重要依据。比如遂昌花园数字乡村"共富工坊"等10个案例已纳入省商务厅示范案例，并报送省级示范类工坊23个、省级创建类工坊75个。

按照"政府指导监管＋协会注册属有＋会员（工坊）申请使用"的思路，着力培育山里人卖山货"丽水山播"区域公共品牌，发布"丽水山播"商标。组织举办丽水山播"共富工坊"发展论坛，邀请丽水头部达人Rose、麻功佐、吾饭等参加活动，通过专家观点分享、工坊经验共享等形式推动工坊建设。丽水市把人才培养作为工坊建设的重要内容，出台电商人才评价办法，开展专业化培训7 000余人次，承办之江创客大赛，组织200余个项目报名参赛，其中缙云麻鸭"共富工坊"获得农村电商赛区一等奖。下一步还将组织开展丽水山播明星、精英、新秀等系列评选。

松阳县创新推进"乡村守护人计划"，帮助茶二代转型为电商主播，如工坊女主播孟雪芬一天内销售茶叶400余斤。明确工坊建设主体责任和保障机制，综合集成组织、团委、妇联、农业农村、乡镇街道等各方政策、资源和力量创造性抓好工坊在提升农村特色产品附加值、拓宽销售渠道、提高农民收入等方面的作用。如新建欣昌缙云麻鸭共富工坊吸纳60余人就业，带动1 600余户养殖户实现增收3 000多万元，带动缙云麻鸭系列产品线上销售1 000多万元，助力村集体经济增收20多万元，成为名副其实的"共富鸭"。依托石雕、茶叶、宝剑、木玩、竹木制品等产业带建设，带动丽水山播"共富工坊"创建，目前创建的75个工坊中有六成以上与上述产业带密切相关。如青田县将1 000多家传统石雕作坊整合重组为智享方寸"共富工坊"，吸引2万余名周边村镇石雕从业人员，日均直播销售额200万元，带动村集体增收同比增长40％以上[1]。

缙云县七里直播基地"共富工坊"，是缙云首个以抖音直播为核心的数字直播孵化基地，由七里乡党委和澜蓝汇数字直播孵化基地共同打造，涵盖农产品展销中心、残疾人电商创业孵化中心、强村公司直播间等平台，依托"企业＋直播＋农户"的产销模式，拓宽产品销路，培育更多"新农人""新网红"。"大山绿植""胖丫花园"等11名基地本土网红通过直播带货销售绿植，

---

[1] 资料来源：https://mp.weixin.qq.com/s/N_zB_WhZjgLFF-rxB0x86A.

实现年销售额 600 余万元，带动 20 余户种植户年均增收 8 万元①。"欢迎来到'兵哥绿植城堡'，'兵哥'带你领略不一样的'花花世界'"，七里乡电商直播"共富工坊"共享直播间，充满激情的 49 岁"兵哥"胡官法正在直播带货。作为缙云县电商直播"共富工坊"党支部的一名党员，胡官法乘着七里乡电商直播"共富工坊"主播孵化计划的东风，率先打造出了属于自己的"致富花园"。缙云县积极探索"工坊＋支部＋服务"红色管家模式，由牵头部门、乡镇党委、农村党组织派出党员管家队伍，共同服务和引领"共富工坊"建设。全市首个以"共富工坊"命名的实体党支部——缙云县电商直播"共富工坊"党支部在七里乡成立，党员带头参与"直播带货"，助推特色农产品畅销"云端"，实现党的引领在工坊，党员作用发挥在工坊②。

庆元县"共富工坊"数字化应用上线以来，成功解决企业"招工难"、工坊"接活难"等问题，成功对接用工需求和就业需求 1 100 余人次，其中低收入农户 160 多人次。给"共富工坊"插上"数字翅膀"，丽水坚持部门集成、乡镇统筹、村企协同，构建"县级中心＋乡镇站点＋村社服务点"三级服务平台（站点），加强对工坊的服务保障，依托数字化应用，推出线上开单、线下接单的"云端"服务模式，累计对接用工和就业需求 1 700 余人次。

二、谋划"水文章"，谱写致富新文章

江南多水乡，水是长三角最具标志性的符号之一。近年来，越来越多的长三角城市喊出"水经济"口号，将饮用水及相关产业作为城市品牌和经济增长点。绿水青山就是金山银山，生态好的地方卖风景、卖空气、卖水，都是顺理成章的。"水经济"已成为各地实现生态产品价值的重要抓手。卖水怎么卖？怎么卖得更好？拓宽绿水青山向金山银山转化的通道，为因地制宜发展特色产业提供更多破题机制。水的文章，大有可为。

（一）"丽水山泉"一座城市的"水情怀"

"既要金山银山，又要绿水青山""绿水青山就是金山银山"等科学论断。推进共同富裕必须坚定不移贯彻新发展理念、构建新发展格局、促进高质量发

---

① 资料来源：https://mp.weixin.qq.com/s/GWfGODEFIZOM7ecdBjWjHA.

② 资料来源：https://mp.weixin.qq.com/s/5ab9iKtwqLKAmRZlOqOY0Q.

展。青山长青，绿水长流。丽水人始终相信，守住了这方净土，就守住了"金饭碗"。说到水生态，丽水的名字，就道出了这座城市与水的关系。作为瓯江、钱塘江、闽江、飞云江、椒江和赛江六江之源，丽水拥有流域面积50平方公里以上河流109条3 574公里，5平方公里以上河流有973条9 500公里，丰沛的水资源是丽水与生俱来的良好基因。

丽水创新实践"绿水青山就是金山银山"理念，近年来坚持生态优先、以民为本、创新赋能，以河（湖）长制为抓手，以"丽水之干"久久为功推进河湖治理，奋力打造幸福河湖的丽水样板。"河畅、湖清、水净、岸绿、景美……"泉涌不息的水生态文明建设声中，一座城市的"水情怀"清晰可见。

丽水市水系发达，水质优异，素有"六江之源"的美誉。为此，丽水市委在打造"丽水山耕""丽水山居""丽水山景"等"山字系"区域公用品牌的基础上，因势利导、创新挖潜，最新全力打造了"丽水山泉"高端饮用水品牌，让丽水天生丽质的优质水资源加快转为"生态经济化"的水产业。依托得天独厚的水资源优势，抢抓加快跨越式发展的战略机遇，努力培育水产业新经济增长点，奋力打造GEP向GDP转化典范项目，以"丽水山泉"高端水产品打造加快激活水经济。"丽水山泉"是丽水开展全国首个生态产品价值实现机制改革国家试点工作、变生态优势为经济优势的一项具体成果。其水源地位于千米海拔的高山地区，是罕见的优质天然矿泉水，纯净度堪比西藏冰川水[1]。丽水将持续放大"丽水山泉"集体商标品牌效应，树立"重品牌首先重产品"的鲜明导向，加快开发出更多能够支撑品牌形象、具有鲜明地域标识度和较强竞争力的拳头产品，形成"产品支撑品牌、品牌带动产品"的良性互动，着力把水经济培育成为新的经济增长点。

生态产品价值实现机制改革是丽水全面深化改革的一个典型范例，对丽水生态文明建设、拓宽"两山"转化通道发挥了重要作用。丽水通过开展制度化建设、拓展产业化路径、探索市场化交易，构建形成了包括生态产品价值核算、质量认证、市场交易以及生态信用等为内容的一整套原创性制度体系，打响了"丽水山耕""丽水山居""丽水山泉""丽水山景"等"山"字系区域公用品牌，开展基于GEP核算的生态产品市场交易实践和"GEP贷""两山贷"等绿色金融产品创新，在破解生态产品"抵押难、交易难"问题上取得初步成果。

---

① 资料来源：https://mp.weixin.qq.com/s/UNEu36iOcxmeCYM4xflOvQ.

山是江浙之巅，水是六江之源。"丽水山泉"，释放了丽水优质水资源的潜力，使其加快转化为"生态经济化"的水产业。"丽水山泉"刷新了区域公用品牌注册的全国速度，也被纳入山区 26 县"一县一策"框架内获得重点支持。

丽水致力挖掘"水的致富密码"，提出激活水经注、写好水文章的发展思路，全力打造"丽水山泉"生态价值转化的典范项目和水产品开发的旗帜性项目。一瓶"丽水山泉"，打开水资源的生态产品价值实现之路，也成为山区富民增收的强大引擎。

（二）让"生态水"变"富民泉"

龙泉市上垟镇依托丰富的水资源，积极谋划"水文章"，大力发展"水经济"，将优质水资源转变为经济发展新动能，让"生态水"变"富民泉"，村集体增收和村民致富的路子越走越宽。"以水养鱼，以鱼养河"的良性循环既保障了河湖生态，又壮大了村集体经济。村河道的"死水"真正变成了集体经济的"活水"。通过集中有偿供水，不仅提高了村民节水意识，减少了水资源浪费，收取的水费每年又可以为村集体创造 6 万元的额外收入。变民生"痛点"为发展"亮点"，实现治水与"治穷"双赢，供水方式的小小改变，撬动的却是安全供水、农户节水和集体增收三方共赢的大跃迁。

龙泉市八都溪上垟段岱源片水量充沛，河流落差较大，又是峡谷地形便于建坝，因此，岱源村积极寻找投资方建立了龙泉市上垟镇岱源水电站。水电站还提供了就业岗位。以水电站为媒介，将"水资源"转换为"水资产"，既鼓了村集体的"钱袋"，又富了村民的"口袋"。聚焦生态优势和资源优势，多措并举壮大村集体经济和增加村民收入，倾力写就"以水增收"致富新文章，奋力拓宽"借水生财"致富新路子。

用好这方水，共富路上迈步走。丽水市山水资源丰富，位于道太乡的安平村亦是如此。从空中俯瞰，村里民房像一颗颗珍珠散落在青山环抱间，绿色溪水像是一缕飘带沿村而过，而在村子的一隅最近新增了一抹特殊的蓝。这是安平村石斑鱼养殖产业共富示范区建设项目，也是丽水市推进共同富裕的又一落地成果。

安平村村干部吴建锋介绍说，"原来这里是采石场，占地近 9 000 多平方米。复垦后，收成不是很好，村里一直想把这块地用起来。"当道太乡第八次党代会提到要将石斑鱼养殖打造成为道太乡"一乡一品"主导产业时，安平村便有了养殖石斑鱼的盘算。"我们村集体收入一年只有十几万元，项目资金缺口太大。"为助力乡村振兴、共同富裕，浙江省烟草专卖局实施"香溢帮扶"行动，在山区 26 县里筛选结对帮扶村为重点帮扶对象，开展系列帮扶工作。最终，道太乡立足于道太独特的资源禀赋，以石斑鱼养殖为载体，谋划"安平村石斑鱼养殖产业共富示范区建设项目"，并成功入选"香溢帮扶"重点工程。"'香溢帮扶'重点工程一期投入帮扶资金 200 万元，后期石斑鱼养殖项目运营还会进一步跟进。"季必平补充道："为破解单打独斗、各自为战的局面，我们计划在地域相邻的双平片区安平、双平、源口、夏安 4 村开展石斑鱼养殖项目，该项目是道太乡乡镇长工程与党建联建的产业项目，希望通过项目实施，努力打造出'产村人'融合的共富工坊。"龙泉道太乡常务副乡长毛卫英介绍，目前安平村项目建设起步最早、进度最快。吴小俊给记者算了一笔账，"以平均产值 2.5 万元/桶计算，扣除成本 0.85 万元/桶，纯利润至少可达 1.5 万元/桶。""在项目建设期间，遇到了不少事。尤其是夏天高温少雨，安平村已连续 100 多天未降雨，村里河道开始干涸。还好，发现得早，这次我们提前解决，以后遇到同样问题，不会乱了阵脚。"发现问题后，吴小俊联系村"两委"班子，开始寻找新水源。最终，在原大石溪废弃电站水库附近寻找到一处地下水源。"我们发现的新水源，原本水是直接流到地面上，白白浪费掉了。我们这次投入资金 20 万元，成功将新水源引入养殖项目，算得上是资源再利用。"为确保备用水源充足，接下来，还将在养殖基地附近再挖一个水井，作为严重干旱期的备用水源。"项目还没正式投运，实际上已经帮助周边百姓增收了。目前，项目累计投入 280 万元，用工都是就近找周边百姓，直接带动安平村及周边村民务工就业。"

道太乡通过石斑鱼产业项目建设，打好"空气特清、气候特优、水质特纯、土壤特净"等山水生态牌，带动养殖体验、农耕文化、研学旅游等产业的发展，丰富旅游业态。通过美景美食吸引游客，扩大特色农产品销售，带动农家乐民宿产业发展，实现生态富民的目标，不断提升群众幸福感、满意度。

丽水作为"绿水青山就是金山银山"理念的重要萌发地和先行实践地，近年来持续加快激活水经济，盘活水资源，兴产业、美生态、富民众。在丽水这片热土上，一个个美好愿景也将不断实现。

三、玩转混搭农业

一个雪梨深加工产品，却屡次在包装设计大赛上斩获大奖。以包装闻名的农产品，却在跨界混搭上玩出了名堂。混搭农业怎么玩？

（一）一个原点出发

以农产品为原点，深度挖掘丽水农耕文化内涵，研发丽水农副产品，这是"和先生"立足之根本。云和雪梨衍生产品，就是"和先生"广受市场好评的产品之一。"双溪春水穿千户，万树梨花掩半城。"云和雪梨作为县域的一张金名片，是浙江省十二种传统名果之一，也是浙江省三大名梨之一，以其早熟、果大、心小、皮薄、肉细、汁多、味甜、松脆可口、清润留香而被誉为"梨中之王"。

自 20 世纪 90 年代末期开始，云和雪梨再次走向辉煌，现有标准化梨园 1.1 万亩。云和县荣膺"中国优质雪梨重点县"，云和雪梨两度被评为"中华名果"，获得国家级金奖 5 个，省级金奖 26 个，同时还通过"气候品质"和农业部"地理标志"产品认定。"和先生"给云和雪梨注入了新的活力，用文创赋能传统农业，以品牌提升农产品价值，经过包装后的"和先生"云和雪梨一个可以卖到上百元。

（二）一个核心贯穿

玩法可以混搭，核心不能动摇。"创意"就是"和先生"的发展核心。

"和先生"之"和"有四重内涵：其一，"和"通"禾"，寓意着品牌的农业属性；其二，中国传统"和"文化——天得和以清，地得和以宁，谷得和以丰，人得和以生；其三，"云和师傅"是云和县的文化品牌，"和先生"便是"云和师傅"的具象化和升级版；其四，融合、跨界、混搭，将互联网、农业、工业、文化、产业和旅游产业各个领域糅合在一起，共通共荣。

名称之外，形象更是一个品牌的重中之重。"和先生"的品牌形象是一只手拿锄头，身背斗笠，憨态可掬的龅牙猫，取自木玩世家拍摄的微电影《云上的 5 天》中那只萌货骑趴猫，"和先生"的主创团队将其与勤劳质朴的农民形象相结合，象征着有文化的云和师傅和丽水当地淳朴的农民伯伯。颜值就是生产力，这个集脑洞、创意与产品形象于一体的设计让"和先生"迅速从一众传统朴实的农产品包装中脱颖而出，并很快辐射传播。

（三）两大产品混搭

玩具，是云和的另一张金名片。作为中国木制玩具城，木制玩具是云和的传统支柱产业，是国内规模最大的木制玩具创制、出口基地。

"和先生"这个品牌名称有多重涵义，其中非常重要的一个内涵就是"融合"，将产品、产业互相交融，从而激发新的活力。

云和特色农产品结合匠心传承的木制玩具，再以别具一格的趣味包装让两者和谐共生，"和先生"将云和的本色展现得淋漓尽致。

比如"桌面收纳盒＋雪梨膏"的最新混搭产品，以胡桃木为壳，香樟木为底的木制收纳盒，镶嵌精致钟表和趣味日历，结合雪梨膏、雪梨糖，精美又实用，一经推出就迅速风靡教师圈。基于市场需求开发，将两种产品优势叠加，"和先生"为农产品开发提供了一个新的方向。

跨界混搭的奇思妙想，是"和先生"的坚持创新，是几十年沉淀下来的工匠精神的必然成果，也是顺应时代的应有之举。

跨界和组合，常是颠覆传统与创新的重要因子①。对于很多乡村而言，农产品销售是个棘手的问题。产品安安静静地躺在货架上，凭什么让游客买单？

消费者在购买商品时，精力是有限的，就算我们将产品的优势卖点全部罗列出来，客户可能根本没耐心看完。就算全部看完了，也未必能记住。所以我们在设计农产品包装设计时，要遵循一个原则——突出一个核心优势为卖点，进行主要输出，其他卖点全部作为核心卖点的辅助强化，充分体现人无我有的独特亮点。

乡村小卖部里的商品，包括农副产品，一部分消费者购买是准备自用，但更多的购买原因，是当作伴手礼，送给亲朋好友。这时候，我们的产品就不能仅仅靠"便宜实惠"，而更需要打造产品的情感价值，突出"面子"需求。怎么让用户觉得送这些东西有面子？一个很重要的因素就是包装。相比平淡无奇的农副产品本身，一个充满个性的创意包装，本身就是送礼的"理由"，是仪式感，更是"面子"。

乡村消费本质上是体验经济。体验一方面能带来"信任"背书，另一方面也从心理上提升"转化率"。就像先尝后买，不只是让你觉得好吃了再买，而是吃了以后不好意思不买。

乡村消费还是场景经济，自然时尚的田园氛围，会让你沉浸其中，产生购买的冲动。这和很多轻奢品牌，在店铺里面精心布置音乐、灯光是一个道理。消费者看一款产品也许只用几秒钟，能吸引他，并留下深刻印象的产品包装和

---

① 资料来源：https://mp.weixin.qq.com/s/pM5XNetA27bainTs9bD49Q.

场景体验才有可能被消费者购买。

四、一兴百旺开新局，农村电商发展正当时

丽水有"九山半水半分田"之称。山地占到88.42%，海拔1 000米以上的山峰就有3 573座。大自然赋予了丽水众多的名特优农副产品。自2012年，丽水市委、市政府根据山区城市发展的实际和电子商务快速兴起的大环境，出台全国首个农村电商专项政策以来，电子商务产业如星星之火，迅速发展、不断壮大，如今电商产业已经成了丽水市培育壮大新经济新业态，加快推动丽水建成共同富裕美好社会山区样板的重要力量。

近年来，随着5G科技普及，短视频和直播等电商发展模式不断涌现，丽水紧跟时代脉搏，发展电商新业态，在四次迭代升级的电商促进政策推动下，传统电商模式不断刷新升级，还涌现出了一大批电商致富带头人，这不仅令电商产业成为区域经济发展、乡村振兴的新引擎，而且进一步提高了"丽水电商模式"在国内的知名度，"赶街模式""北山模式"等一批创新模式影响全国。

（一）创新思路，下好电商发展"先手棋"

进入"互联网＋"电商时代以来，各电商平台不仅仅着眼于城市，更迫切地抢占农村市场。有着优良生态禀赋的丽水，其众多的名特优农副产品也随之踏上了电商这趟"高速列车"，一大批电商"新农人"足不出户，便将山沟沟的"土货"卖到了全国各地。

面对这一时代的发展机遇，敢为人先的丽水市委、市政府于2012年在全国率先成立了农村电子商务领导小组，由市财政每年安排300万元的农村电子商务发展引导资金，用于农村电子商务的扶持、奖励、培训以及相关的服务支撑体系建设。

随后，各县（市、区）也相继安排了农村电子商务建设专项经费，以推动农村电子商务建设。一场轰轰烈烈的电商产业大发展随之拉开大幕。

多士成大业，群贤济弘绩。扛起电商发展大旗的关键在人才，为此，丽水市始终将电商人才培养作为丽水青年城市建设的重要内容，不仅出台了《直播电商人才评价办法》，开展"电商明星、精英和新秀"评选，给予最高一次性10万元的奖励，而且还通过"一事一议"的方式认定电商人才。

同时，丽水市还实施了万名网商培育工程，广泛开展电子商务技能培训和

集聚孵化，通过分层次、分类别推进基础电商、视频电商、跨境电商、电子商务师等培训活动，年培训电商人才近万人，集聚培养出了一批电商人才和服务团队。

在政策保障和政府助推之下，近年来，以农村青年、大学毕业生为主要服务主体，以促进丽水优质农特产品网上销售为工作重点的农村电子商务，在丽水如雨后春笋般冒了出来。

"不争一时一域，守正笃实，久久为功，丽水可以说真正把人才这个电商发展的核心和关键要素重重地落在了实处。"丽水市商务局相关负责人介绍，全市 20 万粉丝以上、以乡村振兴为核心标识度的新农人账号已达 100 多个，其中，年直播带货上亿元的账号就有 10 多个。

棋局布定，落子有声。近年来，全市始终保持网络零售额高速增长，增速连续 9 年位于全省前列，2022 年上半年，全市网络零售额同比增幅更是持续位列全省第一，全市在重点监测第三方电子商务平台上共有活跃网络零售网店 0.7 万家，网店数达 1.9 万家。全市电商行业直接解决就业岗位 1.9 万个，间接带动就业岗位 5.3 万个。另外，缙云、松阳、遂昌、龙泉、青田 5 个县（市）更是获评全国电子商务进农村综合示范县，获得补助资金 8 000 万元[①]。

缙云烧饼，远近闻名。早年，吕振鸿和很多老乡一样挑着担子走南闯北卖烧饼。见识多了，他的脑子也活络起来：网上可以购物，那么能否卖烧饼呢？这一想法令他激动，收了烧饼摊便回到老家捣鼓起了电子商务。在他的带动下，目前，全村已开出网店近 300 家。整个北山村从穷得叮当响的"烧饼村"变成了远近闻名的"淘宝村"。

随着网络平台的不断壮大，为推进有序竞争，丽水又适时推出特色平台应用，建成了浙江首家地级市馆——淘宝"特色中国·丽水馆"。与此同时，率先在全国开展"一村一店"项目，把丽水农产品一个个搬上网。拥抱网络，带来了农民生产方式的变化：一手拿锄头，一手拿鼠标，成了当下丽水农民的新形象写照。

遂昌土猪肉上"聚划算"，吸引了上百万人关注，3 天时间网上卖了 2 万斤，成了生鲜电商的经典案例。打开淘宝"特色中国·丽水馆"，"倪老腌"辣

---

① 资料来源：https：//mp. weixin. qq. com/s？＿＿biz＝MzA3OTE4ODUzNw＝＝&mid＝2652765598&idx＝3&sn＝fac3fe451a0d18a33592446f1b33d01a&chksm＝845e1ac8b32993de6a721d932cc3921af4086c0de42c87665a9ec9294a055304db355a69c52e&scene＝27.

椒酱的广告词一定会让你印象深刻："在丽水农产品电商中，有这么一朵'奇葩'，把便宜的辣椒酱卖到最贵。"确实，乡土味十足的"倪老腌"辣椒酱淘宝上的售价是 400 克 48 元，号称史上最贵的"土豪金辣椒酱"。丽水山里一只活蹦乱跳的土鸡，"飞"到杭州消费者的餐桌上，最快需要多长时间？答案是 11 个小时。消费者只需要动动手指，就可以实现。丽水农村电子商务服务中心联合淘宝农业挑食频道，从产地直送"鲜土鸡"到消费者的餐桌。不仅如此，由电子商务带来的变革，在农村各个方面都得到了充分体现。"打工东奔西跑，不如创业淘宝。"丽水浓厚的农村电子商务氛围，使许多在外务工的青年纷纷回乡网络创业，有效地缓解了农村"空巢"带来的老人赡养、儿童教育等问题。也开辟了一条"就业本地化"的路径。

丽水大地上每天都在上演的普通"农民掌柜"发家致富的故事，让丽水的绿色生态产品不经意间走向了全国，飞向了世界。上网卖产品，还锻造出了具有全新经营理念的新一代农民。走进丽水古堰画乡的一间古宅，是"倪老腌"辣椒酱的生产工厂。生产工厂为什么要选择这么一个老宅？创始人倪向明说起来充满感情："我的产品是伴着情怀去做的。手工制作，跟这个老房子的气质很吻合。"像倪向明这样的电商，促成了农村生活的另一大变化：让农村古建筑重焕活力。大量闲置的农房空间被用作农村网商的仓库，实现再利用。

丽水已累计建成各类农村电子商务服务站点 4 045 个。其中，淘宝特色中国·丽水馆上一年全年实现交易额 7 377 万元，为莲都区种植养殖合作社培育电子商务人才数百人次，涉及蔬菜、水果、畜禽、畜牧等多个领域，为合作社提供技术指导和专业支持，包括产品的选择、产品的拍摄、产品的文化挖掘等，并为合作社提供了专业的提升渠道，带动身边的一批返乡创业青年，直接创造经济效益达 100 万元以上。

（二）聚势而行，为产业振兴蓄势赋能

产业领着电商跑，电商带着产业走。2021 年 8 月，全国首家石雕抖音直播基地落户青田，一部手机、一个打光灯、一个转盘，越来越多的石雕人将自己的手艺搬到了直播间，随之是青田石雕的热销，以及石雕产业迎来新的发展机遇。现如今，青田越来越多匠人和商户参与到石雕直播中，日销售额达到了200 万元。

同样作为"丽水三宝"之一的龙泉宝剑，也赶上了这趟"直播快车"，

2022 年，通过谋划建设了龙泉宝剑快手产业带，短短 3 个月时间当地多个直播账号就交出了日成交额超 20 万元的"成绩单"，其中，一把宝剑甚至在网上卖出了 8.8 万元的高价。

在丽水市商务部门的不断谋划推进下，通过打造"市级直播基地＋县级特色直播产业带"模式，目前丽水市已成功建成了青田石雕抖音直播基地、丽水快手直播基地、松阳茶叶抖音产业带、龙泉宝剑快手产业带，并且，获得了丽水快手核心服务商、开发区母婴类目抖音直播产业带服务商、松阳县茶叶类目抖音直播服务商、遂昌茶叶类目抖音直播服务商等资质。

"丽水各地都有极具地方特色的产业，优质的产品能支撑直播电商发展，而直播电商则能推动传统产业链供应产业链的提档升级。"丽水市商务局相关负责人介绍，目前丽水正在谋划推进青田红酒、庆元竹木制品、云和木玩、龙泉青瓷等产业带建设，目标是全力培育直播电商百亿产业。

同时，丽水市商务部门表示，将通过不断加强与知名直播电商平台、头部主播的合作，争取流量扶持、政策激励，通过活动推广、公益带货等方式推动特色产业品牌化推广和数字化提升，持续助力特色产业高质量绿色发展。

（三）与时俱进，迭代升级电商新模式

2022 年"6·18"期间，丽水市商家在抖音、快手平台直播零售额为 1.98 亿元，零售量为 320 万件，活跃店铺数为 545 个，直播商品累计浏览人数超 1 亿人。

"刷数据"的背后，是与时俱进的发展思维起了关键作用——电商行业发展迅速，任何模式都有"过去时"，唯有求新求变求快，才能紧跟时代步伐。对此，无论是丽水的政府部门，还是电商从业者都有清醒的认识。

2022 年 3 月 5 日，位于遂昌县的浙西南高山茶叶市场开市，仅 7 天时间，交易额就突破亿元大关。和往年不同，2022 年市场内多了一些拿着手机、对着屏幕不停吆喝、不时翻看新茶的茶主播。

2013 年，遂昌县在网络销售基础上，成立了首家县域农村电子商务服务站，并逐渐形成了闻名全国的"赶街模式"。如今，这一模式已经逐步转型为村播、茶叶产业带服务商模式——赶街公司在直播电商高速发展的窗口期，携手做大遂昌茶产业，利用大柘数字茶产业园、万亩茶园等平台搭建遂昌高山名茶特色交易直播场景及直播间，吸引本地及外地茶叶达人现场直播，打造可复制的典型样板，以点带面、辐射全域。

同样求变的还有"北山狼模式",作为缙云县首个获评的省级服务业名牌,在瞄准疫情之后广受青年追捧的时尚野营市场,"北山狼"结合丽水提出的"千宿万帐"项目,调整产品路线和经营策略,在原有徒步登山为主的户外装备基础上,自主开发设计网红时尚露营产品,在淘宝、抖音、快手、小红书等多个国内头部电商平台布局营销,顺利转型为时尚露营、跨境电商,年销售额突破 6 000 万元。

企业在不断适应调整,政府也在不断迭代升级电商促进政策。丽水在全省率先出台了《视频(直播)电子商务发展若干意见》,从支持企业开发销售产品、MCN 机构集聚发展、产业园和企业做大做强等七个方面进行扶持,促进直播电商发展。

随着一系列政策举措的落地,让丽水电商的发展方向和思路越来越清晰,目前,全市已经形成了"市区政策引领+传统、跨境、直播全业态促进+各县(市、区)联动跟进"的"1+3+N"全市域电商业态全覆盖政策体系。

变则通,通则久。在数字经济、网红经济和农村电商发展大潮下,丽水正持续将发展电商作为打开"两山通道"、助推乡村振兴、实现山区共富的"金钥匙",不断推进山区发展模式变革,探索电商高质量发展之路。

五、跨境电商"整军出发",开拓全球市场

(一)粗放式铺货外贸到精细化品牌出海的转变

双循环新格局下,丽水电商企业如何拓展高质量的出海业务?以跨境电商综试区为窗口,丽水对外贸易将迎来怎样的历史机遇?如何实现从粗放式铺货外贸到精细化品牌出海的转变?推进中国(丽水)跨境电子商务综合试验区生态圈建设,为高质量推进对外开放注入强劲动力。

自 2020 年 4 月,国务院批复设立丽水市跨境电子商务综合试验区以来,通过出台跨境电商促进政策、资金管理使用办法、市级公共海外仓评价办法等一揽子政策措施,丽水市的跨境电商行业有了长足的发展。截至目前,丽水市在速卖通、易贝、亚马逊等重点平台和阿里国际站的跨境电商活跃网店已达 1 700 多家。2021 年,实现跨境电商出口额 17.8 亿元,而 2022 年 1—10 月,全市实现跨境电商出口额已经达到了 19.9 亿元。

丽水市从事跨境电商的主要行业为运动休闲、竹木产业、龙泉刀剑等,其中,运动休闲行业涉及企业 200 余家,跨境电商年出口额 10 亿元以上。竹木

产业涉及企业近千家，跨境电商年出口额 3 亿元以上，如丽水极昼科技运营的花架在亚马逊美国市场占有率高达 70％、加拿大市场占有率 50％，在亚马逊上的销量占据花架类目第一。龙泉刀剑 10 家跨境电商企业的产品在欧美市场也广受好评，预计年销售额在 1 亿元左右。汽摩配、木制玩具、箱包、文教产品等行业也极具发展潜力，有望成为丽水市跨境电商领域的"主力军"。

商务部门强化政府推动和引导作用，扎实推进主体培育、企业孵化、人才培训、数字营销和氛围营造等多维度、全流程的服务体系，为企业提供一站式、全方位的跨境电商公共服务，从而助力丽水在跨境电商这条赛道上跑得更稳更快更出彩。

（二）"缙云制造"引领出海新浪潮

缙云是山区工业强县，数字经济为缙云发展注入了强劲活力，2018 年 5 月，缙云跨境电商园正式开园。目前已经入驻电子商务企业 39 家，园区用于开展各类技能培训、创业孵化、美工摄影、直播电商、跨境物流服务、品牌出海指导等公共服务面积共 3 000 余平方米①。2020 年，缙云实现网络零售额 129.6 亿元，系全市首破百亿元县。2021 年，缙云实现网络零售额 164 亿元，同比增速 26.6％②。2021 年，缙云跨境电商园通过设置客服部、培训中心、项目运营部、仓储部等一系列服务机构，为相关人员提供互联网营销课程 12 期（包含短视频营销和直播），培训 609 人次；跨境电商相关培训 3 期，培训 154 人次。已有 605 人获得培训合格证书，培训合格率达到 99％以上；举办跨境电商资源对接会 21 场，并开展了跨境电商服务月活动；走访企业 28 家。帮助欧凯车业、乘舟科技、丰成车业等企业成功出口，跨境电商 9710/9810 出口金额约 3.74 亿元。缙云县在各大电商平台上活跃的网店共有 2 500 余家。其中，开展跨境电商业务的企业共有 365 家，2021 年新增应用跨境电商业务的有 50 家，全年实现跨境电商出口额近 20 亿元，共拥有海外自主品牌 29 个，跨境电商自建销售平台 9 个，产品远销北美、欧洲等地，是丽水市唯一进入全国电子商务百强榜的县城，并被浙江省商务厅列为第二批电子商务示范县。

---

① 资料来源：https：//mp. weixin. qq. com/s？＿＿biz＝MzAwNjEwNjQxMw＝＝&mid＝2649676779&idx＝1&sn＝4ba50c5f6e8b2c797756114fa1f82409&chksm＝830807a9b47f8ebfc6ce7fe5f26f8c194a81375cbb86d95cb30a19a56bc669d94af3c8092def&scene＝27.

② 资料来源：https：//zj. cnr. cn/zhuanti/hdjy/gdxw/20220415/t20220415 _525796458. html.

跨境电商更是成为缙云企业拓展国际市场的"翅膀",帮助更多的"缙云制造"扬帆出海。缙云跨境电商园进一步强化功能配套,提升服务效能,在做好运动休闲文化产业集群的同时,深入挖掘智能家居产业集群潜力,发挥缙云跨境电商园的集聚作用,为缙云企业提供促进产业转型、业态创新、营销模式升级等跨境电商载体建设及配套服务,有效引导本土企业多元投入海外仓建设,帮助更多优秀的企业"走出去、强起来"。缙云县积极响应丽水市跨境电商国家级综合试验区建设,紧抓浙江省第二批集群跨境电子商务发展试点机遇,高质量推动全市唯一省级众创空间——跨境电商园实现创新发展,为建设"共富缙云"凝聚"电商力量"。

跨境电商也为当地群众打开了新的致富渠道。五云街道 Labaliya 品牌灯具个人创客蔡曲如,通过入驻跨境电商园已开通了亚马逊美国站、日本站,第三个站点也已筹备就绪,产品直输海外,还注册了 2 个境外商标,每家店铺实现日销售额达 1 000 美金。作为丽水跨境电商的核心平台之一,缙云跨境电商园一站式服务平台、大数据通关服务平台、外贸综合服务平台、丽水海关共建公共检测平台、跨境智能物流平台、跨境电商孵化平台等已融为一体,形成一条跨境电商服务"生态链"。

"简单来说,入驻跨境电商园的企业,可以在'家门口'完成信息共享、出口退税、物流等手续,省去不少烦琐环节。"浙江涛涛车业股份有限公司负责人曹跃进看中的,正是跨境电商园带来的一条龙服务,他带领的企业也是最早进驻跨境电商园的公司之一,他说:"现在公司的订单已经排到了 7 月份以后,跨境电商'9710'部分已实现 2 000 万美金销售额,且保持高速增长态势。"

2021 年,缙云结合"三服务 2.0"行动,广泛调研全县外贸企业跨境业务开展情况,先后走访天喜厨电股份有限公司、群英车业等外贸出口型企业 50余家,详细记录企业在跨境业务方面所遇到的痛点难题,进而为每家企业搭建独一性产业营销模式,实现跨境业务精准服务。在此模式的帮助下,涛涛车业与臣州科技的跨境电商业务同比增长率分别达到 120% 和 90%。

与此同时,缙云充分利用与阿里国际、亚马逊、谷歌数字营销等跨境电商巨头的积累资源优势,针对不同人群开展电商普及培训、电商创业培训、传统企业互联网转型升级培训等针对性培训,不断为缙云培育跨境电商人才。2021年,缙云共举办系列培训 10 余场,累计培训人员 1 500 人次。

2021 年,全县跨境电商业务实现进出口额 3.7 亿元,完成目标的

147.4％，占丽水市份额的 71.4％，已然成为丽水跨境电商发展的"领头羊"。缙云县将继续围绕跨境电商做好"服务、引导、培育"，让更多"缙云制造"搭乘跨境电商快车走出国门。

（三）培植学生健全的劳动素质

在高质量发展中促进共同富裕需要高质量的劳动投入、培育高素质的劳动者队伍。劳动者素质对一个国家、一个民族发展至关重要。要开展以劳动创造幸福为主题的宣传教育，把劳动教育纳入人才培养全过程，贯通大中小学各学段和家庭、学校、社会各方面，教育引导青少年树立以辛勤劳动为荣、以好逸恶劳为耻的劳动观，培养一代又一代热爱劳动、勤于劳动、善于劳动的高素质劳动者。因此，要通过劳动教育培养出一批批素质高、能力强、敢担当的劳动者。为了让青少年成长为今后爱劳动、能劳动、善劳动的高素质劳动者，学校需要五育并举、全面贯通，在劳动教育中发展五育、渗透五育、落实五育，在五育中把握劳育、深化劳育、实现劳育。要理论联系实际，把劳动精神、劳动技能与科学知识紧密结合，边学习、边劳动、边实践，不断开阔学生视野，不断增强学生劳动能力。高校学生毕业后就要投身劳动岗位，因此一定要把劳动教育与学科专业教育紧紧地结合起来，以便他们在扎实推动共同富裕的征程上发挥出自己的力量。

新的征程上，我们迈向共同富裕的每一步，都必须紧紧依靠人民、始终为了人民，必须依靠辛勤劳动、诚实劳动、创造性劳动，必须充分调动人民群众的积极性、主动性、创造性，形成共建共享共富的生动局面。唯此，才能让实现共同富裕的伟大进程成为人们看得见、摸得着、真实可感的事实，进而在实干中坚定信心、夯实基础、把牢方向。

六、"丽水山耕"描绘"两山理念"

乡村振兴，产业兴旺是关键。"九山半水半分田"的地形，孕育优质农产品；80％以上市域面积是农村、近 70％ 的人口是农民，蕴含着乡村振兴、共同富裕的巨大潜力；农业生产经营主体多而散，意味着组合、优化的更多路径。这三对饱含辩证统一关系的发展"课题"，前半句指明了阻碍丽水农业高质量跨越式发展的症结所在，后半句则提供了答题的基本思路和主要方法。

央视新闻频道推出的大型直播特别节目《走进老区看新貌·浙西南篇》①，立体呈现了浙西南革命老区在脱贫攻坚、全面小康、乡村振兴和加快区域发展等方面的有力举措及生动故事。央视演播室展示了许多农产品，全部都来自丽水，他们有个统一的标志——"丽水山耕"。"丽水山耕"是丽水市2014年9月发布的区域公用品牌，以政府所有、生态农业协会注册、国有农投公司运营的模式，代表着丽水生态农产品品牌"优质、天然、绿色"的总体形象，是丽水农产品最扎实的底色。丽水山耕通过区域公用品牌背书，运用母子品牌同步的方式，大大提升了农产品的附加值，进一步提升了丽水农产品在市场中的竞争力。通过政府推进、国企运营、市场化运营模式，在长三角地区尤其在浙江省内得到了消费者的认同。"丽水山耕"区域公用品牌已覆盖菌、果、蔬等九大产业，截至2021年底累计实现销售额超百亿元。"丽水山耕"整合新电商团队，选择一品蛋酥、红薯片、小烧饼等零食作为前期突破市场的主力先头产品，与各大主播及网红达成合作，快速铺开市场。天猫旗舰店一品蛋酥日销"10万＋"单，好评如潮。丽水山耕智能云仓遂昌分中心正式投入运营，每小时可处理快递1万件，让物流"跑"得更快。

丽水山耕"如何带动百姓致富？

（一）订单农业

如何把"小散精"的山区农业产业培育壮大？订单农业提供了一条新的路径。大港头镇小井村订单农业基地，一盆盆幼苗从育苗棚里被搬出，村民们正热火朝天地定植球生菜秧苗。球生菜是蔬菜界的"高档货"，主要用在蔬菜沙拉和汉堡等食品里，销路不如普通生菜。但小井村的村民们却不怕这一点，因为这批球生菜刚种下就已"名草有主"。"这是订单农业基地的第一个高山蔬菜项目，也是球生菜这种蔬菜品种第一次尝试在丽水'安家落户'，我们已经打通销售渠道，村民们只需要安心种植，种出来的球生菜会由丽水农投公司对接大渠道直接收购。"丽水山耕梦工场党支部书记兰丽俊介绍说。球生菜原产于地中海沿岸，喜冷凉湿润的气候，对生长环境要求极高，不仅需要肥沃的土壤，还需要洁净的水源。订单农业基地位于大港头镇700米海拔之上的小井村，种植环境完美符合球生菜的生长要求。小井村有优良的先天条件，外头有广阔的市场空间。2021年，丽水市农投公司以小井村为试点，在全市探索多

① 资料来源：https://mp.weixin.qq.com/s/hJiWbllyZeS4Y4nOikFr7A.

种订单农业发展模式。通过与上海正大集团等单位合作，把千家万户的高山蔬果"打包"出售，"小生产"与"大市场"的联姻，拓展了新的生产方式和渠道，也鼓起了高山远山农民的腰包。

小井村订单农业基地是丽水农投公司与大港头镇合作投资 2 000 万元打造的订单农业基地。基地以销定产，由村集体统一流转了 300 多亩田地，组织农户种植高山蔬果，来打通农产品出村的"最先一公里"。其中第一期 50 亩用于球生菜培育。丽水农投公司聘请技术专家对农民进行种植技术培训，并解决产品销路问题，让农民不仅"种得下"，还要"卖得出""卖得好"。"种"有了农民和土地的保障，"销"有了丽水农投公司有力的销售保障，这种订单式农业将成为农民尤其是低收入农户增收的利器，提高了"造血"功能。

"丽水山耕"在市域创新尝试"农投＋强村公司＋农户"等订单农业模式。全年新建大港头小井蔬菜种植基地、龙泉锦岭园蔬菜基地等 10 个订单基地，新认定丽水山耕会员核心基地 17 家。"我们只管按照种植要求提供优质产品，技术和市场都有专业团队兜底，不出村也能每年增收 2 万元至 3 万元，这日子过得有奔头。"在莲都区大港头镇小井村，"订单农业"让当地农户吃下了定心丸。"订单农业"是根据与购买者之间所签订的订单合同要求，组织安排农产品生产的一种新型农业产销模式，近年来多次被写入中央 1 号文件，2022 年的中央 1 号文件更明确将其作为合理保障农民收益的重要举措①。

订单农业基地开启了直种直销的农业产业新模式，架起丽水种植户与市场之间的桥梁，做到生产资源精细化匹配，有效解决产销不对称的难题，在促进大港头镇农业经济发展的同时，也成为全市乡村振兴战略中抓实产业兴旺的一处缩影。试点的成功，进一步释放了绿水青山蕴含的"金山银山"潜力，目前，"丽水山耕"紧盯标准化供给能力，新建了订单基地 8 个，遂昌冬笋、龙泉有机茄子、庆元的黄牛肉……越来越多的丽水农产品，跨"山"达"海"。丽水山耕订单基地的高山蔬菜跨越 300 公里，在盒马鲜生杭州各店铺顺利上架。"丽水山耕"正式成为盒马鲜生供应商。除了以订单农业的形式服务农民外还组织农民参加丽水生态精品农博会、浙江省农博会等，帮助农民实现增收。

（二）全渠道营销矩阵

"电商助农，大有可为。"一句铿锵有力、掷地有声的期许，让电商业态对

---

① 资料来源：https：//mp. weixin. qq. com/s/DxRxclAzIYptDltorTJpRQ.

于助农兴农的产业升级支撑作用再次凸显出来。

2021年5月起，丽水山耕整合新电商团队。8月，电商团队正式组建，丽水山耕天猫旗舰店全新出发，以"尖货、味道"为主打，始终坚持"法自然，享淳真"的理念，让消费者真正品尝到从田间到餐桌的"舌尖之旅"。不到一年时间，丽水山耕天猫旗舰店三款爆品累计销售已达400万元。

"对电商而言，选品很重要，而选品的一个大核心，就是需求。"丽水山耕电商团队运营负责人李城杰告诉我们，团队在接手初期，即对梦工厂100多款会员产品做了全面网上比价，同时针对性地做竞品分析。"我们发现，零食产品，客单价低，复购强，流通快，人群跨度广，近几年零食类地域标签变强，非常适合丽水当地特色的零食。"电商部门根据线上电商市场的数据和规则，针对产品从多维度进行分析，经过分析如市场特性、品类选择、回购率、客户画像等方面数据，最终制定了以零食为主的产品策略。根据电商销售"短/频/快"的原则，团队选择了一品蛋酥、姥姥家红薯片、小烧饼，作为前期突破市场的主力先头产品。

选好了产品，接下来就要制定线上销售方向。以小烧饼为例："原本烧饼这类关键词，在用户层面，是介于主食与零食之间，我们为了让消费者打消主食的概念，从零食数据进行分析，对包装，数量，口味进行调整。"俗话说，"货卖一张皮"，好的包装可以反映产品的价格、品质，是文化的附加、情感的附加，对农产品来说更是如此。"我们结合丽水当地的文化及特性，始终坚持丽水山耕'法自然，享淳真'的标准来进行衍生包装，同时也考虑了市场的趋势，用手绘农家插画形式，让品牌的包装重新改头换面，同时统一了丽水山耕产品的视觉印象。"李城杰说，插画的形式，让外包装既能有农家风格，又兼顾趣味性。除了外包装，烧饼的内包装也花了很多的心思。"我们采用单饼小包装，干净卫生且便于携带"。除此之外，口味也根据"互联网大数据"，做了重新调整。"我们经过竞品和大数据分析，发现此类商品客户群北上广深一线城市居多，其中南方用户较多，所以我们先选择了肥肉少，梅干菜多的小饼配方，再结合零食类用户年龄数据，增加了只有后味才有感知的辣味。"李城杰说，虽然增加了辣味，但电商部根据市场需求，力抓用户购物心理，采用单一口味多种销售单位的方式进行设置，让用户减少选择犹豫，缩短下单时间。销量一下子就上了一个大台阶。

除了在产品端下功夫，电商团队还在销售渠道上做了不少尝试。"我们结合企业产能问题及品类特性，利用网红经济的效应，迅速与各大主播及网红达成合作，快速铺开市场，利用网红直播的流量，转流量为销量，增加品牌及企业产品的曝光度。"这种"短/频/快"的打法，让丽水山耕天猫旗舰店一跃而上，在线上销量及类目中，排名前十。目前，丽水山耕旗舰店在天猫多次占据品类系统推荐前十，微端3个月时间，一直稳居类目推荐前五，为企业打开了产品销售的渠道①。

丽水山耕依托核心主体及平台建设，积极为产品搭建天猫、京东超市、官方直营店、社群平台、直播机构等线上市场，通过重点发展线上"抖音＋短视频＋直播"等网红电商模式及线下传统门店销售模式，打通全渠道营销矩阵，搭建农产品销售网络，抓住短视频风口以"短视频＋农业基地"的模式探索农业基地数字化营销发展之路。

可以说，在丽水山耕新电商模式下，丽水山耕优质农产品和中国广大消费者得以"云端对接"，从而突破传统农产品体系，需求侧和供给侧低效能、小规模的限制，让"小农户"真正对接"大市场"。不临深溪，不知地之厚也。丽水山耕在一路砥砺前行中，始终丈量着山耕的广度，也探索丽水山耕发展的深度。

（三）精深加工平台

现代农业发展模式集中揭示了这样一条经验：谁掌握了延伸产业链条技术、谁拥有做大精深加工平台，谁就能在市场机制下获得先机。对于丽水而言，更是如此。甜橘柚产业，印证了丽水农业产业倒逼转型升级的成功探索。丽水蓝城农业公司，在全市拥有甜橘柚联盟基地7 700亩，过去囿于产品精深加工不足的短板，有着"吃一口就忘不了"美誉的甜橘柚长期存在销售期短、储存难度大、附加值不高等问题。"目前我们这一产品的产量达到了1 400吨，可生产甜橘柚全果饮品约3 000吨，按照同类产品2.5万元每吨的价格计算，这一创新预计能为我们新增产值7 000万元。"2021年7月，致力于推进全市品质农业高质量发展的丽水山耕农业发展研究院成立，成立大会上还进行了产品研发创新揭榜挂帅活动，包括中国科学院院士在内的众多专家被聘为研究院专家，联袂为丽水农业发展把脉。蓝城公司正是通过揭榜挂帅活动，成功研发出了甜橘柚全果饮品加工关键技术。

在此基础上，市农投公司还联合相关部门，开展首轮"丽水山耕"新产品

---

① 资料来源：https://mp.weixin.qq.com/s/gWAOsmALurb-P6fiExA4oQ.

研发揭榜挂帅活动，最终，涵盖果蔬、林特、中药材等在内的 17 个深加工产品项目通过验收，为产业发展提供了充足的技术支撑。

（四）物流仓储的建设

品牌运营的重要一环，即是物流仓储的建设。近年来，在市农投公司的运作下，围绕"丽水山耕"品牌，基地产地仓、县域集货仓、市域中心加工仓、销地城市仓四级仓储顺利布局，县域、县际、城际、城市四级冷链配送连通，同步组建的市、县两级农服指挥中心，初步构筑了"丽字号"农产品与大市场之间的"无缝对接"体系，以"丽水山耕"杭州门店为例，从农户采摘到市民尝鲜，277 公里的空间距离化为最短 9 个小时的时间距离。

丽水山耕"四仓四配两中心"仓储物流体系逐步完善，开设"丽水—上海、丽水—杭州、嘉兴—无锡"冷链专线，助力农产品"出圈"，产品稳步推进长三角市场认知、口碑、销量的增长。

在"四仓四配两中心"冷链物流体系下，"丽水山耕"产品累计进驻 20 余家大型连锁商超、180 家单位食堂，市场销售拓展至长三角 12 个重点城市，其旗下的拳头产品，已经保质保量供应江浙沪市场。可以预见的是，未来还将有越来越多的产品，将带着丽水鲜嫩味，卖出都市"高身价"。

"丽水山耕"数字化平台也是丽水农业数字化改革的生动实践。平台以地理空间大数据、农业业务数据及种植基地的温度、光照、盐度等传感器数据为主，融入农作物在各个环节信息数据的平台。平台不仅为农作物种植、病虫害监测、自然灾害防范等应用场景提供统一的平台保障，还为农产品加工、销售流通、安全监管和社会化服务等环节提供了准确、实时的数据支撑①。

（五）"丽水山耕"品牌研习会

"2022 中国区域农业品牌发展论坛暨中国区域农业品牌年度盛典系列活动"在北京线上举行，活动发布了"2022 中国区域农业品牌影响力指数"，该指数包括"2022 中国区域农业形象品牌影响力指数 TOP100"和"2022 中国区域农业产业品牌影响力指数 TOP100"，丽水山耕入围"2022 中国区域农业形象品牌影响力指数 TOP100"且位居总体排名第二位，地市级排名第一。"丽水山耕"喜获"2022 中国区域农业形象品牌影响力指数 100 强"地市级排

---

① 资料来源：https：//mp. weixin. qq. com/s/mm-zP5Y＿BFS8Ags2n7TjPg.

名榜首，同步获评"新时代区域农业品牌十年·卓越影响力品牌"。

我们知道，乡村振兴不能坐享其成，共同富裕等不来，也送不来，新时代的青年在前人带领下已经走出脱贫之路，而时代的接力棒，已经转交到我们每一位青年学子的手上。我们坚定信心、咬定目标，苦干实干、久久为功。

丽水市第三批重点文化创新团队——"丽水山耕"品牌研习会、丽水学院"山研名师工作室"等一大批团队涌现出来，"丽水山耕"品牌研习会依托"丽水山耕"区域公用品牌理论研究经验，助力地方创新打造品牌赋能、红绿融合高质量发展；"山研名师工作室"以山区共同富裕、创新创业、数字经济为方向，积极拓展学术团队合作网络，探索政产学研帮扶共建新型培养模式，深入探索赋能山区发展的机制。具体来说，丽水山耕以丽水山耕梦工场为主导，积极发挥主体作为，引领技术创新体系建设。以特色活动为抓手，助力农技供需合作共赢，促进科技赋能成果转化。以重点项目为切口，发挥示范效应，把绿色、有机的生态价值落到实处。

除了成立丽水山耕农业发展研究院、举办"揭榜挂帅"活动促进农科、农创对接合作，形成产学研合力推动农业绿色发展，丽水山耕"法自然 享淳真"的品牌理念也不断往下扎根。在丽水山耕的带动下，推动农业农村绿色发展的价值，正在深入人心，蔚然成风。

走访丽水山耕会员企业，听到最多的关键词，就是有机、生态、无公害……对丽水山耕的会员主体来说，越来越多的会员主体，正在不断将"绿色农业"理念，践行在日常的种植、生产、加工环节，农业农村绿色发展，早已经是他们高度认可的"致富密码"①。

丽水山耕作为区域公用品牌的意义和价值，并不仅仅体现在对农产品生态品质的倡导上。作为现代农业的核心环节，"标准"的制订不可或缺。只有先制订标准，然后才能把绿色、有机的生态价值落到实处、有章可循。而这也是单打独斗的农人、农户很难凭一己之力完成和实现的事情。劳动活动智能化强调劳动活动中工具智能的应用，通过技术引领个体更好地认识外部世界，进而达到对身心的改造。勇立乡村改革创新的潮头，以特色生态产业，让绿色农产品"身价倍增"，打通"绿水青山"与"金山银山"的转换通道，用坚韧不拔的"丽水之干"，诠释"两山理念"实践意义。丽水山耕品牌建设的智慧劳动范例，为实现建设共同富裕示范区，提供了一个山区样板，展示了丽水生态价

---

① 资料来源：https://mp.weixin.qq.com/s/DhW8XYd5dZD497E32_BlXA.

值转化的全国示范。

几年来,这些协会团队深入走访农企、农户,足迹遍布丽水各县市乡村,为学生搭建锻炼实践平台、创造创新创业机会,同学们在实践中将所学专业知识融入探寻实现乡村振兴建设共同富裕的密码中,在实践中提升专业性劳动能力和共通性劳动能力,青年学子们在实现共同富裕的道路上助力丽水"两山"理念实践以及"大花园"建设!

要实现全体人民共同富裕是一项艰巨而伟大的任务,推进共同富裕、实现中华民族伟大复兴不仅仅是党和政府的事情,也与我们每个人休戚相关,必须依靠全体人民的辛勤劳动和共同奋斗。只有凝聚广大人民的力量和智慧,全体人民共同投身于劳动创造,共建美好家园、共享发展成果,实现共同富裕。

这就要求我们既要锚定宏伟目标不放松不懈怠,又要以务实举措解决好当前面临的矛盾和问题,劳动是幸福,劳动是责任,我们既生逢其时,又重任在肩。让我们以时不我待、不负韶华的志气,整装赶考、不负时代的骨气,强国有我、舍我其谁的豪气,披荆斩棘、一往无前的胆气,用我们智慧的、专业的、创造的劳动,为推进共同富裕、实现中华民族伟大复兴而脚踏实地、顽强拼搏、不懈奋斗。

七、逆潮回流,乡村与城市的"双向奔赴"

十年前,当一代"80后"都涌向城市的繁华旖旎,有一个人,却逆潮回归乡村;十年后,当厌倦了钢铁森林的"80后"纷纷返璞归真,他又将触角伸向城市,让乡村的农产品走进繁华都市。

(一)逆潮回流,时代抉择

俞欢夏,一个从城市回归乡村,又在乡村回望城市的遂昌"80后"新农人。

十多年前,刚大学毕业的俞欢夏被分配到了杭州食品厂从事销售工作。忙忙碌碌兢兢业业,虽然辛苦却也积累了一定的资源和渠道。正待大展拳脚的时候,却恰逢国企改制,人员分流,不愿分流的俞欢夏毅然离开了安稳的国企,回到了家乡遂昌。这时候的他面临了一个巨大的抉择:留下还是离开?

2014年,一股散养土猪的风潮在遂昌兴起,许多亲朋邻里都趁这热潮养起了土猪。"那会儿国家开始扶持农产品企业,我的老家遂昌在自然环境上比较得天独厚。"俞欢夏认为，这也许是个不错的机会，于是心一横就把工龄买断了，回家跟亲戚一起创了业。"当时很大胆，正好是风口，傻乎乎就跟着上了。"但好养不好卖，700多头土猪的销售成了一大难题，乡亲们本没有太多的销售渠道，便找到大城市回来的俞欢夏帮忙想办法。俞欢夏了解情况后，毫不推脱："都是乡里乡亲，我既然有资源有渠道，当然要帮忙。"

通过在食品厂时积累的资源，俞欢夏很快帮大家找到了销售渠道——酒店。天然散养的土猪肉在大城市很受欢迎，在各大酒店都十分畅销。然而，酒店收购土猪肉要求很高，取肉也十分严苛：只取猪身上最精华的部位，其余的一概不要。一头猪取完肉能剩下近一半，剩下的也都是品质上乘的好肉，若就这么浪费了何其可惜？"肉放久了，要么臭掉、要么烂掉，非常浪费。"俞欢夏也不是没有想过办法，他甚至找了当时县里唯一的食品加工厂，但对方给的收购价却只是普通家猪的价格，算一算，平均每头猪要亏300～400元。这让俞欢夏很受打击。于是，俞欢夏又开始各方奔走，四处打听，在全面了解猪肉相关产品的市场销售情况后，最终决定将剩余的土猪肉加工成猪肉肠。

（二）意料之外，金玉满堂

俞欢夏找到了遂昌本地一家食品加工厂，委托其进行加工。土猪肉制成的猪肉肠，纯天然无添加，肉质紧实口味香浓，一经推出就备受各大酒店的青睐。

这让俞欢夏找到了一条养殖增收好路子："我当时就想，这些副产品也蛮有市场前景，值得发展。"说干就干，俞欢夏干脆自己办了个小作坊，利用遂昌传统工艺将边角料腌制起来，做成香肠。产品做出来了之后，在往杭州大酒店卖猪肉的同时，顺道送给客户一些，没想到客户品尝之后觉得味道不错，便开始向俞欢夏进行采购。随着小作坊越做越大，这无心插柳的"副产品"，渐渐成了俞欢夏的"主业"，2016年俞欢夏成立遂昌丰禾农副产品有限公司，注册了品牌"遂味元"，正式设立标准化产房，并引进一系列设备，开始批量化、规模化生产。专业化运作离不开品牌的打造，俞欢夏积极加入声名鹊起的丽水农产品区域公用品牌"丽水山耕"，成为协会会员，借力"丽水山耕"的品牌背书和渠道优势，拓展传播路径，提升产品及品牌的市场认可度，并借助"丽水山耕"营销渠道将产品推向更广阔的市场。

因为坚持使用遂昌农户散养的土猪肉作为原料，所以俞欢夏家的香肠口感比一般的香肠更好，因此，许多人吃过一口之后，就念念不忘。但俞欢夏不满足于此，他不断进行尝试，研发各种风味猪肉肠，最后根据市场反馈推出了原味肠、乌香肠、烤肠、梅干菜肠共四种口味。其中乌香肠荣获浙江省农博会金奖，成为美味品质两全的猪肉制品之一，如今即将推出的第五款猪肉肠——金玉满堂也备受瞩目。

"目前我们与 2 200 多家酒店合作，年产量 270 多吨，产品大多输出城市，市场口碑良好。"俞欢夏说，近两年来逐渐有不少慕名而来的微商、网商来谈合作，因此他也开始试着转型，在淘宝、天猫、抖音等平台进行零售。

（三）全新机遇，未来可期

肉制品市场大获成功后，俞欢夏又将目光投向了其他产品。近些年，预制菜的兴起让他看到了新的机遇。他对预制菜的市场前景非常看好："都市现代人的生活节奏太快，工作繁忙之余，很难把大把时间放在厨房，但是外卖速食又缺乏营养还不卫生，所以健康又方便的预制菜是大势所趋。"在积极融入丽水山耕的预制菜系列"山耕家宴"的同时，他也努力开发其他的产品系列。

腌萝卜就是他的一大尝试。"腌萝卜爽口又开胃，是很多酒店宴席上必不可少的菜品之一。我们做成开袋即食，既可以作为下饭菜又可以当作零食。"选取口感清香、甘甜多汁的萝卜，自主研发各种口味配方经多道工序手工腌制72 小时，脆爽可口的腌萝卜也成为各大酒店采购必选菜品之一。"不只是酒店，这个系列的产品也将成为我们打开线上销售渠道的一大利器。"

除了萝卜系列产品，俞欢夏还打算进军社区团购订单式预制菜的市场，挖掘更多遂昌好山好水孕育出的农产品。俞欢夏说："企业发展这么多年，在外面打响了口碑，却在遂昌本地鲜为人知。所以接下来，我打算开一家直销店，扩大本地市场。同时拓展线上销售渠道，通过抖音等互联网自媒体让遂昌的好产品推出去。"

"从城市回归乡村，再从乡村输出城市"俞欢夏的创业路看似与时代逆行，实则每一步都踩在时代发展的节点上，以逆向的思维，实现了乡村与城市的双向奔赴[①]。

八、藏在封金山里的致富秘诀

景宁畲族自治县澄照乡金坵村，村域面积 8 平方公里，共有 301 户 1 240

---

① 资料来源：https://mp.weixin.qq.com/s/T9-9CbLoc0RW _ 3Z8fxs8NQ.

人，是一个典型的畲汉聚居特色村落，也是浙江蓝氏畲族的发祥地。传说，畲族先民在山间开垦时，曾掘得黄金数斤，金坵的"封金山"由此得名。自1984年设县以来，该村党支部"四任书记"38年来接续奋斗，培育壮大"千亩茶山"产业，深化"千万工程"建设美丽乡村，不断做实做精富民惠民文章，小畲村实现了"绿起来""美起来""富起来"的美丽蝶变。

村民人均年收入从1985年的185元增长至2021年的31 700元，村集体年收入达107万元，经营性收入50.7万元，村集体资产超过2 000万元，先后被评为省级民族特色村、民族团结进步小康村、省级民主法治示范村、省级特色文化古村落、3A级景区村庄。

（一）千亩茶园上绘就产业发展图景

"高山云雾出好茶。"在金坵村的高山之上，3 400亩的茶树在茶农的精心养护下茁壮成长，每到茶叶采收的季节，各地茶商便会第一时间来收购茶青，用金坵村茶农兰佩珠的话来说就是："我们的茶叶品质好，根本不愁销路。"

与现在家家户户都种植茶叶不同的是，曾经的金坵村村民只能在自己的"一亩三分地"里种植水稻、地瓜、蔬菜，饲养鸡鸭猪牛等，一年收入仅有一万余元。以兰佩珠为例，她与丈夫张志伟婚后育有两个儿子，这一万余元在支付完孩子的学费和生活费后，仅够艰难维持家用。但自从村里开始重点发展生态农业，号召村民种植茶叶后，"兰佩珠们"的生活发生了巨大改变。

"村里书记、主任都很好，动了很多脑筋帮助我们发展茶叶种植，很关心我们。"兰佩珠说。2002年前后，主产区与金坵村仅一山之隔的惠明茶渐渐有了名气。时任村党支部书记的陈立平和村委会主任潘欣根开始琢磨：金坵村适合种茶吗？他们请来农业专家到村里考察，得出的结论令人欣喜：从空气、水质和土壤各个方面分析，金坵村都适合种茶叶。村"两委"集体决议将茶产业作为主导产业打造。为破解初期村民不敢尝试、不愿种茶的局面，村"两委"主动前往福安、松阳等种茶大县考察学习，并集资带头种植了100亩"乌牛早"茶叶，收获了集体经济"第一桶金"，有效提振了村民种茶致富的信心。

2006年，兰佩珠收到了村"两委"送来的惠明茶茶苗，靠着从小在父母那里学到的种茶手艺和村里请的专家的指导，兰佩珠成了大畔自然村第一个响应村"两委"号召种植茶叶的茶农。首波春茶采摘售出后，兰佩珠数着手里的一沓人民币欣喜不已，家里的年收入一下翻了3倍。2013年，兰佩珠与丈夫扩大了茶叶种植规模，从原来的10余亩增加到现在的20余亩，腰包鼓了，日子也越过越好。2018 年，两人还花了 10 余万元将家里老屋装饰一新，在山区农村过上了幸福生活。

现如今，惠明茶已经成为金坵群众增收的主导产业，全村 301 户村民户户种茶，茶叶基地从 500 亩发展至 3 400 亩，成为景宁惠明茶的主要产区之一，年产值达 1 000 余万元，带动村民年人均增收超万元。

（二）绿水青山间蹚出乡村旅游之路

"昨日听说两位伴郎要来，姐姐妹妹心欢喜，早早挤在大路旁……"在金坵村水碓头自然村，精彩的畲族婚嫁表演几乎每天都会上演，各地的游客通过这种兼具娱乐性和体验性的方式，了解畲族婚俗礼仪、畲族歌舞等独特畲族文化。来自温州的游客刘女士说："这里的游玩项目很多，民族风情也很浓厚，想不到一个小山村的旅游能做得这么好。"

放在十余年前，金坵村的村民也不敢想象村子会成为远近闻名的"旅游村"，自己能在"家门口"吃上"旅游饭"。2003 年，金坵村引进畲乡国际旅行社合作畲族婚嫁表演，将民族文化作为产业培育、经济增收的新支点，发展乡村旅游。除了在新建游客接待中心、拓宽乡村道路等基础设施完善上下功夫外，还发动了垃圾革命、厕所革命、"五水共治"、美丽庭院建设等，全面整治"脏、乱、差"村居环境。之后，金坵村还以村企共建的形式推出了蓝氏宗祠、民族风情演绎中心、玫瑰花海、彩虹滑道以及"淘金之旅"等一批旅游新卖点，每年可为村集体增收约 100 万元。

村民叶章林今年 55 岁，是畲族婚嫁表演队的一员，参与婚嫁演出近万场，他的唢呐一响，全村人都知道——又有游客来啦！叶章林告诉记者，自己一年仅演出这一项就可增收 2 万余元。除了村民变身成为"演职人员"增收外，乡村旅游还辐射带动了村内的民宿、农家乐经济发展，截至目前，全村已发展民宿、农家乐 21 家，拥有餐位 800 余个，床位 130 余张。

"文化是乡村的灵魂。"金坵村党总支书记兰文忠说，"金坵村的灵魂就是畲族文化、蓝氏文化，发展乡村旅游也要以文化为基础。"因此，金坵村从2014 年起每年都会举办金坵"村晚"，村民们都参与其中，自编自导自演，在"无中生有"中促进乡风文明；从 2018 年起开设金坵讲堂，每年举行一次"宣讲周活动"，邀请乡村干部、各单位部门专家组成宣讲团进行宣讲活动，让村民增长知识，涵养品德，了解乡村发展思路和党的方针政策；同时，举办金坵蓝氏祭祖文化节，厚植民族精神，弘扬传承传统孝道文化，提升乡村知名度和美誉度。

在金坦村，以文化滋养乡风，以文化搭建干群感情链接平台，以文化助推乡村振兴的生动实践在发展中写下了浓墨重彩的一笔。

（三）四任书记谱一张蓝图接续奋斗

"一年比一年好了，整个景区的规模越来越大、项目越来越多，我们从2000年定下的发展蓝图描绘至今，已结出了丰硕成果。"谈到金坦村如今的发展，村子的第三任村支部书记潘欣根脸上满是笑容。

潘欣根所说的蓝图雏形在1985年便已"现身"金坦村了，当时村子的第一任村支部书记雷正余在主导产业的谋划发展上确定了"生态农业＋民族文化"的发展定位，自此，金坦村便始终坚持着这条发展路线。同时，雷正余还建立了"一任带着一任干，一任接着一任干，一任帮着一任干"的"传帮带"机制，坚持"村书记必须担任过村主任，必须和前任村书记搭过班"的原则，由此更好地发挥了村党支部和支部书记"领头雁"的作用。

到了2000年，第二任村支部书记陈立平依照这份蓝图锚定了金坦村以乡村旅游和生态农业为主导的发展定位，依托封金山景区的知名度和山区生态优势，大力发展乡村旅游和惠明茶产业。"村民不愿种茶，我们就带头种；村民不懂农业政策，我们就组织宣传小组入户宣传，我们金坦村发展到现在这样不容易，都是一步一个脚印。"陈立平感慨道。

"生意很兴旺，客人爆满，最忙的时候请了三四个服务员。"为了响应发展规划，潘欣根在2007年创办了一家农家乐，到了2014年又办起了民宿，生意非常好，年营业额最多的时候高达50余万元。

2019年，这根"接力棒"传到了第四任村支部书记兰文忠手中，他一门心思扑在怎么发展好村庄、怎么带领村民致富上，打造蓝氏文化体验中心，建设花海滑道、惠明茶茶叶基地，引入畲族风情康养度假综合体项目、畲寨仙草谷项目……兰文忠一年有超过320天的时间都在村里工作，入户走访调研，了解村民需求；开设金坦讲堂和村民分享村庄的发展思路，鼓舞金坦村干群团结一致，一同创建"畲汉同胞共同奋斗、共同发展、共创家园"的村落。他说："接下来，我们将围绕'畲＋农＋体＋旅'的新型产业发展模式，积极创新发展乡村旅游生态农业、林下经济和生态工业，全面推进党建引领乡村振兴品牌创建，将金坦村的发展蓝图不断做实做深做精做细。"

"一张蓝图绘到底。"金坦村在四任村支部书记的带领下，依托山区生态优势，结合美丽乡村建设，在自然资源、特色产业、美丽环境、文化传统上做文章，大力培育特色农林产业解决内生动力的同时助力乡村旅游，打造美丽乡村，做到从美丽生态到美丽经济再到美丽生活的"三美融合"，村庄发展生机勃勃，"田园村居，风情畲寨"，生活在这里的人们，守着山村故土，抱着"一茶一旅"的"金饭碗"，尽情享受着大自然的怡情、新生活的乐趣①。

九、"丽水山递"打通城乡共富路

浙江省高质量发展建设共同富裕示范区领导小组办公室开展了共同富裕最佳实践（第二批）评选工作，丽水市党建统领"丽水山递"打通城乡共富路案例入选最佳实践名单。

浙江省《丽水市强村富民乡村集成改革行动计划》（以下简称《计划》）出台，"快递进村"工程被纳入其中。《计划》明确，深入推进"快递进村"工程，打通快递服务"最后一公里"，推进农村客货邮融合发展，建设共富驿站720个。建设中国（丽水）跨境电子商务综合试验区，推动35个电子商务进农村项目建设，培育50个电子商务专业村，建成20个电商园区。

丽水市坚持党建统领，立足山区县实际，以"政府主导、政策协同、企业运营"的方式，建立健全县、乡、村三级物流体系，打造"丽水山递"区域品牌，打通"农产品上行、工业品下乡"双向流通渠道，助力乡村共富路上"一个不少"。截至2022年11月底，全市快递业务量累计完成17 188.14万件，同比增长6.7%，带动农特产品累计销售额9.59亿元。

（一）紧扣"党建统领"主线

由组织部门牵头抓总、快递行业党委统筹指导、属地各司其职，逐级完善"一心十区百站"的市、县、乡三级快递物流党建联建机制。制定出台《党建引领推进"丽水山递"的指导意见》《推进农村寄递物流体系建设的实施方案》等文件②。

探索"合作共赢"模式，拓宽"丽水山递"发展路径。创新"快快抱团"的联合模式、"邮快合作"的共配模式、"交邮一体"的融合模式、"流动共富"

---

① 资料来源：https：//mp. weixin. qq. com/s/8f2aYUlcmfc4TpE9286MrQ.
② 资料来源：https：//mp. weixin. qq. com/s/mCUeFbTsxRPuIrdYk7IWVA.

的供销模式等多种"快递进村"合作模式，通过统仓共配、物流共享，实现降本增效。

集聚"多元主体"合力，构建"丽水山递"服务矩阵。强化党组织纽带作用链接资源力量，在寄递末端构建"红色矩阵"，推行党员包干到户责任制，引导基层党员参与"红色邮递员""红色代办员"等服务，建设432个村级绿谷先锋驿站，为3万余名困难群众提供寄递便利。

党建统领"丽水山递"，满足了农村生产生活和消费升级的需求，畅通了农产品的流动，拓展了产业发展的平台和渠道，促进了行业规范和企业竞争力的提升，让山区群众更有获得感、幸福感、安全感、认同感，致力打通城乡共富之路。

（二）助力强村富民，打造"共富驿站"

在丽水松阳县，城乡电商快递物流分拨中心的工作人员每日将快递包裹按照乡镇区域进行扫描、分类装车后送往松阳县新客运中心，搭上"顺风车"送到村民手中。目前，松阳通过这种"客货邮"融合的县乡村农村电商三级物流配送模式已在板桥乡、三都乡、四都乡等丽水多地的城乡客运班线中运行，让老百姓获得了实实在在的便利。"以前我们拿快递要到镇上，来去半小时以上，现在直接送进村里，我们在农村也能享受到城里的物流资源了。"板桥乡板桥村村民周成义笑着说道。

丽水松阳还根据本地茶产业和电商需要设立了乡镇寄递物流综合服务点和村级"共富驿站"，为外地茶商和本地茶农搭起了"农村电商寄递物流班线"。青田杨梅也在产地采摘后通过产地冷链运输专线直接发往全国各地。

2022年以来，丽水邮政管理局融合县乡村农村电商三级物流配送模式的同时，以"共富驿站"为载体，加快"快递进村"步伐，完善农村寄递物流体系建设。充分利用村委会闲置用房、村级党群服务中心、村邮站、村级文化礼堂及附属用房、便利店（超市）等资源，进行规范提升、功能叠加，打造"共富驿站"。截至目前，各县（市、区）争取到地方经费共计3 336.66万元。计划到2025年前，全市建成9个县级公共物流配送中心、142个乡镇寄递物流综合服务站、720个集高频需求服务功能的村级数字化"共富驿站"。

作为快递员，他们每天穿梭在大街小巷、山区村落，将快递送到千家万户；同时作为红色代办员，他们还积极服务群众，尽力帮助群众解决他们的一些急难愁盼问题，就是通过那些实实在在的小事，让群众觉得生活越来越方便，满意度越来越高，不断实践、不断创新，快递员把自己的本职工作做好，就是为共富多跑一段路①。

党的二十大报告指出："实践没有止境，理论创新也没有止境。"农村寄递物流是农产品出村进城、消费品下乡进村的重要渠道之一，对满足农民群众生产生活需要、释放农村消费潜力具有重要意义。丽水市邮政管理局将继续破解快递"进村"容易"驻村"难问题，继续主动协调对接地方政府部门，争取利好政策支持，持续完善县级处理中心、乡镇仓配节点自动化分拣、冷链物流仓储设施配备，提升服务现代农业能力，加强乡镇邮政局所的升级改造，鼓励快递、电商等企业共同进驻、集约共享，促进"邮快合作"快递进村良性发展。真正打通农产品上行"最初一公里"和消费品下沉"最后一公里"。

历经十余年探索实践，丽水深耕细作，打造了包括"丽水山耕""丽水山居""丽水山泉""丽水味道""丽水山景"在内的一大批"山"字系品牌，以"尤为如此"的胆识和自信，唤醒了沉睡的资源，拓展了"山外"的市场，鼓起了农民的腰包。

市域80％以上是农村，70％人口是农民，9个县（市、区）均是需加快发展的山区县。这一基本事实，直接导致全市农业主体多、小、散、产品质优价不优、农业科技创新弱，但辩证地看，主体灵活、产品精美、创新后劲足，也是丽水农业发展的先天优势。

十、践行农业绿色发展，"十四连冠"——强村富民绘就乡村新图景

2021年底，农业农村部、国家发展改革委、科技部等六部门联合印发《"十四五"全国农业绿色发展规划》（以下简称《规划》）指出，当前，农业生产方式依然较为粗放，全产业链绿色转型刚刚起步，农业面源污染结构性、根源性、趋势性压力依然较大。

2021年底出台的《中国农业绿色发展报告2020》认为，我国农业绿色发展稳步推进，主要体现在九个方面。截至2020年年底，现行有效农业行业标准5 479项，基本覆盖农业绿色发展重要领域，农产品生产基本实现有标可

---

① 资料来源：90后快递小哥蓝陈法：擦亮"丽水山递"品牌 为共富多跑一段路 https：//zj. zjol. com. cn/video. html？id＝1942818&. height＝368.

依。2019 年，全国绿色食品产地环境监测面积达到 2.08 亿亩，比上年增加 32.4%，绿色食品、有机农产品和农产品地理标志获证产品总数 43 504 个，比 2018 年提升 15.2%，农产品例行监测合格率为 97.8%，同比上升 0.3 个百分点。

国家统计局丽水调查队公布最新数据，2022 年，丽水市农民人均可支配收入达 28 470 元，同比增长 7.9%，增幅位居浙江省第一，顺利实现全省"十四连冠"；全市低收入农户人均可支配收入 16 734 元，同比增长 16.3%，增幅位居浙江省第一，实现浙江省"七连冠"。

丽水，为什么能？

丽水市按照强村富民集成改革的要求，坚毅笃行"丽水之干"，创新新举措，探索新模式，激发新动能，打赢了乡村振兴增收攻坚战，圆满实现了既定目标任务，交出了一份亮眼的"三农"成绩单。丽水市各地围绕总体目标和要求，因地制宜、各展特色，以一域之光为全市添彩，呈现出万马奔腾与相互借鉴融合的发展态势。

龙泉积极探索"万人万元"乡村振兴小微园建设，赋能富民产业发展，推动农民增收致富。小微园在项目选址时，充分考虑布局的科学性，结合产业链延链补链、促农增收、"低散乱"整治和全域土地综合整治等实际需求，因地制宜落地建设以配套主导产业和培育新兴产业为主、支持百姓创业就业、承接小微企业转移发展的小微园。如小梅镇青溪小微园，选址于半边月易地搬迁安置小区周边，吸收搬迁群众 30 余人就业务工。

青田通过产业振兴、稳岗就业、惠农帮扶和集成改革，推动农村常住居民人均、低收入农户人均可支配收入持续快速增长。当地积极推广"一亩田万元钱""一亩山万元钱""十箱蜂万元钱""稻药轮作"等模式，推动"稻鱼米"等"短平快"特色种养业进村，以产业发展成效激发农民"造血"增收内生动力。

先富带后富，同步奔共富。据 2022 年度村集体经济营收榜单显示，青田县温溪镇、贵岙乡、小舟山乡、吴坑乡共 49 个行政村成绩亮眼：全部完成村集体经济经营性收入 15 万元目标，总收入 100 万元以上村 16 个、经营性收入 50 万元以上村 15 个，村集体经营性收入差距从上一年的 4.4 倍缩小至 2.8 倍。温溪镇是全县乃至全市的工业重镇，2021 年全镇各村集体经济经营性收入平均为 67.5 万元，属于全县的"先富区域"。而邻近的三个乡，许多村地处偏远，缺少经营门路，村集体经济增收乏力。2022 年 6 月，温溪镇牵头组建

"1＋3"的片区发展联盟，以党建引领，推行"片区联、乡镇联、政企联、企企联、村企联、村村联"等六联模式，探索"组团式"发展的先富带后富机制和路径。

"'一镇三乡'地域相近、语言相通、文化相融，九成以上的常住人口和工业产业集聚在温溪，组团发展、一体化迈向共同富裕具有独特优势。"县委常委、温溪片片长、温溪镇党委书记童森军说，片区组团发展构建了项目财政帮扶、教育布局、医疗设施建设、公益事业发展等"七个一"机制体系，全方位推进片区经济发展、社会管理与民生改善。提升村集体经济经营性收入能力，是片区联盟的重头戏。2022年，"一镇三乡"联合成立强村公司，与辖区龙头企业意尔康集团合作，投资1 200万元建成工厂屋顶光伏发电项目，当年收益268万元，全部分配给片区入股村。"由衷地感谢组团发展模式的带动！"贵岙乡塘后村党支部书记、村委会主任林进勇说，塘后村地理位置偏远，以前村集体经济薄弱，村里办事总为经费发愁，如今村集体收入有了源头活水，村"双委"办事也有了底气，出资专门为110多位留守老人办起了"幸福食堂"。"强村富民，需要找到低风险高效益的好项目，新能源项目是首选。"片区强村公司实施"走出去"战略，与丽水经开区企业浙江闽锋化学公司达成协议，投资2 500万元建设4.9兆瓦厂房屋顶光伏项目，目前一期工程已经建成。通过"自发自用、余电上网"的运营模式，每年可为"一镇三乡"村集体带来370万元的稳定收益。"抱团创富"，共建共享。2022年以来，温溪片调整教育布局，完成中心幼儿园"民转公"，公办幼儿园幼儿在园率提高13％；加快医疗设施建设，青田中医院温溪院区主体工程结顶；设立片区公益事业发展基金，1 200余人享受医疗救助；开通温溪片7条公交路线，总里程148公里，畅达"一镇三乡"①。

云和创新推行以村集体为主导的"闲置农田流转"模式，农户与村集体签订农田承包经营权流转协议，村集体统一规划高标准农田、粮食生产功能区提升项目，统一发展粮食等精品农业。2022年，该县统一流转土地6 225.4亩，抛荒复垦5 273.12亩，提升改造高标准农田2 000亩，粮食播种面积达到5.28万亩；在出台相关支持雪梨产业发展政策的同时，还配套了金融、组织等改革措施，全县新发展雪梨基地3 000亩。

庆元以"共同富裕"为导向，谋划推进农户"扩中""提低"，把"千千万

---

① 资料来源：https://mp.weixin.qq.com/s/YarGy0＿-hb0VnO7DGMWIRQ.

万"助农增收行动作为全力推动共同富裕的重要举措，通过技能型干部的指导培育，发挥新型农业市场主体的带动引领作用，增强小农户、低收入农户增收致富的内生动力和技能本领，真抓实干做好新发展阶段农民增收工作。成功招引五养堂公司来庆元开展灵芝三叶青全产业链开发与五养堂生命健康产业园建设项目、岭头乡千亩道地药园建设项目，进一步夯实了农业发展的底气。

缙云创新探索出了包括加快产业促富、精准就业帮促、教育助学帮困等在内的"共富十法"，有力破解了山区县农民增收抓手少、效果差的短板，2022年实现农村常住居民人均可支配收入增幅全省第一，成为山区县探索完善共同富裕体制机制的先行典范，也是在高质量发展中推进共同富裕和现代化的生动实践。缙云县东里村也被纳入"共富村"项目试点。他们将葡萄产业作为支柱产业来培育。2022年，缙云县在该村投入"共富村"试点财政支持资金600万元，引进中国台湾先进农业技术和经营模式，依靠先进的装备设施和生产管理，实现了葡萄生产的生态化、机械化、智能化，培育出阳光玫瑰、美人指等20多个优良品种，以科技赋能使葡萄产值增加1.5倍以上。不仅如此，东里村还利用大棚葡萄行间空间大等条件，套种了芥菜、黑大豆等经济作物。缙云县共富试点区域溶江乡，积极谋划了黄花菜产业发展和品牌建设，在该乡大雅畈村投入财政资金500万元，联合市农科院实施黄花菜农旅融合项目，建设黄花菜种子种苗基地、黄花菜博物馆和黄花菜产业带。一年来，溶江黄花菜经营户抱团发展，利用溶江生态强村公司增加黄花菜附加值，真正让黄花菜开出"致富花"。

松阳县就以蔡宅等五个基础优越、条件成熟、环境较好、潜力较大的大东坝镇村庄作为试点村，按照"串点成线、成片创建"战略部署，为全市建设农业高质高效、乡村宜居宜业、农民富裕富足的"共富村"打造"松阳模板"。财政赋能乡村共富。松阳县大东坝镇蔡宅、大东坝、山头、茶排、黄南5个"共富村"村民们在财政资金的支持下，建起了石仓综合服务中心、蜂蜜工坊、泡豆腐标准化工艺展示中心等产业综合体，让村民朝乡村幸福生活大步迈进。近期，松阳这五村又抱团成立"共富联合体"，联合强村公司，引进社会资本和专业管理团队，组建松阳县幸福小港乡村运营有限公司，为"共富村"联合体每年增收20万元以上。2022年，浙江省全面开展"一事一议"财政奖补支持打造"共富村"试点工作，首批选择100个村开展试点，丽水市15个村纳入试点范围，涉及松阳县、缙云县、龙泉市3个县（市），全力支持丽水建设共同富裕美好社会的山区样板，共投入各级财政资金8 830万元，打造出一批

"绿水青山就是金山银山"的"共同富裕"示范村庄。

"用天然产品连接城市乡村，以特色产业引领农民共富，让生态农业产业链串起农民致富链。"市财政局农业处负责人表示，除了松阳和缙云外，丽水市还在龙泉市"共富村"试点区域八都镇试点了食用菌标准化栽培基地建设，为村集体带来 2 万元租金收入，为农户带来 60 余万元收入。

遂昌县西北部与衢江交界，茶竹岭村距遂昌县城约 50 公里，地处海拔800 米的高山上，全村共有 7 个自然村，村集体收入相对薄弱，农民人均收入偏低。为发展壮大村集体经济，促进农业增效、农民增收，近年来，茶竹岭村用好"问海借力"金钥匙，依托山海协作平台，全力推进"消薄"攻坚行动，打造"三地"产业，激活共富"新引擎"。茶竹岭村村庄道路干净整洁、农家小院错落有致，古树名木种类繁多，省级保护的红豆杉、柳树、古松等古树100 余株，物产丰富，自然环境优美，盛产绿色生态的山茶油、高山果蔬。村庄与自然景色交相辉映在青山绿水之间，逐渐透露出独特的美丽乡村风貌，使其逐步成为遂昌县有名的避暑纳凉地。利用村子水热充足，且海拔高、昼夜温差大利于糖分积累、适合种植水蜜桃的特点，借力山海协作，在嘉兴南湖区科技局的资金帮扶下、生产技术的改进下和定期交流培训的开展下，茶竹岭村凤桥水蜜桃基地得到了"保姆式"的指导和发展，已建成面积达 35 亩，拥有800 株桃树的桃园地，为村集体增收 5 万余元。遂昌县江南小庐山营地位列2022 年寻访浙江省百佳乡村露营地榜单，获评浙江潜力乡村露营地。该营地位于茶竹岭村老虎岩自然村山顶，周边环绕南尖岩、白马山、千佛山等景区，与北斗崖景区石姆岩巨石隔山相望，露营基地面积超 1 万平方米，建有露营平台、茶吧、烧烤园等场所，着力打造集"吃、住、玩、乐、购"为一体的综合露营目的地。为协助"三地"产业的发展，该村配套开发农家乐产业，形成了"统一联系、统一安排、统一服务、共同致富"的经营模式，为"三地"产业保驾护航。目前，该村拥有农家乐 18 家 300 个床位、餐位 450 余个，年平均可接待游客约 2 万人次，带动每户农家乐年收入 3 万元至 10 万元不等，助力村集体增收。金竹镇将继续通过山海协作，加强农旅融合项目建设，打造古楼片桃花源旅游区，发展林下经济——三叶青道地药材产业，走出一条以产业兴旺助力乡村振兴的路子①。

发展乡村产业、壮大集体经济、促进农民增收。在财政资金的帮扶下，过

---

① 资料来源：https://mp.weixin.qq.com/s/L_8JWdLhhomhnKqlq57fSg.

去一年来，丽水 15 个"共富村"试点逐步实现集约化、高效化、科技化生产，构建出"产供销一体化"、覆盖全产业链的农村新型合作体系，让农户"共富"有了保障①。

丽水市分别实现两项收入"十四连冠"和"七连冠"的背后，还有务工工资上涨、特色产业发展强劲、果蔬价格明显上涨、生猪生产量价齐升等有利因素。在主、客观两方面共同发力下，取得了上述成绩。丽水市 1 889 个行政村全部完成省定年度攻坚目标（总收入 20 万元且经营性收入 10 万元），村集体经济总收入达到 14.32 亿元，同比增长 23.11%，增幅位居浙江省第一；经营性收入 7.99 亿元，同比增长 33.78%，增幅位居浙江省第二；农业总产值达169.98 亿元，同比增长 4.7%，增幅位居浙江省第三②。

聚力谋发展，智慧创模式，拓宽共富路（上）

聚力谋发展，智慧创模式，拓宽共富路（下）

---

① 资料来源：https://mp.weixin.qq.com/s/AOZRRJ90Zi7wlVkpD2HCYQ.
② 资料来源：https://mp.weixin.qq.com/s/-NFSYTw6Ts3OdLBVKXkcdA.

第十章 唤醒中草药，激发新动能，探出共富路

丽水中草药植物种类繁多，是浙江省中药材主要产地之一。已发现中药材资源 2 478 种，被誉为浙西南的"天然药园"，2021 年全市中药材种植面积达到了 30.63 万亩，总产量 2.76 万吨，总产值 10.6 亿元。丽水中草药产业谋求特色化，走差异化发展路线，推进品牌化、规模化发展，增强可持续发展能力。

一、好山好水好药材，处州本草丽九味

丽水拥有绿水青山的天然资源优势，很适合中药材的培育，但仍需要把天然优势转化为产业发展优势。中药材区域品牌的培育对产业发展有着重要的推动作用，处州本草丽九味，即在丽水市遴选出具有丽水特色的、有一定种植历史的、有较大种植规模且有发展前景的道地药材，通过培育，进一步加快丽水中药材产业高质量绿色发展，不断巩固和扩大丽产中药材的影响力，推进丽产道地药材的资源保护和开发。

丽水市开展处州本草丽九味培育品种评选工作。评选出灵芝、铁皮石斛、三叶青、黄精、覆盆子、处州白莲、食凉茶、薏苡仁、皇菊为处州本草丽九味；重楼、百合、菊米、灰树花、浙贝母、青钱柳、白及、五加皮、前胡为处州本草丽九味培育品种。处州本草丽九味通过树立丽水中药材品牌知名度，有利于中药材产业在项目资金、科研投入、医院临床使用等方面形成合力。处州本草丽九味以及培育品种确定后，可以引导地方政府、乡镇农户、产业公司对中药材好品种给予重点支持，将丽水中药材产业打造成可持续高质量发展的农业和生物医药主导产业。借助处州本草丽九味的品牌效应，在全市形成联动，最终引领中药材产业健康发展，共同打造丽水大花园，为助力健康浙江中医药强省建设作出贡献。

二、潜行种植中草药，深山探出致富路

卓明伟是龙泉市八都镇四村的村民，常年和中药草打交道，多年来他潜心研究种植中草药，家庭农场里种有铁皮石斛、黄精等多种中药材，还在 100 余亩竹林里套种了大面积的仿野生七叶一枝花。七叶一枝花的种植年限很长，因为入药的主要是它的块茎，而且它的生长速度很慢。林下仿野生套种，是七叶一枝花人工栽培的一种尝试，通过这种更原始的方式种出来的东西，要比大棚里种出来的品质更好，更接近于纯野生的。七叶一枝花是重楼属的一种草本植物，也叫"土三七""七叶莲""重楼"，有清热解毒、消肿止痛等功效。由于药效显著经常被人们挖掘，因此野生七叶一枝花几乎濒临灭绝。为了提高种植技术，2019 年，在八都镇政府牵线搭桥下，卓明伟的家庭农场迎来了浙江中医药大学和丽水市中药材产业发展中心的两位科技特派员。在两位专家的指导帮助下，卓明伟的种植技术不断成熟，成功打造出了"浙江省中药材产业技术团队示范基地"，他还被丽水市农业农村局聘请为丽水市中药材产业技术创新与推广服务团队专家和首批乡村振兴优秀导师。通过每年不断续种，现在卓明伟的七叶一枝花种植量也一再增加。"不与农田争地，不与虫草为敌，不惧山高林暗，不负青山常绿。"卓明伟说，要做一个有情怀的林下药农。

枫坪乡山乍口村利用香榧中草药种植扶持政策，通过集中流转闲置荒地，大力推动香榧套种中草药基地建设。建成集中医药康养、观光旅游和特色农业等为一体的综合体。2020 年中草药基地完成林下种植白及 28 亩，黄精 27 亩。带动本村及周边村民实现在家门口就业增收，村集体每年可增加经营性收入 7 万～10 万元，成为撬动山乍口村产业发展的核心驱动力，实现 GEP 向 GDP 的成功转化。山乍口村一直坚持以党建为引领，坚持党组织团结带领村民用集体的智慧和力量解决难题，农村党员干部作为"削薄"工作中的主力军，在基地建设中发挥先锋示范作用。面对交通不便、人才外流、资源匮乏的现实困境，枫坪乡积极探索破解偏远山区乡镇壮大村集体经济难题的方法。山乍口村以"利用资源、把握政策、盘活资源、增加资产"为主题，充分挖掘村内现有山林、特色种植等资源，紧紧抓住松阳县中医药康养胜地建设契机，以村股份经济合作社为主体，不断拓宽村集体经济增收渠道，壮大发展村集体经济，带动村民增收致富，有效推进村集体经济"造血功能"再升级。

梨树上长梨不稀奇，梨树上长"仙草"，变身"摇钱树"，相信不少人肯定没见过。这种"仙草"被唐代典籍《道藏》评为中华九大仙草之首，被《神农本草经》列为上品，它是药王孙思邈喜爱并推崇的中草药——铁皮石斛。走进龙泉西街周村，这里有集种植、研发、加工、销售为一体的唯珍堂铁皮石斛养生园。"石斛世家"第五代传承人、"唯珍堂"品牌继承人吴纪贤经过多年的研究摸索，掌握了一整套野生石斛移栽培植的技术，开发出了铁皮石斛花茶、鲜条、枫斗、微粉、石斛酒等系列产品，打造了一条从生产到终端的"一条龙"产业链。"唯珍堂"中药材养生园，种满了形形色色的铁皮石斛，不过最抢眼的还是那一棵棵长满铁皮石斛的梨树。"这种长在梨树上的原生态铁皮石斛，多数以鲜条形式被卖到高端酒店，每千克价格高达 3 200～3 600 元，一棵梨树采下的石斛鲜条，就能卖 10 000 多元钱，是名副其实的'万元树'。""唯珍堂"落户龙泉，流转土地，租赁场地，不仅让当地的村集体经济增收，还带动了周边村民的就业。"唯珍堂"抓住"农旅融合"的机遇，将传统的种植基地改造成了开放式的采摘参观基地，为都市人体验"休闲养生旅游"提供了新的旅游打卡地。现在，公司已形成野外原生态培植、崖壁培植、椴木仿野生栽培、连栋大棚规范种植、常规大棚种植等多种栽培模式，实现了"规模化、标准化、信息化"生产，年销售额达 3 000 多万元，成为行业的龙头企业。

丽水市缙云县舒洪镇仁岸村果农何茂强，依托舒洪镇良好的地域优势，在杨梅林下套种中草药，延伸产业链结生态果。爱好中华医学的何茂强觉察到了一种名为防风草的中草药的市场商机，开始在杨梅树下套种了防风草。利用杨梅树之间的空隙套种防风草，不仅能有效地防止杨梅山的水土流失，而且夏天绿油油的防风草能为杨梅树保湿降温、冬天又能为杨梅树防冻保暖。更令人惊喜的是，防风草生命力旺盛，能抑制杂草生长和减少病虫害的发生，使得杨梅山保持生态平衡，提升杨梅的品质，结出"生态果"。如此一来，杨梅套种防风草可谓是"珠联璧合"，成为效益农业的一大亮点。据了解，防风草性温，有祛风、散热、除湿、解毒等功效，应用较广。杨梅山种植防风草，不仅延伸了产业链，而且"钱"途无量。接下来，何茂强还将在杨梅树下种植更多的中草药，做强"双赢"农业文章。

中国在中药草方面有很多值得挖掘的点，道地药材的生产数量和产值都占到了种植药材量的 80% 以上，所以对于中药种植而言不形成大规模很难做成大产业，将中草药与休闲农业进行产业融合，又该怎么做，有哪些优势呢？

三、唤起童年回忆，探索基地采摘新乐趣

初夏漫山遍野摘覆盆子可以说是很多人的童年回忆。覆盆子还是一味很不错的中药，覆盆子在丽水已有过万亩的种植面积，每年产值超亿元。莲都区雅溪镇西溪村本润覆盆子示范基地选育了多个优质品种，其中一种无刺品种，果树没有尖刺，果实圆润饱满，非常适合游客采摘。等到覆盆子果实成熟的时候，基地就会迎来一批又一批的游客。覆盆子果实不仅好吃，还富含营养，是养颜美容的首选。每年五·一假期前后，正是覆盆子成熟的季节，很多人会来基地采摘，不仅为基地带来不错的收益，还带动了周边村庄民宿的发展。

休闲农业实际上走的是多产融合的产业模式，与中草药相关的休闲农业不是人们通常所说的生态农业、旅游农业、高效农业等同意义上的生态农业观光，它是在原有的生态农业观光的基础上，立足中草药生态农业"健康养生""绿色环保"以及"传统文化"科普教育的特点，充分利用中草药奇花异草的自然景观，形成"可览、可游、可居"的环境景观和集"自然—生产—休闲—康乐—教育"于一体的景观综合体，发展中草药农业与观光农业相结合的特色农业。

四、盘活闲置资源，激发共同富裕新动能

景宁畲族自治县雁溪乡是"九山半水半分田"的典型代表，是名副其实的偏远山乡。近年来，该乡紧紧围绕"古风雁溪 摄影胜地 畲药之乡"的发展定位，以闲置资源激发产业动能，以生态优势破解区位劣势，创新求变，大胆探索出了一条"康养＋畲药＋特色种植养殖"的多元业态融合新路子。集体经营性收入实现了从2017年的5万元跃升至2021年所有行政村15万元以上的"三连跳"。2022年雁溪乡《村集体统一收储，共享农村产权红利》入选全省强村富民乡村集成改革暨"市场化改革＋集体经济"典型案例。雁溪乡厚植康养元素，启动康养综合体二期项目建设，同步对接杭州知名中医药馆，将推拿、针灸等理疗项目逐步落户。随着强村公司运营实力的增强，雁溪乡不断优化整合资源，将山海协作援建资金、民族发展资金、产业扶持资金等财政资金优先支持配套产业发展，撬动社会资本投入，起到"四两拨千斤"的效果。引进了黄精、香榧、高山白茶、智能化蛋鸡养殖等14个产业项目，开启了独具

特色的"两山"转化之门。

雁溪乡锚定中药材产业主攻方向，推进"种植—研发—生产—销售"全产业链发展。成功引进总投资 5 000 万元的众博堂国家级道地药材示范基地龙头项目，进行青钱柳、紫菊、食凉茶、白山毛桃根、铜丝藤根等道地畲药的种植研发，带动村集体农户增收 30 万元；引入浙江中医药大学，浙江工业大学科研专家团队，研发推出畲翰黄精茶、黄精酒、酸枣糕等健康养生产品，加盟丽水山耕，获批国家商标 4 个，浙江省 GAP 试点主体 2 家，打响处州本草丽九味的雁溪品牌。一路走来，雁溪乡探索可学可复制的未来乡村建设模式，为景宁加快跨越式高质量发展建设山区和民族地区共同富裕先行示范区提供雁溪样板，让今天的雁溪有了产业兴旺、村强民富的新状态。

近年来，丽水充分利用山区生态优势，通过全市共同努力，在中药材产业发展方面取得了成效，对转化生态产品价值、带动地方经济发展、带动农民增收都有很大帮助。丽水中药材产业还可以多元化延伸发展健康产业，比如药膳产业、康养产业等，多元化发展对产业融合度，对增加农民收入都有很好的前景。

丽水生态资源禀赋独特、中草药资源丰富，是健康医药产业发展的沃土，我们深入践行绿水青山就是金山银山的发展理念，寻求中医药产业发展的新突破口，进一步加快丽水中药材产业高质量绿色发展，不断巩固和扩大丽产中药材的影响力，推进丽产道地药材的资源保护和开发，让丽水中药材产业走向世界，并带动丽水乡村振兴和共同富裕。

唤醒中草药，
激发新动能，探
出共富路（上）

唤醒中草药，
激发新动能，探
出共富路（下）

第十一章 创造性智慧劳动教育与创新创业

工作没有高低、贵贱之分，无论何种工作都需要有人去做，为之付出。一切劳动的结晶，都凝聚着劳动者的汗水和心血。珍惜劳动成果就是尊重劳动和劳动者的具体体现。尊重一切合法的劳动，珍惜一切合法的劳动成果，有助于全社会形成尊重和热爱劳动的风气。此外，人类社会中的每个个体奋斗的过程都是劳动的过程，每个看似不起眼的劳动付出，都是为个人的成功添砖加瓦。我们既要尊重别人的劳动，珍惜他人的有益于社会的劳动成果，同时也要尊重自己的劳动，珍惜自己在劳动中取得的每一项成果。

一、珍惜劳动成果

劳动成果是指人类通过创造物质或精神财富的活动而形成的工作或事业上的收获。按照脑力劳动和体力劳动的区分，劳动成果可分为脑力劳动成果和体力劳动成果。脑力劳动成果也称为智力成果，即通过脑力劳动创造的劳动成果，主要表现为科学技术成就、发明创造以及文学艺术作品等。

珍惜劳动成果

例如，发明家发明创造的新事物；作家创作的文学作品；教师教书育人，培育出栋梁之材；医生治病救人，使患者康复，等等。体力劳动成果是靠人类体力来实现的劳动成果，可以将除脑力劳动成果以外的劳动成果都看作体力劳动成果。例如，农民耕种生产粮食；快递员送包裹；消防员灭火抢险，保障人民的生命安全；交通警察维护道路交通安全，保证我们的出行安全；清洁工打扫卫生，创造出干净的环境，等等。

"一粥一饭，当思来之不易；半丝半缕，恒念物力维艰。"我们吃的粮食、穿的衣服、读的书本、用的文具、住的房屋、乘坐的交通工具，还有我们听的音乐、看的电影、使用的智能手机……这些劳动成果都凝聚着劳动者的汗水和

心血，都是劳动者辛勤劳动的成果。"锄禾日当午，汗滴禾下土。谁知盘中餐，粒粒皆辛苦。"这是我们从小就耳熟能详的诗句，而且我们深知其中的寓意。这两句诗体现了我国劳动人民的优良传统，不仅表现了劳动者生产的艰辛，更从侧面告诉人们要珍惜他人的劳动成果。

无论是简单劳动还是复杂劳动，虽然劳动的代价各不相同，但每一项成果都来之不易。例如，每天凌晨三四点，当大多数市民还在睡梦中时，环卫工人就开始了一天的忙碌，仔细清理城市的每一个角落。每天太阳升起前是他们最忙碌的时刻，他们会赶在人们早上出门前，把城市打扫得干干净净。简单劳动并不简单，其劳动成果来之不易。同样，复杂劳动也甚为艰难，其劳动成果也来之不易。就如我们日常生活中常见的彩色电视机，其发明者约翰·洛吉·贝尔德在研制过程中，没有设备和器材，就将吃饭的钱一点点节省下来购买设备，以旧茶叶箱、编织针等代替试制材料；肚子饿了，就吃点面包充饥；工作累了，就和衣而睡，醒来继续干。就这样，从黑白电视机到彩色电视机的成功研制，他先后花了 40 年时间，这期间他所遇到的艰难曲折和花费的心血，令人难以想象。

对大学生而言，我们应该学习先贤哲人珍惜劳动成果的优良思想，继承发扬劳动人民的勤俭美德，养成不过分讲究吃、喝、穿的良好习惯。在学习中，对书、本、纸、墨、笔、砚等都要细心爱护，不能随意弄坏、丢失。外出期间，要爱护环境，遵守交通规则。这些都是珍惜劳动成果的具体表现。

二、劳动与终身学习

人类社会步入知识时代后，知识更迭速度加快，各行各业的专业化程度不断提升，终身学习也成了必然要求。劳动在时代发展的过程中，出现了一些新的"变化"，新职业、新行业不断出现，劳动形态日益丰富；与此同时，劳动也保持着"不变"，劳动作为人的活动方式的内核依旧没变，劳动的价值没有变。在劳动的变与不变之间，大学生身处当下与未来之间，更当审慎思考应当如何生存、如何发展的问题。

（一）技术革命与知识迭代

1965 年，朗格朗（Parl Lengrand）在联合国教科文组织主持召开的成人教育促进国际会议期间，正式提出了"终身教育"的概念。时至今日，"终身教育"和"终身学习"的理念已经在世界范围内广泛传播，并得到越来越多人的接纳和认可，成为教育领域的广泛共识。终身学习时代的来临对个体和社会来说究竟意味着什么？

肇始于 18 世纪中期的第一次工业革命，将人类社会带入蒸汽时代，引领了机械生产的全新格局；始于 19 世纪末期的第二次工业革命，推动了电气化生产方式的大发展，规模化生产开始拓展；20 世纪 60 年代的计算机革命开启了数字化时代，计算机在工业生产和日常生活中得到普遍应用，信息化成为世界发展的趋势。我们能够感知到技术革命从未中止，互联网变得无处不在，移动性大幅提高；传感器体积变得更小、性能更强大、成本也更低；与此同时，人工智能和机器学习也开始崭露锋芒。技术革命的速度越来越快，说明技术更新与知识更迭的速度在加快。

新技术的应用特别是具有革命性的新技术对社会的改变是巨大的。首先，技术发展的直接结果当然是生产方式的改变和生产力水平的提升。其次，每一次工业革命都伴随着社会分工的变化，新的职业不断产生，对劳动者的要求也随之变化。最后，新技术的应用也往往会改变人们的生活方式甚至思维方式，例如，互联网和人工智能的应用催生了"互联网思维"。

（二）教育的"进行时"

技术在发展，社会在进步，终身学习时代对教育提出了新的挑战。我们需要更新对教育的认知，应当站在更大的格局和更高的定位上去看待终身学习时代的教育。

首先，终身学习时代的教育应当致力于培养未来劳动者。教育一定是指向未来的，处于快速变革的时代，更应思考未来时代到底需要什么样的人才。我们看到有越来越多的行业进入"智能化"，一些劳动密集型的产业日益衰退，有更多的"黑灯工厂"出现，如果教育还停留在培养流水线工人的阶段，显然就落后于未来时代的要求了。其次，终身学习时代的教育要秉承动态发展的原则。教育不仅仅是在传承，更是在创造，特别是在高等教育阶段，新的技术和新的知识极有可能就是在大学的实验室和研究院内诞生的。我们不能以传统的视角去看待教育，认为教育就是传授固定的知识框架，而要以知识创新的视野去审视教育，将教育本身视为一个动态发展的体系。最后，终身学习时代的教育要注重思维与方法的培养。"授人以鱼不如授人以渔"，大学不能把传授固定的知识作为教育的重点，应当着重培育学生的思维能力和发现问题的角度，让学生学到分析问题的思路，学会解决问题的方法。

（三）"人工智能＋"时代呼唤教育改革

"人工智能＋"时代，教师应践行终身学习理念。美国西北大学著名经济史学家乔尔·莫基尔（Joel Mokyr）认为，随着技术变化的速度越来越快，人类需要积极迎接挑战，学习更多技能以适应变化。人工智能带来了未来的不确定性，10 年之后何种知识或技能一定是社会所需要的，不得而知。因此，教师需要践行终身学习理念，需要帮助学生树立终身学习理念，紧随时代发展，积极面对未来的不可测。从"人类中心主义"的思维方式走向"整个世界主义"的思维方式，实现人与外部世界的共生共存，随时迎接未来的挑战。

"人工智能＋"时代，教师应注重学生创造力的培养。人工智能是自动化的感知、学习和思考的系统，它的优势在于对知识的存储、传播、执行和检索，而教师的优势则在于培养学生的理解力、创造力和想象力。学者项贤明认为，"未来的教育可能是一种'人性为王'的教育，教育的两大中心任务是培养人的道德和创造能力"。这要求教师不能再拘泥于重视知识传授的传统教学模式，而应顺应时代发展提出新的重视学生创造力和理解力的教学模式。

"人工智能＋"时代，教师应关注师生对话与情感交流。美国计算机科学家未来学家杰瑞·卡普兰（Jerry Kaplan）指出，未来工作需要与他人建立情感联系、展现同理心，需要人类独有技能参与其中。教育学者叶澜认为，"虽然伴随现代技术的加速发展，计算机等技术手段取代了教师的部分工作，然而，学校教育的本质并没有发生变化，教育是富有人性的活动，师生关系是人与人之间的互动关系，这是机器所不能取代的。教师与学生之间的关系应该是一种我与你的关系，重在对话与沟通。"

2016 年，由谷歌公司研发的人工智能程序 AlphaGo 在围棋比赛中以 4∶1 的高分击败了世界大师级冠军李世石，震惊寰宇。这不仅仅是因为计算机第一次击败了专业围棋选手，更是因为围棋以其千变万化的棋路一直被视为人类智慧的巅峰，并不属于重复的程式化的领域。自此，人们开始重新审视人工智能：人工智能是否可以在某些领域替代人类劳动甚至超越人类智慧？

据报道，牛津大学的研究者们得出了一个惊人的结论：英国现存的工作种类，有 35％会在未来的 20 年内完全被机器取代。波士顿的专家们则认为这个时间会更短：2025 年之前，全世界至少会有 1/4 的岗位因为人工智能的发展而彻底消失。剑桥大学研究者达克尔·奥斯本（Michael Osborne）和卡尔·弗雷（Carl Frey）分析了 36 种职业在未来的"被取代概率"。

我们会发现，最容易被人工智能取代的职业往往是简单重复缺乏创造性的职业，而最难被取代的往往是需要较强的沟通能力和专业能力的职业。因此，未来的劳动者必须立足自身的基本能力，具备较强的学习能力，不断更新自身知识体系，增强自身专业能力，才能保持较强的自我竞争力。

三、劳动的变与不变

劳动满足了人类生存发展的基本需要，人类通过劳动获得了物质生活资料，并且改变了所处的自然环境。同时，随着外在环境和生存条件的变化，对劳动本身也提出了不同的要求，社会分工越来越精细，劳动本身的创造性也在增强。把握劳动的实质、认清劳动的趋势，将是我们应对未来社会发展的重要任务。

（一）时代发展与劳动分工

人类社会在劳动之中不断发展、不断进步。劳动分工在社会发展的过程中有着极其重要的意义和价值。首先，劳动分工提高了生产效率。分工的直接结果是每个人专注于自己所擅长的领域，必然会提升生产效率。其次，劳动分工改善了人们的生活质量。劳动分工在提高生产效率的同时，也让大多数人从繁重的生产劳动中解放出来，有了生活闲暇；并且，生产效率的提升也在改善产品的质量，使更多人能享受更优质的产品。最后，劳动分工也推动了各行各业专业化水平的提升。当越来越多的人分别聚焦于细小的分工领域之内时，就会促成每个分工领域朝着深度专业化的方向发展，最终形成分工明确、专业有序的社会格局。

（二）新兴职业的层出不穷

谚语云"三百六十行，行行出状元"。时至今日，现代社会的职业分类远不止"三百六十行"。随着社会的不断发展，每年都有新兴的职业涌现。2020年 7 月，人力资源社会保障部、市场监管总局、国家统计局联合发布区块链工程技术人员等 9 个新职业，包括"区块链工程技术人员""城市管理网格员"

"互联网营销师""信息安全测试员""区块链应用操作员""在线学习服务师""社群健康助理员""老年人能力评估师""增材制造设备操作员"。通过对这几年新兴职业的分析，我们发现其呈现出以下几个特点。第一，新技术的应用带动了新职业的产生。近几年，人工智能、大数据、区块链等技术的应用，催生了一批与之相关的职业。第二，服务业朝着更加精细化、专业化的方向发展。新兴的服务业态不断产生，也带动了与之相关的服务业岗位需求。第三，社会短期紧缺人才的需求量较大。例如，近年来的突发公共卫生事件，使医学人才成为短期的紧缺型人才。对待新兴职业，我们既要看到潜力，看到社会发展的实际需求，也要注意规避风险，看到新行业的不确定性，不可盲目跟风。

（三）把握劳动的实质与趋势

社会在发展，时代在变化，新兴的职业在不断涌现，也有一些传统的职业渐渐消亡。与传统社会相比，现代社会的劳动形态与结构已经发生巨大的变化。在现代社会中，劳动呈现出以下几种趋势性的变化。

其一，脑力劳动者的规模和数量逐渐增长，体力劳动者日益减少。随着传统的工农业等生产领域的智能化、自动化程度不断提高，对体力劳动的需求在下降。其二，消费性劳动在生活中发挥着越来越重要的作用。伴随新兴服务业领域的发展，许多新兴职业都属于消费性劳动，也在不断满足人们对美好生活的追求。其三，创造性劳动日益成为推动社会发展的重要力量。不管是在生产领域（农业、工业等）还是在非生产领域（科学、教育、文化、艺术、医疗等），创造性劳动的价值逐渐被认可，也成了推动社会不断发展的重要动力。

在看到劳动本身的变化的同时，也要认识到劳动自身具备的相对恒定的几个特点。首先，劳动创造价值的本质没有变。人类社会的发展需要社会全体的劳动，个体的生存也需要付出劳动。劳动创造了美好生活，劳动铸就了幸福人生。其次，对劳动的尊崇没有变。要牢固树立劳动最光荣、劳动最崇高、劳动最伟大、劳动最美丽的观念。在新时代开展劳动教育的最为重要的目标之一就是树立正确的劳动价值观。最后，对劳动的超越性追求没有变。劳动的目的不仅仅是获得物质上的回报，还有自我的实现，特别是在物质生活极大丰裕的今日，人们去劳动的意义更多地超越了生存性的基本诉求。

总的来说，我们认识到劳动自身的特点与趋势之后，就会越来越清晰地看到大学生如何才能够适应社会的发展，如何才能够在变化之中找到适合自身的位置。

（四）培育通用劳动素养

步入新时代，我们在重新思考劳动和劳动教育的重要意义和价值的时候，务必要认识到，劳动教育并不是一味地要求个人去学习某些特定的劳动技能，而是着力于培养具有普遍意义的劳动素养。

1. 劳动素养与劳动技能

大学究竟意味着什么？是获取一张"有用的"文凭还是收获一份青春的记忆？是学会一项谋生的技能还是研究高深的理论知识？我们在思考大学的意义的时候，多数都会指向未来的就业。加强劳动教育也好，培养劳动素养也罢，其实劳动这一主题是大学必然涉及但又容易被忽视的。回到劳动本身，当劳动指向人生的漫漫征程时，我们需要对劳动本身再增加一份深刻认知。当我们讨论要重视劳动、要强调劳动教育时，我们究竟是将劳动作为一种素养还是一项技能？我们有必要仔细分析一下劳动素养与劳动技能的内涵与关联。

首先，与劳动技能相比，劳动素养包含了劳动的价值维度，也就是对"为什么要劳动""以一种什么样姿态对待劳动""劳动意味着什么"等问题的回答。其次，未来社会需要的是具备超强劳动素养的人，而不是只拥有某一项劳动技能的人。劳动技能有很强的专业壁垒和行业的限制性，而劳动素养是具有普遍意义的综合素质养成。最后，培育通用劳动素养是符合时代要求和个人发展的必然选择。所谓通用劳动素养，就是建立在正确劳动价值观之上的劳动理论框架和劳动实践策略，不拘泥于某个具体专业或某个具体行业。这是未来社会要求我们具备的个人素养。

2. 提升自我的综合实力

根据对通用劳动素养的认识，结合时代发展，我们列举出以下 7 项基本能力，作为大学生的必备基础能力。

交流表达能力：和他人进行双向（或者多向）信息传递，以达到相互了解、沟通和影响的能力。逻辑推理能力：根据已知信息和前提，能够对事物发展的态势有独立的判断和理解，并能够对社会事件给予合理的解释和认知的能力。创新创造能力：在前人发现或者发明的基础上改进革新方案的能力。认知学习能力：在学习和工作中自我归纳、总结，找出自己的强项和弱项，扬长避短，不断自我调整、改进的能力。合作协商能力：在实际工作中，充分理解团队目标、组织结构、个人职责，在此基础上与他人协调配合、互相帮助的能力。分析判断能力：在工作中把理论、思想、方案、认识转化为操作或工作过程和行为，以最终解决实际问题、实现工作目标的能力。信息处理能力：能够在纷繁的信息中获取所需信息，能够在混杂的信息中明辨是非善恶，善于捕捉有效的信息要素的能力。

以上 7 项基本能力超越了专业学科的限制，突破了职业、行业的局限，具有普遍的意义。如果想要在现代社会的职业生活中有所长进，在激烈的竞争中脱颖而出，这些基础能力或将成为"通关宝典"和"武林秘籍"。

四、创新思维的教育与训练

（一）创新

在当今世界，创新是在我们生活中出现频率非常高的一个词，涵盖众多领域，包括政治、军事、经济、社会、文化、科技等各个领域的创新。从不同学科看，创新有不同的含义。

从哲学上说，创新是一种人的创造性实践行为，这种行为的目的是创造价值，增加总量，利用和创造新事物和新发现。人类通过利用和再创造物质世界，制造新的矛盾关系，形成新的物质形态。

从社会学来说，创新是指运用已知、已有的信息和条件，突破常规，发现、产生或者创造了某些新颖的、独特的、有价值的新事物、新思想的活动。创新的本质是突破，突破旧的思维定式和旧的常规戒律。创新的核心是"新"，可能是变革产品的结构、性能和外部特征，也可能是创造新颖的造型设计、内容的表现形式和手段，或者是丰富和完善内容。

在经济学上，创新是指以现有的知识和物质，在特定的环境中，改进或创造新的方法、元素、路径、环境等事物，并获得一定有益效果的行为。

（二）创新思维概述

创新思维是指以新颖独创的方法解决问题的思维过程，以创新的方法、视角、思路去突破常规思维的界限来思考问题，从而提出与众不同的解决方案，产生新颖的、独到的、有社会意义的思维成果。

创新思维是一切创新的前提。我们通过这种思维能突破常规思维的界限，以超常规甚至反常规的方法和视角思考问题，提出与众不同的解决方案，从而产生新颖独到的、有实际意义的思维成果。简而言之，创新思维就是从多个角度看问题，不被传统的思维惯性所禁锢。它意味着一个人在解决问题的过程中，能站在与他人不同的角度去思考，提出与他人不同且能经受住实践检验的新观点、新思路和新方案，或创造新事物。

培养新时代具有创新意识和创造能力的人才，鼓励和推进创新思维的形成，不断提高创新思维能力，是现代社会的重要课题，也是落实创新驱动发展战略的迫切需要。大学生的创新思维培养是现代高等教育和劳动教育的重要任务，在大学校园中培养大学生的创新意识、创新能力、创新情感、创新思维，在大学生心里种下创新的种子，在社会中、职场上、企业里生根发芽，长成参天大树，从而激发全社会的创新活力。

（三）创新思维的特征

创新思维具有以下 6 个显著的特征。

1. 联想性

联想性就是我们通常所说的由此及彼、触类旁通等，它们的共同点是把表面看来互不相干的事物联系起来，从而形成创新思维。通过创新思维的联想性，人们可以利用别人的发明或创造进行创新，如铅笔发明后，在铅笔的头部加上橡皮擦，这就是创新：人们也可以根据已有的经验进行创新。

联想是创业者在创新思考时经常使用的方法，这种方法也常见成效。当然，要想有效地利用联想进行创新创造，一个人的联想能力是创新思考的重要前提。创新者需要积极寻找事物之间对应的联系，因为任何事物之间都存在一定的联系，这是人们联想的客观基础。

2. 求异性

求异性就是破除思维定式和思维惯性，敢于对司空见惯的现象和权威的结论质疑，而盲从的心理则让人难以有新发现和创新。求异性是在实事求是的基础上，对事物客观地质疑或否定，如对企业的组织构架质疑，对企业技术的合理性提出改进，还可以对产品的包装、服务的理念等与企业相关的事项质疑或否定。要想有所创新、创业者要不拘泥于常规，不轻信权威，以怀疑和批判的态度对待一切事物和现象。

3. 发散性

创新思维具有发散性的特征，它是一种开放性的思维，其过程是从某一点出发，任意发散，既无一定方向，也无一定范围。发散性思维是创新思维的核心。发散性的思维活动不受任何限制和禁锢，可以帮助我们在众多的可供选择的方案、办法及建议中选择最佳答案，也能帮助我们提出一些独出心裁、出乎意料的见解，使看似无法解决的问题迎刃而解。

4. 逆向性

逆向性是指从常规思维的反方向去思考问题的思维方式。遵循传统观念、常规经验或接受权威言论，均是比较稳妥的做法，但是一味循规蹈矩会阻碍我们创新思维的产生和扩散。因此，在面对新的问题或长期解决不了的问题时，我们不能因循守旧，应该不断尝试从常规的反方向去思考问题，提出解决方案。

5. 综合性

综合性，顾名思义是指综合利用各种创新思维。它的具体表现是求同存异，既包含抽象思维，又包含逻辑思维；既包含发散思维，又包含收敛思维。

6. 独创性

独创性是创新思维的直接体现或标志，具体表现为创新成果的新颖性及唯一性。

（四）创新思维训练

创新思维是一切创新活动的开始。我们只有学会运用创新思维，才能发挥创造力，具备成为成功企业家的潜质。而一个人要拥有创新思维不是只能依靠先天优势，我们通过科学的训练方法也可以培养创新思维。

1. 突破思维定式

思维定式是指我们用固定的思维模式来思考问题的习惯，它会使人的思维沿一定的方向和次序思考，使思维受到限制，从而阻碍新观念和新想法的产生，阻碍人的创造性。

我们要想挖掘无穷的创新能力，就必须跳出思维定式的框架，思维定式适用于人们遇到同类或相似问题的情况，但对创造性问题来说却十分不利，因为它会让人的思维活动逐渐拥有一种既定的方向和模式，形成思维惯性，产生本能反应，使人的创造性思维受到束缚。对于创业者，突破思维定式十分重要。

我们在思考问题时，可以从以下 7 个方面来打破常规的思维模式。①这个问题还能用其他的方式来表示吗？②可以将问题颠倒过来看看。③能不能用另一个问题来替换目前的问题？④将自己的思考方向转换一下。⑤将思考问题时我们脑中出现的想法记录下来，并认真思考。⑥把复杂的问题转换为简单的问题。⑦把自己生疏的问题转换为自己熟悉的问题。

先入为主是我们最容易形成的一种思维定式，它其实是一种偏见思维。当人们被一些自己并未察觉的现象干扰，或凭自己的主观臆测来看待问题时，就很容易做出错误的判断。因此，我们应该主动和理智地分析问题，加强对问题的理解，提高观察和分析问题的能力，不断发现新事物和解决问题的新方法。

2. 扩展思维视角

"视角"就是思考问题的角度、层面、路线或立场。思考问题，若仅从一个视角出发，得到的结论往往是不全面的。大学生创业者要想训练自己的思维能力，就应该尽量拓宽视角，学会从多种视角观察问题，从而提高创新思维能力。

（1）发散思维训练。发散思维就像一棵树，树枝从树干的四面八方延伸出去，从多个方向和多个角度扩展思维的空间。我们在进行发散思维训练的过程中，要做到思维的流畅、变通和新颖。训练思维流畅性的方法有很多，例知，在 5 分钟内，说出至少 50 个带有"雨字的成语"；在 3 分钟内，列出至少 60 种水果的名称；问自己"如果你只剩下一天的时间你会做什么？"

变通。变通性也叫灵活性，是思维发散的不同方面，是指克服已有的思维框架和思维定式，按照某种新视角、新观念、新途径思考问题的思维方式。变通实际上是让思维具有扩散性。也就是说，当我们面对问题时，我们要学会变通，确保思维不受阻碍，从不同角度考虑问题。当通过某一种途径不足以解决问题时，我们应想办法通过其他（一种或多种）途径思考问题。我们在生活中往往习惯按照固定模式来思考问题，久而久之，就会失去思维的灵活性与创造性。所以，我们必须训练自己的思维能力，打破常规，为思维插上腾飞的翅膀。

新颖。新颖是指用与众不同的新观点和新认识反映客观事物，对事物表现出独特的见解，既是发散思维的最高目标，也是创新思维的本质。大学生创业者要努力提升自己的思维新颖性，以获得解决新问题、发现新思想和新事物的能力。

（2）逆向思维训练。逆向思维是指朝着与固定思维相反方向进行思考的思维模式，它是从问题的对立面出发进行思考、从问题的相反面进行分析的方法。比如我们熟知的电动吹风机和电动吸尘器，它们就是发明者从相反的原理方向进行研究而发明的事物。

逆向思维的主要目标是要形成一种观念，即在思考过程中，并不局限于一条思维道路，对客观事物要向相反的方向分析和思考，这样才能改变传统的立意角度，产生全新的见解。

要用怀疑的眼光来看待事物，在思考问题时，既要看到事物之间的差异，又要看到因事物之间存在的差异而产生的互补性，要积极主动地从正反两个方面进行思考，以便于发现问题存在悖论的地方，对问题进行分辨、评断和剖析。

（3）联想思维训练。联想是指思路由此及彼的过程，即由所感知、所思考的事物、概念和现象出发而想到其他事物、概念和现象的心理过程。联想思维就是指在人脑内的记忆表象系统中，由于某种诱因使不同表象发生联系的思维活动。联想是一种创造性思维活动，人们可以通过对事物进行对比、同化等方法，把许多事物联系起来思考，从而加深对事物之间联系的认识，并由此形成新的构想和方案。

3. 头脑风暴法

头脑风暴法又称智力激励法，在头脑风暴中，一群人（或小组）围绕一个特定的兴趣或领域，无限制地自由联想和时论，进而产生新观念或激发创新设想，每一个人都被鼓励发表就某一具体问题的看法及其解决办法，从而产生尽可能多的观点。头脑风暴法有以下 4 个要点。①不要在思考的过程中评价想法，一定要完成头脑风暴后再进行评价。②尽可能地说出想到的任何意见，不要害怕自己的意见不被采纳。③看法越多越好，主要着重看法的数量，而不是质量。④综合分析他人的方法，集思广益。

4. 水平思考法

水平思考法又称德·博诺理论、发散式思维法、水平思维法。水平思考法是由被誉为"创新思维之父"的爱德华·德·博诺博士于 20 世纪 60 年代末期倡导的广告创意思考法发展而来的。水平思考法摆脱了非此即彼的思维方式，也摆脱了逻辑思维和线性思维。爱德华·德·博诺博士曾说过："凡是一个人，都具有走路、呼吸和对事物的思考能力。思考的方法则因人而不同。"

水平思考法让我们从多角度、多侧面去观察和思考同一件事，去捕捉偶然发生的构想，从而产生意料不到的创意，使我们学会创造性地看待问题及解决问题的流程和方法，让我们跳出固有的思维框架，使我们思考得更加丰富多彩、更有质量。比如，对于需要解决的焦点问题：创业者如何鼓励员工创新？

人们提出一个初始想法或主意："用巨额奖金来鼓励创新"。在这个想法或主意基础上，可以提取一个概念："让员工有收获感"。再以"收获感"为基点进行思考，产生多个想法或主意；对公司创新有特殊贡献的员工，奖励创业基金，奖励其命名创新产品的权利等。当然，也可以提取更多的新概念，以这些新概念为基点，提出更多的新想法。

5. 六项思考帽

六项思考帽是英国学者爱德华·德·博诺博士于20世纪80年代中期提出的一种思维模式。至今仍被采用。该思维训练模式强调的是"能够成为什么，而非本身是什么"，是寻求向前发展的路，而不是争论谁对谁错。它提供了"平行思维"工具，避免将时间浪费在无谓的互相争执上。六项思考帽列举如下。

· 白色思考帽。白色思考帽关注客观的事实和数据。

· 绿色思考帽。绿色思考帽代表创造力和想象力，即提出如何解决问题的建议。

· 黄色思考帽。黄色思考帽代表价值与肯定，即从正面考虑问题，评估建议的优点。

· 黑色思考帽。黑色思考帽运用否定、怀疑和质疑的看法，合乎逻辑地进行批判，尽情发表负面意见，找出逻辑上的错误。

· 红色思考帽。红色思考帽通过直觉、感受和预感等进行判断。

· 蓝色思考帽。蓝色思考帽负责规划和管理整个思考过程，并得出结论。

（五）创新驱动发展战略

党的十八大报告明确提出："科技创新是提高社会生产力和综合国力的战略支撑，必须摆在国家发展全局的核心位置。"实施创新驱动发展战略，加快实现由低成本优势向创新优势的转换，为我国可持续发展、形成国际竞争力提供强大动力。改革开放40多年来，我国经济快速发展主要源于劳动资源红利和资源环境的低成本优势。

进入新时代新发展阶段，我国在国际上的劳动力低成本比较优势正在逐步消失，低成本发展优势缺乏持续动力。而技术创新、科技创新具有不易模仿、附加值高等突出特点，由此建立的创新优势持续时间长、竞争力更强，因此，创新驱动发展战略对于国家整体经济发展具有重大战略意义。进入新时代，我国贯彻落实新发展理念和推动高质量发展，必须实施创新驱动发展战略。科学技术是第一生产力，可以直接转换为现实生产力，可以持续提高社会整体生产力水平。实施创新驱动发展战略，可以全面提升我国经济增长的质量和效益，有力推动经济发展方式转变。

环境问题是我国面临的最严峻挑战之一。环境问题解决得好关系到我国的国家安全、国际形象、广大人民群众的根本利益。绿水青山就是金山银山。降低资源能源消耗、改善生态环境、建设美丽中国就是发展生产力。新时代实施创新驱动发展战略，对环境保护、降低能源消耗具有长远意义。加快推进产业结构升级，开展技术创新，用高新技术和先进科学技术升级改造传统技术，促进传统产业升级，既可以提升产业竞争力，又可以改变过度消耗资源、污染环境的发展模式。

五、在劳动实践中培养创业能力

对在读大学生或已经毕业的大学生来说，"创业"这个词语并不陌生。大学生或多或少接触过创业者，也看到过很多创业的具体形式，比如摆摊、开饮品店、服装店、快餐店等，又或者是在网上销售商品、提供网络服务等。

很多大学生都有一个创业梦，想让自己大展拳脚。但创业是艰辛的，大学生创业者应该明白创新对于创业的重要性。可以说，创新是创业的本质，一个企业要想长期发展，必须不断创新。比如企业每年都要招募新的人才，就是期望这些人能为公司带来新观念和新思维，不断创新。没有创新，就好比鱼儿离开了水，鸟儿失去了翅膀；没有创新，大学生创业者将很难在激烈的市场竞争中脱颖而出；没有创新，大学生创业者将很难在提倡创新的时代使创新企业持续发展壮大。

（一）创业定义

创业是指创立个人、集体以及社会的各项事业。创业与创新既有联系又有区别，创业的核心是创新，创业过程中要不断进行创新。创新是提出新的方法、新的思路、新的事物形态，是一个再认识和再发现的过程。创业是在创新的基础上，将创新成果"落地"，转变成可以使用并产生经济效益的成果。

（二）创业精神

经济学家约瑟夫·熊彼特将创业精神看作具有"创造性破坏"的力量。创业精神在《马克思主义哲学大辞典》中的定义：在建设中国特色社会主义过程中，用来进一步凝聚、激励广大干部和人民群众，同心同德，克服困难，开拓前进，夺取改革开放和现代化建设新胜利的精神动力①。由此可见，创业精神是我国文化的重要组成部分，是实现"第二个一百年"奋斗目标、实现中华民族伟大复兴中国梦的重要精神力量。

创业精神是创业的心理基础，是指在创业者的主观世界中，那些具有开创性的思想、观念个性、意志、作风和品质等。良好的精神品质是创业成功的前提条件。任何企业的成功很大程度上取决于创业者个人的精神气质、技能水平和经济状况。创业者在决定创办企业之前，不仅要学习广博的知识，不断累积经验，在创业准备期，还需要培养自己的创业精神，以期成为一个成功的创业者。

1. 创业精神的要素

创业精神对于创办新企业尤为重要。创业者没有创业精神，就会失去创业的动力，从根本上陷入创业的瓶颈；如果一个创业者具备全面的创业精神，他将在创业路途上勇往直前。创业精神包括以下 9 个要素。

（1）强烈的创业意识。创业意识支配着创业者的态度和行为，规定着态度和行为的方向与力度。

创业需要是创业活动的最初诱因和动力，当需要上升为动机时标志着创业活动即将开始。当前很多创业者不明白创业的真谛，因此，创业者创业之前首先必须树立正确的创业意识，使自己具备"创造梦想、发现机遇、凝聚梦想、不懈追求、学习新知、进取提升、突破陈规、创新创造、敢于担当、直面挑战、居安思危、自省自警"的意识。

（2）充满创业激情。创业的过程总是充满艰辛曲折，困难重重，创业者需要极大的创业激情，将创业团队凝聚在一起克服困难。

（3）鲜明的创业个性。创业者拥有鲜明的创业个性，为其创业成功添砖加瓦。创业者拥有的创业个性主要体现在 3 个方面：一是独立自主，大凡创业成功者，一般有独立自主的个性，他们没有依赖心理，能够独立自主地解决困难和问题；二是敢于冒风险，创业有时是需要冒风险的，创业过程中因循守旧虽然安全，但容易故步自封，敢于做第一个吃螃蟹的人，更容易抓住创业机会；三是执着，执着是创业成功必要的因素，即创业者全身心融入创业

---

① 金炳华，马克思主义哲学大辞典［M］. 上海：上海辞书出版社，2003：863.

活动中。

（4）顽强的意志。创业者在明确创业目的和创业方向后，要想创业成功必须拥有顽强的创业意志，面对困难不能轻易言败，应当百折不挠地把创业行动坚持到底，以达到目的。

（5）批判精神。批判精神是极其宝贵的创业精神。一个成功的创新企业领导者需要具备相应的批判精神。纵观一些成功的创业者，他们在一些关键问题上，总能力排众议，率先走出经验的误区，大胆地进行创意并实践，从而赢得最终的胜利。

（6）适应能力。具备适应能力是优秀创业者应具备的重要特质之一。一般说，创业者都需要具备较强的环境适应能力，因为创业涉及的环节较多，创业者会在很多新的环境中从事与创业有关的工作，如果创业者没有较强的环境适应能力，则创业者在创业过程中将会寸步难行。

（7）领导力和亲和力。好的创业者一定具有很强的个人魅力和感召力，他能更好地凝聚创业团队，成为创业团队的精神力量和榜样。

（8）合作精神。这是一个团队合作、抱团取暖的时代，没有合作精神，单纯依靠个人的力量创业会非常困难。而具备合作精神的创业者能够找到更多的创业机会，拥有更多的创业资源。

（9）诚信精神。不管创业者做的是小生意还是大买卖，都要具备诚信精神，一个创业者或企业，没有诚信就无法在竞争残酷的市场立足。

2. 创业精神的培养

创业精神虽然是一种天赋，但也可以经过后天培养。难道企业家生来就与众不同？其实不然，那些企业家在没有运作大规模公司之前，也有过在街边售卖饮料、在车库里生产小玩意的经历，他们正是借着这些经历逐步培养自己的经商技能。可见，某些商业技能是可以后天培养锻炼的，大学生创业者可通过模仿、历练、实践和培训这4种途径培养自己的创业精神。

（1）模仿。模仿是培养创业精神的便捷方法，良好人格的养成需要榜样的引路和激励，这是图书和课程无法带来的。很多成功的创业者都有这样一个感受，他们的成功离不开一个或几个特定的人物，在他们的奋斗过程中，他们时时按重要人物的言行要求鞭策自己。从身边的创业成功者身上吸取经验，学习模仿他们的创业精神，可以让创业者更成熟。

（2）历练。创业是艰辛的，创业环境中处处充满竞争和困难，培养创业精神的有效方法就是让创业者在真正的创业环境中磨炼意志、培养精神。

人们往往更容易在巨大的压力下完成出色的事业，在创业环境中切身感受残酷的竞争，能够培养出坚忍不拔的创业品质，成为一个敢想敢做的创业者。同时，在实际创业环境中，创业者可以感受创业团队的氛围，感受很多创业者的智慧和才能。

（3）实践。"实践出真知"，良好的创业精神的形成重在积累实践经验，积极的实践能带来及时的反馈和成就感，也能带来成功的喜悦。大学生创业者应该真真切切地投入创业实践中去，在校园内参与创业活动，做校园代理、管理小卖部等，在这些创业实践中培养和锻炼出合格的创业精神。只有通过创业实践，创业者才能在之后更加清晰地明确创业目标、制订创业计划，创业信念才会更加强烈。

（4）培训。如今不只是一、二线城市，甚至是三、四线的城市，政府部门都开设有创业培训班，想要创业的应届毕业生或往届毕业生都可积极参加培训。有的社会机构组织也为创业者提供了个性化的创业辅导服务。这些培训服务由经验丰富的企业家或职业经理人担任创业者的指导老师，对提高创业者的创业成功率起到了非常重要的促进作用。许多大学生正是通过参加培训课程，接受专业的指导，通过老师的加油鼓励，逐步养成优良的创业习惯。

（三）创业能力

作为大学生创业者，我们应该在创业前了解创业应该具备的能力。优秀的管理技能、专业技能、社交技能和规划技能是大学生创业者必须具备的能力。

1. 管理技能

管理技能是创业的核心，主要包括目标管理技能、财务管理技能、信息管理技能、团队管理技能和项目管理技能。

·目标管理技能。目标管理技能是指创业者制定目标和分解目标的能力。目标包括长期目标（5～10 年）、中期目标（3～5 年）以及短期目标（一年和日程计划）。

·财务管理技能。财务管理技能是指创业者必须具备的管理公司财务资金流的能力。财务资金流是公司能够正常运营的核心，资金流的断裂对企业来说是致命的打击。

·信息管理技能。信息管理技能是指创业者必须具备的掌握信息并有效使用信息的能力。随着互联网的快速发展，信息时代来临，掌握信息就意味着掌握市场和先机。

·团队管理技能。团队管理技能是指创业者必须具备的进行团队分工合作管理的能力。随着企业的发展，不同个性的人汇聚在一起，这就需要团队共同合作。通过团队的合作形成内部的合力，而不是分力。

·项目管理技能。项目管理技能是指创业者必须拥有的管理、策划、运作具体项目的能力。

2. 专业技能

专业技能是大学生创业的一条特色之路。对于打算创业但创业资金不够雄厚的大学生，采取加强技术创新和开发具有独立知识产权产品的方式，可以吸引投资商，用其手中的资金来创业。

3. 社交技能

对大学生创业者来说，多积累人脉，扩大社交圈，通过结交更多的朋友掌握更多信息，以寻求更大发展，是成功创业的捷径。随着时代的发展，创业者的社交能力变得越来越重要。

4. 规划技能

没有任何创业经验的大学生，首先应该学会按照自己的创业规划撰写创业计划书，然后根据实际情况审视其可行性。

（四）创业类型

创业类型的选择与创业者的创业动机、风险承受能力、创业启动资金等密切相关，也会影响创业者制定创业策略。通常，创业活动按照不同的标准可分为不同的类型。

1. 根据创业动机不同进行分类

根据创业动机不同，创业分为生存型创业和机会型创业。

（1）生存型创业。生存型创业是指创业者对当前现状不满而不得不进行创业活动，可用"逼上梁山"来概括。

（2）机会型创业。机会型创业是指创业者在商业机会的吸引下而产生的自主创业行为，可用"自动自发"来概括。在金融、保险、房地产等行业中，创业的主导形式是机会型创业；而在零售、汽车、租赁个人服务、保健、教育服务、社会服务等行业中，生存型创业相对较多。

2. 根据价值创造的效果进行分类

根据价值创造的效果对创业进行分类是一种较有代表性的分类方法，有助于创业者关注创业活动的效果，提升创业活动的质量，增加创业活动的成功率。采用这种分类方法，可将创业分为复制型创业、模仿型创业、安定型创业和冒险型创业 4 种类型。

（1）复制型创业。复制型创业指在原有公司的经营模式基础上进行简单复制，创新成分较低。例如，某人原本在快递公司里担任部门主管，后来离职自行创立一家类似的新快递公司。现实中，新创公司属于复制型创业的例子较多，且由于创业者前期积累了一定的相关经营经验和社会关系，因此该类创业在初期更容易走上正轨。但是复制型创业的新创公司往往缺乏核心竞争力，要想在未来取得长久发展需要转型创新。

（2）模仿型创业。模仿型创业是指创业者依照成功的创业模式，进行模仿和学习的创业活动。例如，某人看到网店盛行，便从传统企业辞职做起了网店店主。模仿型创业具有投资少、见效快和迅速进入市场等特点。这种形式的创业，对市场产生的创造性价值较少，创新的成分也较低。但与复制型创业不同，模仿型创业具有较高的不确定性，其创业过程具有较大的冒险成分。如果创业者具有创新精神，掌握了正确的市场进入时机，则获得成功的可能性很大。

（3）安定型创业。安定型创业是指创业者在自己熟悉的行业内进行的创业活动，这种类型的创业虽然为市场创造了新的价值，但对创业者而言，本身并没有太大改变，做的是原先比较熟悉的工作。例如，某研发团队脱离原公司独立开发新项目。

（4）冒险型创业。冒险型创业是指创业者从事一项全新的产品或服务。这种类型的创业不仅能为市场创造新的价值，也将对创业者带来极大影响，能够极大地改变创业者的个人境遇。冒险型创业面临着较高的创业风险，但创业一旦成功，所得的收益同样较高。企业发展壮大的第一动力就是创新。创业者的创新之处不尽相同，比如，有的创业者开发了新技术；有的创业者发现了市场新的需求；有的创业者为某种产品或服务开辟出一个崭新的市场，等等。这些创新元素都能激发起人们创业的冲动。

（五）创业要素

简单地讲，创业要素就是创业活动应具有的组成部分。创业即是对一系列要素进行科学组合。那么，创业究竟应该包括哪些要素？对此，不同的学者有不同的认识。这里重点介绍创业机会、创业团队和创业资源三大要素。

1. 创业机会

每一个成功的创业活动都是一个或多个创业机会的具体实现。所谓创业机会，指创业者能够通过投入和组织资源来获取价值的有利情况。

创业机会识别是创业领域的关键问题之一。当机会出现在你身边时，如果你没有识别到机会，没有拥有它，对你而言，就不存在"机会"一说，创业机会也无从谈起。把握住了每个稍纵即逝的创业机会，就等于事业成功了一半。创业者可通过以下 3 个要点来识别创业机会。

（1）变化就是机会。彼得·德鲁克将创业者定义为"能寻找变化，并积极反应，把它当作机会充分利用起来的人"。古往今来，每一次创业热潮大多依赖于社会环境和市场环境的变化，这些变化势必带来市场需求和市场结构的变化。这就为识别创业良机带来契机，创业者通过这些变化，就能发现新的机会。

这些变化包括人口结构的变化、产业结构的变化、个性化服务的追求、科技通信的进步、政策扶持、价值观和生活观念的变化、收入水平提高、消费升级等。如随着人们收入水平提高，人们的娱乐活动要求变得丰富多样；"三胎"政策的开放，为母婴市场带来商机；伴随新的消费模式，移动电商应运而生，蓬勃发展，同时带动了物流、在线支付等产业链；私人轿车不断增加，为汽车销售、维修、清洁、二手车交易等行业带来诸多创业机会。

（2）顾客的需求就是机会。从顾客身上觅得创业良机是一个亘古不变的规则，创业者销售的产品或服务，最终面对的是顾客。分析调研顾客的需求，从中可识别创业良机。

怎样从顾客身上识别良机，创业者需要观察顾客的生活和工作轨迹。由于每个人的需求不同，创业者应将顾客分类，研究各类人群的需求特点，如退休职工重视身体保养、家庭主妇重视子女的教育等。

（3）解决"负面"问题就是机会。"负面"问题是指令人们"烦恼的事""困扰的事"，是市场需求的痛点。如果创业者能着眼于人们的苦恼和困扰，为人们迫切希望解决的问题提供有效的办法，实际上就是找到了机会。如搬家费时费力，搬家公司替你解忧；双职工家庭没有时间照顾小孩，于是有了家庭托儿所；上班路途遥远，人们难得吃一顿舒适的早餐，焖烧杯就能解决这个问题。这些都是从"负面"寻找机会的例子。

2. 创业团队

团队是企业管理和企业创立中的关键词，现代企业非常重视团队的建立和管理。团队是由员工和管理层组成的一个共同体，大家有共同的理想目标，愿意共同承担责任，共享荣辱。俗话说："一个篱笆三个桩，一个好汉三个帮。"创业不能只靠单打独斗。一个由研发、技术、市场、融资等各方面人才组成的优势互补的创业团队是创业成功的法宝。

创业者组建创业团队前需要了解基本原则，然后按照一定的步骤进行，这样才能使团队配置更加合理，最大限度发挥团队的作用。创业者组建创业团队时，需要注意以下 4 个原则。

（1）目标明确合理原则。创业目标必须明确、合理、切实可行，这样才能使团队成员清楚地认识到共同的奋斗方向，才能真正达到激励的目的。

（2）互补原则。只有当团队成员相互之间在知识、技能、经验等方面能够互补时，才有可能通过相互协作发挥出"1＋1＞2"的协同效应。团队成员之间要做到诚实守信、志同道合、取长补短、分工协作和权责明确。

（3）精简高效原则。创业需要资金，尤其是创业初期，创业者需要投入大量启动资金。在这个阶段，创业者应该精简创业团队人员，前提是保证现阶段的人员结构能够保证企业正常运行。

（4）动态开放原则。创业处处充满不确定性，创业团队中可能有人因各种原因选择中途退出。因此，创业者在组建创业团队时，应注意保持团队的动态性和开放性，不断吸纳符合要求的人员到创业团队中。

3. 创业资源

创业资源是指新创企业在创造价值的过程中需要的特定的资产，包括有形与无形的资产，它是新创企业创立和运营的必要条件。创业资源一般可分为以下 6 大类。

（1）人力资源。人力资源是指一定时期内组织中的人所拥有的能够被企业所用，且对价值创造起贡献作用的教育、能力、技能、经验和体力等的总称，它是获取、利用和转化其他资源的基础。招贤纳士是新创企业可持续成长的关键，特别是对于高科技新创企业来说，专业人才更为重要。

（2）财力资源。"巧妇难为无米之炊"，想创业，资金是保障。创业资金一般可以通过以下方式获得：①依靠亲朋好友筹集资金，双方形成债权债务关系；②争取政府的资金支持：银行贷款或企业贷款；③所有权融资，包括吸引新的拥有资金的创业同盟者加入创业团队，吸引现有企业以股东身份向新创企业投资、参与创业活动等；④设计详尽可行的创业计划，以吸引一些大学生创业基金和风险投资基金。

（3）物质资源。物质资源包括企业所拥有的各种有形资源，如房屋、设备、原材料等，也包括企业所拥有的自然资源，如矿山、林地等。

（4）技术资源。技术资源是指企业在产品生产加工、储存和运输的过程中特有的关键技术与工艺流程等。技术资源是企业的核心资源，它决定着创业企业的市场竞争力和盈利能力。获取技术资源的途径：①自己研发；②吸引技术持有者加入创业团队；③购买他人的成熟技术；④购买他人的前景型技术，再通过后续的完善开发，使之达到商业化要求。

（5）社会资源。社会资源主要指人脉资源。虽然社会资源不会直接作用于产品的开发、生产、运输和销售等环节，却能够帮助企业获取和利用其他的资源，间接作用于企业的方方面面。创业者应当充分挖掘人脉资源，赢得尽可能多的支持。特别是大学生创业者，更要利用自己年轻的优势去开创属于自己的人脉关系。因为人脉就是钱脉，是企业未来发展的动力。

（6）管理资源。管理是对企业资源进行有效整合以达到企业既定目标与责任的动态创造性活动，它是企业众多资源效力发挥的整合剂，其他资源的运用和发挥需要依靠管理和组织，管理将直接影响乃至决定企业资源整体效力发挥的水平。管理资源包括企业的组织结构、企业管理制度和企业管理策略等。

深刻理解创新创业基本概念是开展创新创业教育实践的基础。创新从哲学上说是一种人的创造性实践活动。人类通过对物质世界的利用和再创造，形成新的物质形态。创业是一种劳动方式，是一种需要创业者运营、组织、运用服务、技术、器物作业的思考、推理和判断的行为。创新创业是基于创新基础上的创业活动，既不同于单纯的创新，也不同于单纯的创业。创新强调的是开拓性与原创性，而创业强调的是通过实际行动获取正当利益的行为。因此，在创新创业这一概念中，创新是创业的基础和前提，创业是创新的体现和延伸。

开展新时代大学生创新创业教育，要适应新时代创新创业实践发展的新需求。大学生是最具创新、创业潜力的群体之一，是大众创业万众创新的生力军。中国特色社会主义进入新时代，对我国创新创业教育既注入了新的时代内涵，又提出了新的工作要求。因此，开展新时代大学生创新创业教育，既要着眼于培养服务国家创新驱动发展战略的人才需要，又要着眼于促进大学生创新创业素质的全面提高，更要着眼于努力实现大学生更加充分更高质量就业。所以，开展新时代大学生创新创业教育，就是指高校要面向全体学生，紧紧围绕立德树人根本任务，以社会主义核心价值观为统领，全面贯彻党的教育方针，按照"大众创业、万众创新"的要求，以素质教育为主题，以转变教育思想、更新教育观念为先导，以提升学生的社会责任感、创新精神、创业意识和创业能力为核心，以改革人才培养模式和课程体系为重点，强化对大学生创新创业理念、价值、精神、能力等的培养，提升大学生创新创业本领和综合素质，最终实现充分就业并为社会主义现代化建设服务的一种教育实践活动。

六、新知识、新技术、新工艺、新方法的运用

劳动创新离不开新知识、新技术、新工艺、新方法在劳动过程中的运用。离开这些运用，劳动创新也就无从谈起。

（一）新知识

知识可以被定义为人类的认识成果，知识的初级形态是经验知识，高级形态是系统科学理论。但归根结底，知识都来源于社会实践。知识的价值判断标准在于知识的实用性以能否让人类创造新物质、得到物质财富和精神财富为考量依据。

知识创新推动劳动创新。无论是简单劳动还是复杂劳动，知识都是不可或缺的。21世纪是知识经济时代、信息时代、全球经济一体化时代，知识已成为生产力发展的主要、直接的推动力，新知识的涌现及应用可以有效地加速社会发展的进程。我们应该努力学习新知识，并将新知识应用在劳动上，使劳动创新成为可能。

（二）新技术

技术是指人类在利用自然和改造自然的过程中积累起来并在生产劳动中体现出来的经验和知识，它是一种具体化的知识。与知识相此，技术更强调实用，但技术也是在知识中积累、在实践中形成的。新技术是指在劳动实践中出现的一种全新技术，它的出现可以改变原有的劳动进程，提高效率。例如，在会计软件出现之前，会计人员只能手工记账，不仅工作量大，而且效率较低。当会计软件这种新技术出现后，会计人员做账就变得较为轻松，使用会计软件不仅可以极大地减少工作量，还有效地提高了准确率。可见，新技术是劳动创新的强效催化剂，有时还可能完全改变劳动原来的面貌。

技术创新是经济发展的核心。新技术在劳动创新中起着举足轻重的作用。

我们应该努力学习、积极劳动，并建立起技术创新的理念，使劳动更加高效。

（三）新工艺

工艺是指劳动者利用各类生产工具对原材料或半成品进行加工或处理，最终使之成为成品的方法与过程。与新技术相比，新工艺更强调过程。例如，制作白茶的传统工艺是不揉不炒的，但新工艺会在白茶制作的过程中进行轻度揉捻，这样制作出来的白茶香气会变得更好，茶汤会变得更醇厚。大多数情况下，除了需要传承的传统手工艺等劳动外，劳动过程中会不断出现新工艺。随着新知识、新技术的不断出现，新工艺的出现成为必然。

工艺是社会生产力水平的主要标志。在人类的发展进程中，各个历史时期的工艺决定了产品的生产制造水平。劳动需要工具，从简单劳动发展到复杂劳动，更离不开工具的帮助。工艺创新对劳动产生的影响是较大的。

（四）新方法

方法的含义较广，一般指在劳动时为了达到某种目的而采取的手段与方式。在一些情况下，新方法等同于新技术和新工艺，可以看成是它们的总称。无论是新技术、新工艺还是新方法，都是值得在劳动中倡导的创新观念。

在劳动中，我们需要区别手段和方法这两个概念。手段更强调实体形态，强调人通过自身所具有的机械属性、物理属性和化学属性作用于客观对象，因而手段也被称为工具，即人体器官延伸的工具。方法不是物化了的手段，而是人类认识客观世界和改造客观世界应遵循的某种方式、途径和程序的总和。例如，医生看病时会根据病人的病情对症下药，无论是通过各种医疗设备对病人身体进行检查，还是为病人用药、打针，都是治病的手段。而医生检查出病情后，会针对病人的病情采取治标或治本的疗法，并选择药物，这些就是治病的方法。劳动中，手段和方法是密不可分的。

劳动需要创新，而创新的具体表现就在于在劳动中使用新知识、新技术、新工艺或新方法等。我们在劳动中应该具备创新思想，勇于创新，为提高劳动效率做出自己的贡献。

七、创造性劳动及劳动创新

当今社会是一个以信息技术为基础、信息爆炸的知识时代。创新创业是现代社会发展的重要动力之一。在新一轮科技革命、产业变革和国际形势日益复杂的时代大背景下，我国社会经济的运行模式、产业结构都发生了根本性的变化，如何保持我国经济社会持续增长是一个重大现实课题。

放眼未来，以科技创新驱动经济发展显得尤为迫切，加快科技创新对我国"十四五"时期以及更长时期的发展有至关重要的作用。

劳动与创新无法分割，从石器时代开始，人类逐渐使用工具进行劳动，而随着劳动的不断深入，新型劳动工具也层出不穷。这些新型的劳动工具，又反过来促使人类进行更多有目的的劳动。因此，劳动与创新始终联系在一起。

劳动创新的关键在于创造性的劳动，即通过在劳动过程中革新技术、知识和思维，来提高劳动效率、生产出更多的社会财富和成果。也就是说，劳动创新的表现形式是知识、技术、工艺和方法的革新。

劳动是人在生产过程中有目的地支出劳动力的活动，而创新是以新知识、新技术、新工艺和新方法为特征的概念化过程，是劳动的基本形式，也是劳动实践的阶段性发展。倡导劳动创新，目的不仅在于创造出满足人们需要的新型使用价值，还在于提高劳动者的自身素质，即劳动者的素质提高可以充分体现在劳动创新上。

尊重和推崇劳动创新需要激发劳动者的创新自觉与活力，让广大劳动者能够更有力量地投入劳动创造中，享受创造性劳动带来的乐趣和成就。对大学生而言，劳动创新应该是基本的劳动理念，只有通过劳动创新实现自己的目标，才更有可能抓住人生出彩的机会。

随着技术创新、知识创新、管理创新日益成为经济发展的核心，劳动创新在助推科技进步和经济发展方式转变上起着越来越大的作用。劳动不再是原始落后、简单低级、脏险累苦的代名词，人类通过劳动创新，更好地激发出创造潜能，促进科学发展。

党的十九大报告指出创新是引领发展的第一动力，是建设现代化经济体系的战略支撑。在不同历史时期，劳动有不同的内涵和形态。劳动不是一个静止的概念，而是一个发展的概念。在新时代，信息技术、人工智能、大数据等新兴信息技术不断涌现，深刻影响着人们的生产与生活，劳动方式在不断革新、不断发展，创造性劳动已经成为新时代劳动的重要内涵。创造性劳动的操作方式、生产工具、工作对象、手段和结果不同于传统重复性劳动，是一种能够发挥劳动者主观能动性的、产生创新性劳动成果、极大增加生产附加值的劳动形式。在创新创业教育中，创造性劳动扮演着重要角色。教育部印发的《大中小学劳动教育指导纲要（试行）》明确提出，重视生产劳动锻炼，积极参加实习实训、专业服务和创新创业活动，重视新知识、新技术、新工艺、新方法的运用，提高在生产实践中发现问题和创造性解决问题的能力，在动手实践的过程中创造有价值的物化劳动成果。

八、大学生"双创"能力和思维

创新驱动发展战略是我国"十四五"时期的重要发展战略，也是实现"第二个一百年"奋斗目标的重要动力源泉。国家科技创新力量的根本源泉在于人。人才是创新创业的根本与核心，创新创业型人才是国家发展的智力支撑，是国家提升国际竞争力的基石。

建设创新型国家，实现科技创新为第一动力的经济发展模式，需要培养和集聚一大批具有研究、创新能力的复合型人才。当前，我国高等学校已将创新创业技能和创新创业思维作为高等教育的重要目标。大学生是推动"大众创业，万众创新"的主力军，他们的创业能力与质量直接关系到国家创新驱动发展战略的有效落实。

20世纪末，大学生创新创业能力培养的实践活动开始在我国高等院校开展。开展创新创业教育是一个媒介，一个能够将大学生理论知识转化为实践成果的媒介和渠道。很多高等学校成立了创新创业中心，指派导师或专门辅导员进行指导。

高等学校开展创新创业教育、积极鼓励大学生自主创业，是教育系统服务创新型国家建设的重大战略举措，是深化高等教育教学改革、深入推进高校劳动教育、培养学生创新精神与实践能力的重要途径，指导和带领大学生开展创新创业活动；指导大学生进行市场调查、撰写创业计划书，为大学生未来创业打下基础。通过组织模拟大学生步入社会创业或就业，开展创新创业教育，可以使大学生亲身体验创新创业以及社会就业环境，加深大学生对创新创业的理解，促进大学生形成创新创业思维。

大学生创新创业教育是一项系统工程，创新创业教育不仅仅是营销、企业管理、金融、人力资源管理、财务管理等专业课程的简单组合和相加，而是要依靠政府、社会、企业共同提供创新创业教育的平台和资源，形成一个全社会支持保障大学生创新创业的体系和网络。在就业竞争压力大的情况下，很多大学生面临就业困境。开展创新创业实践、培养大学生的创新创业思维有利于大学生克服就业困难，为进入职场积累宝贵经验，增强大学生就业竞争力。

创新创业型人才也是社会发展所需要的，为社会发展提供动力。注重对大学生创新创业思维的培养，对大学生开展创新创业教育，可以有效地提升大学生的综合素质、专业素养以及就业竞争力，为国家提供社会需要的新型复合人才，同时促进现代大学转型以及教育的升级与深化。

创新创业能力是以具体专业知识为基础，不仅仅是为了实现大学生就业，是将大学生培养成为创新型综合人才；创新创业能力的培养贯穿于大学生整个大学学习和生活全过程，创新创业能力本质上属于大学生的实践能力，是创新创业理论、学科基础理论、专业理论、专业实践和社会实践的有机结合；创新创业能力是注重大学生的未来发展；创新创业能力是高校主动适应市场、深化校企合作、优化高素质人才供给的必然要求。

（一）从学校层面看

学校在培养现代大学生的创新创业思维方面可以根据不同的专业、不同年级，分层次开展创新创业教育。在大学一年级形成对创新创业的基本认识和了解；在大学二年级可以深化创业心理和技能、劳动关系、劳动权益、劳动法律等内容的渗透；在大学三四年级加强提升大学生劳动实操能力，引导学生自主设计或合作开发劳动创新创业项目，积极引导大学生参与诸如数学建模、"互联网＋"、机器人程序设计等创新实践大赛。同时以大学生劳动创新创业的实践锻炼为辅助。学校除了组织学生参与校内创新创业活动，还可以引导大学生走向社会，给予其更多更广阔的劳动创新创业实践机会。比如，可以组织学生走进企业参与产品的设计和研发，亲自实践产品的形成和制造过程，从而对公司经营管理有更加直观的了解和感受。学校也可以借用新媒体的资源优势，组织大学生学习和实践短视频制作与运营管理等新媒体基本技能，尝试以直播电商形式助力劳动创新创业项目的开展，不断在实践中提升自身的劳动创造意识和能力。

（二）从大学生个人层面看

1. 要有创造意识和科学思维

创造意识要重视创新的源泉，要在竞争中培养、强化，要敢于标新立异，敢于提出问题，要有创新精神和敏锐发现问题的能力。确立科学思维，科学思维包括相似联想、发散思维、逆向思维、侧向思维、动态思维等。

2. 要有坚定的信心和意志

创新创业是一项艰巨的任务，新时代的大学生要坚定信心，不断进取，坚定意志，顽强奋斗，当创新活动遇到困难，需要调整方向时，能够强迫自己"转向"或"紧急刹车"。

九、产教融合的开展

（一）开展产教融合的优势

产教融合是指把产业与教学密切结合，把学校办成集人才培养、科学研究、科技服务于一体的产业性经营实体。就劳动教育而言，学校与企业深度融合，学校根据所设专业，积极开办与专业相关的产业，将企业的先进设备、新技术和新工艺引进课堂，可使大学生在课堂学习过程中对于专业教学标准、专业氛围、模拟实训、岗位体验等环节有更加直观和深刻的感受，实现实训岗位与生产岗位有机融合，促使大学生的技能和素养与未来就业岗位零距离对接，形成学校与企业浑然一体的办学模式。

总体来说，开展产教融合的优势如下。

有效提高大学生的专业技能水平。大学生在真实的工作场景中学习，真正实现理论与实践一体化。大学生对本专业的知识学习由感性了解提升到具体操作，这样能够进一步激发大学生的学习兴趣，有效提高大学生的专业技能水平。

有效提升大学生的劳动观念。在产教融合的课堂教学中，大学生是校企双方的服务对象，大学生以真实的生产实践项目为载体、以任务为驱动、以行动为向导，充分调动学习积极性。在生产实践中，大学生不仅可以通过干一些力所能及的体力活锻炼毅力，还可以通过参与生产学习将课堂知识应用到实际生产，实现教育与生产劳动相结合，进而增强职业荣誉感、提高职业技能水平、培育精益求精的工匠精神和爱岗敬业的劳动态度。

有效改善大学生的行为习惯，提升大学生的职业素养。企业实训课堂可以实行标准化管理，其中包含专业、细致的绩效评价，对大学生行为习惯的养成有较好的规范性和约束性。大学生在企业实训课堂上能够更加主动地以企业员工为学习目标，促进大学生由"学校人"向"社会人"转变。

完善劳动教育体系。劳动教育体系由劳动教育课程设置、劳动教育内容设置、劳动素养评价制度等内容构成。产教融合下的教学实施能较好地体现劳动教育体系的连贯性和针对性，实现劳动教育的价值。

（二）人才培养模式的改变

从育人和育才相统一的人才培养辩证法出发，既要塑造大学生的身体、精神和灵魂，培养大学生的理想、信念和价值观；更要强调培养大学生的核心技能、劳动技能，使大学生进入社会时有一技之长，获得在社会中实现自我价值的本领。高校人才培养涉及专业设置、课程设计、教学管理和质量控制等多个环节，意在解决"培养什么样的人"和"怎样培养人"等根本问题。

劳动教育主要就是"向外的教育"。完整的高水平人才培养体系，一定是"向内的教育"与"向外的教育"的有机统一。高等教育阶段作为大学生走向职场的最后一站，更应该重视"向外的教育"，通过劳动教育更好地培养适应社会发展与社会需求的高素质人才。

2010年，3位英美经济学家因成功解释了"为什么在存在很多职位空缺的时候，仍有许多人失业"的问题而获得了诺贝尔经济学奖。我国同样存在这种企业"用工荒"与大学生"就业难"并存的难题。事实上，在德、智、体、美、劳五育中，劳动教育是唯一直接通向劳动世界、工作世界的教育，使大学生成长为在劳动创造中实现个体价值同时承担社会责任的高素质人才。

创业资源是创新企业创立和运营的必要条件。创业资源一般可分为以下6大类。

（1）人力资源。人力资源是获取、利用和转化其他资源的基础。招贤纳士是创新企业可持续成长的关键，特别是对于高科技创新企业，专业人才更为重要。

（2）财力资源。"巧妇难为无米之炊"，想创业，资金是保障。创业资金一般可以通过以下方式获得：①依靠亲朋好友筹集资金，双方形成债权债务关系；②争取政府的资金支持；银行贷款或企业贷款；④所有权融资，包括吸引新的拥有资金的创业同盟者加入创业团队，吸引现有企业以股东身份向新企业投资、参与创业活动等；⑤设计详尽可行的创业计划，以吸引一些大学生创业基金和风险投资基金。

（3）物质资源。物质资源包括企业所拥有的各种有形资源，如房屋、设备、原材料等，也包括企业所拥有的自然资源，如矿山、林地等。

（4）技术资源。技术资源是指企业在产品生产加工、储存和运输的过程中特有的关键技术与工艺流程等。技术资源是企业的核心资源，它决定着创业企业的市场竞争力和盈利能力。获取技术资源的途径：①自己研发；②吸引技术持有者加入创业团队；③购买他人的成熟技术；④购买他人的前景型技术，再通过后续的完善开发，使之达到商业化要求。

（5）社会资源。社会资源主要指人脉资源。虽然社会资源不会直接作用于产品的开发、生产、运输和销售等环节，却能够帮助企业获取和利用其他的资源，间接作用于企业的方方面面。创业者应当充分挖掘人脉资源，赢得尽可能多的支持。特别是大学生创业者，更要利用自己年轻的优势去开创属于自己的人脉关系。因为人脉就是钱脉，是企业未来发展的动力。

（6）管理资源。管理是企业众多资源效力发挥的整合剂，其他资源的运用和发挥需要依靠管理和组织，直接影响乃至决定企业资源整体效力发挥的水平。管理资源包括企业的组织结构、企业管理制度和企业管理策略等。

深刻理解创新创业基本概念是开展创新创业教育实践的基础。创新从哲学上说是一种人的创造性实践活动。开展新时代大学生创新创业教育，要适应新时代创新创业实践发展的新需求。中国特色社会主义进入新时代，对我国创新创业教育既注入了新的时代内涵，又提出了新的工作要求。

大学生是最具创新、创业潜力的群体之一，是大众创业万众创新的生力军。因此，开展新时代大学生创新创业教育，既要着眼于培养服务国家创新驱动发展战略的人才需要，又要着眼于促进大学生创新创业素质的全面提高，更要着眼于努力实现大学生更加充分更高质量就业。所以，开展新时代大学生创新创业教育，就是指高校要面向全体学生，紧紧围绕立德树人根本任务，以社会主义核心价值观为统领，全面贯彻党的教育方针，按照"大众创业、万众创新"的要求，提升大学生创新创业本领和综合素质，最终实现充分就业并为社会主义现代化建设服务的一种教育实践活动。

十、劳动教育与"双创"融合发展

从教育目标来看，劳动教育和创新创业教育都强调人才培养应符合新时代劳动的发展趋势，注重学生创造性劳动能力、社会责任感、创新精神和实践能力的提升①。我国经济社会发展进入了新时代新阶段，坚持"五育"并举，落实立德树人根本任务，劳动教育被提高到前所未有的突出位置。2020年，教育部印发《大中小学劳动教育指导纲要（试行）》，明确提出高校要将劳动教育有机纳入专业教育、创新创业教育，不断深化产教融合。推动劳动教育与创新创业教育融合，是深化高等教育教学改革、全面发展素质教育、实现人的全面发展、提升人才培养质量的创新举措。

新时代的劳动教育与创新创业教育密不可分。从推动教育模式改革上看，创新创业教育和劳动教育都是适应时代发展需要的教育模式变革，是新时代高等教育人才培养体系的重要组成部分。

（一）打造新时代"创新创业＋劳动教育"课程体系

大学课程设置是高等教育人才培养最主要的渠道，"创新创业＋劳动教育"课程设置是大学生最直接、最核心、最有效的劳动教育形式，因此劳动教育有效融入创新创业课程体系，是实现劳动教育与创新创业教育深度融合、协同推进的最直接途径。因此，新时代创新创业已经成为劳动教育非常重要的实践载体。注重促进高校劳动教育和创新创业融合发展，围绕创新创业开展劳动教育，引导学生在劳动实践中创造性地解决问题，是新时代大学教育的重要任务。

通过分层次、分阶段的方式，有针对性地进行课程设计，保障创业教育过程中全覆盖劳动教育的知识传播、价值重塑和能力提升，全面发挥劳动教育"树德、增智、强体、育美"的综合育人价值。在大学低年级，大学生处于创新创业思想启蒙阶段，结合劳动知识公共知识学习，打造知识和劳动教育普及通识课程，促进劳动教育与创新创业课程结合；在大学高年级，大学生进入了创新创业实践探索阶段，结合学科、专业特色，鼓励专业融入型产学结合的研发；大学生临近毕业处于创业孵化和就业阶段，为了适应未来职场需要，开展职业规划，发展与劳动教育相结合的实践导向为主的课程。

（二）以创新创业平台为载体，贯穿劳动教育

劳动教育本身就具有实践性特点，创新创业活动注重引导学生的参与度和

---

① 刘丽红，曲霞.论高校创新创业教育与劳动教育的同构共生［J］.中国青年社会科学，2020（1）：103-109.

体验性，在"在场"的劳动情境和"具身"的劳动体验中创新创业、锤炼意志，养成劳动观念和劳动情操，因此，将劳动教育与创新创业教育相结合就是将技术、经验、理论与精神达到统一的实践活动，以引导学生形成不断突破的创新思维、与时俱进的劳动知识与技能、创造性的劳动智慧，增长未来职业发展所需的知识技能。

（三）高校校园劳动文化

大学校园文化的主体是大学生，同时也涵盖院校管理人员、教职工，它是以育人为主要目的，开展课外文化活动和校园文化建设，塑造校园精神的一种群体文化。校园文化是每一个大学独特的精神环境和文化氛围，是学校本身形成和发展的物质文化和精神文化的总和。既包括校园建筑设计、景观设计、绿化美化等物化形态的内容，也包括大学的传统、校史、校风、学风、专业特色以及包括各种规章制度在内的所有非物化的行为准则和规范。健康向上、充满正能量的校园文化，可以提高学生的素质修养，陶冶学生的情操，启迪学生心智，促进学生的全面发展。校园文化对于大学育人功能、提高师生员工的凝聚力、培养良好的校风都具有重要的意义。教育部印发的《大中小学劳动教育指导纲要（试行）》明确提出，在校园文化建设中要强化劳动教育。

促进实现校园文化与劳动教育的有机结合方式和途径。

一是要让劳动精神成为高校校园文化的重要组成部分，在校史、校歌和校训中明确劳动精神内容，倡导吃苦耐劳、艰苦奋斗的精神，在校园文化传播中潜移默化地熏陶大学生。

二是通过树立、宣传劳动典型，尤其是身边典型，让身边同学、老师成为践行劳动精神的示范先锋，让新时代大学生切实看到劳动成果就在身边、劳动教育精神就体现在日常生活中。

三是将校园文化活动与劳动教育紧密结合，让高校文化生活成为劳动教育的载体和有力抓手。通过新生入学教育、军训、职业规划指导、创新创业实践等方式，引导大学生深入理解劳动精神、劳动教育的内涵，主动宣传劳动精神，自觉践行劳模精神。

四是利用新媒体作为劳动教育的重要阵地。在充分利用好校园广播、学校门户网站等传统媒体的基础上，积极使用自媒体、微信、微博、公众号等新媒体，主动抢占新媒体阵地，推出更多便捷、灵活、生动，互动性强的宣传作品，采用更加多元化的方式，增强新时代劳动教育对大学生的吸引力、感染力、影响力。

五是充分利用高校物化资源，让高校校园物质环境助力劳动教育深入发展。充分利用好大学创业园、基地、实习场等校园设施，开展形式多样、丰富多彩、贴近实际的劳动教育活动。

六是充分利用大学生兴趣小组、社团等组织形式，开展劳动教育月等丰富多彩的劳动主题教育，营造劳动光荣、创造伟大的校园文化氛围。

参 考 文 献

陈国维，2020. 大学生劳动教育 [M]. 北京：高等教育出版社.

陈凯元，2011. 你在为谁工作 [M]. 北京：机械工业出版社.

曹亚雄，2008. 马克思劳动观的历史嬗变 [M]. 北京：中国社会科学出版社.

段卫斌，2018. 解构与重塑 [D]. 北京：中国美术学院.

逢锦聚，2005. 马克思劳动价值论的继承与发展 [M]. 北京：经济科学出版社.

顾明远，1998. 教育大辞典 [M]. 上海：上海教育出版社.

华东师范大学教育系，1987. 马克思恩格斯论教育 [M]. 北京：人民教育出版社.

教育部课题组，2019. 深入学习习近平关于教育的重要论述 [M]. 北京：人民出版社.

教育部课题组，2020. 习近平总书记教育重要论述讲义 [M]. 北京：高等教育出版社.

金盛华，张杰，2007. 当代社会心理学导论 [M]. 北京：北京师范大学出版社.

刘天祥，汤腊梅，2012. 西方经济学 [M]. 3 版. 长沙：中南大学出版社.

马建青，2005. 心理卫生与心理咨询论丛 [M]. 2 版. 杭州：浙江大学出版社.

马斯维，2020. 习近平劳动观研究 [D]. 哈尔滨：哈尔滨工程大学.

檀传宝，2020. 你不全知道的劳动世界 [M]. 北京：中国劳动社会保障出版社.

檀传宝，2020. 劳动教育论要：现实畸变与起点回归 [M]. 北京：北京师范大学出版社.

王道俊，王汉澜，1999. 教育学 [M]. 北京：人民教育出版社.

王君南，陈微波，2004. 劳动关系与社会保险 [M]. 济南：山东人民出版社.

徐国庆，2020. 劳动教育 [M]. 北京：高等教育出版社.

徐海娇，2020. 危机与重构：劳动教育价值研究 [M]. 北京：中国社会科学出版社.

杨伟国，王子成，2015. 职业发展经济学 [M]. 上海：复旦大学出版社.

张彬彬，2010. 劳动心理学 [M]. 北京：中国劳动社会保障出版社.

张孝金，2008. 大学生心理健康教育 [M]. 北京：北京理工大学出版社.

中共中央文献研究室，2016. 习近平关于科技创新论述摘编 [M]. 北京：中央文献出版社.

中共中央宣传部，2018. 习近平新时代中国特色社会主义思想三十讲 [M]. 北京：学习出版社.

周三多，陈传明，鲁明泓，2006. 管理学原理与方法 [M]. 上海：复旦大学出版社.

曾天山，顾建军，2020. 劳动教育论 [M]. 北京：教育科学出版社.

《新时代大学生劳动教育教程》编写组，2020. 新时代大学生劳动教育教程 [M]. 广州：

华南理工大学出版社.

张伟, 2010. 职业道德与法律 [M]. 北京: 高等教育出版社.

张彦, 陈晓强, 2002. 劳动与就业 [M]. 3 版. 社会科学文献出版社.

庄三红, 2016. 劳动价值论的时代化研究 [M]. 北京: 中国社会科学出版社.

格林豪斯, 卡拉南, 戈德谢克, 2005. 职业生涯管理 [M]. 3 版. 北京: 清华大学出版社.

成海鹰, 2021. 道德教育中的享乐与劳动 [J]. 云梦学刊, 42 (1): 84-91.

成有信, 1982. 论教育和生产劳动相结合的实质 [J]. 中国社会科学 (1): 163-176.

丁胜如, 2007. 论劳动关系主体的角色与作为 [J]. 工运研究 (3): 3-8.

胡君进, 檀传宝, 2018. 劳动、劳动集体与劳动教育: 重思马卡连柯、苏霍姆林斯基劳动教育思想的内容与特点 [J]. 国家教育行政学院学报 (12): 40-45.

何丹青, 2017. 浅谈高校思想政治教育下引导大学生树立正确人生观和价值观 [J]. 知识经济 (12).

孔令全, 黄再胜, 2017. 国内外数字劳动研究: 一个基于马克思主义劳动价值论视角的文献综述) [J]. 广东行政学院学报 (5).

李珂, 2018. 劳动最光荣奋斗最幸福: 深入学习贯彻习近平总书记关于劳动的重要论述 [J]. 求是 (9).

韩承敏, 2018. 改革开放 40 年劳模文化变迁的历史逻辑 [J]. 学校党建与思想教育 (11).

刘国强, 2020. 数字经济时代的四种劳动形态及其特征) [J]. 中小企业管理与科技 (34).

刘丽红, 曲霞, 2020. 论高校创新创业教有与劳动教育的同构共生 [J]. 中国青年社会科学 (1).

李嘉曾, 1999. 创造本质的哲学阐释与创造性思维方法的哲学总结 [J]. 东南大学学报 (社会科学版) (2): 42-46.

刘向兵, 2018. 新时代高校劳动教育的新内涵与新要求: 基于习近平关于劳动的重要论述的探析 [J]. 中国高教研究 (11).

马斌, 2015. 论高职生吃苦耐劳精神的培养—从张謇的苦乐观说起 [J]. 江苏教育 (职业教育版) (12).

宋君卿, 2008. 职业生涯管理理论历史演进和发展趋势 [J]. 生产力研究 (23).

苏映宇, 2017. 建国以来中国共产党人对马克思主义劳动观的丰富和发展 [J]. 福建师范大学学报 (哲学社会科学版) (1).

申文昊, 2019. 高校青年学生群体劳动精神教育的时代价值与现实路径 [J]. 马克思主义理论学科研究 (双月刊) (5).

尉迟光斌, 张政文, 2016. 论马克思劳动观及其对培育 "敬业" 核心价值观的启示 [J]. 理论月刊 (5): 11-17.

肖群忠, 刘永春, 2015. 工匠精神及其当代价值 [J]. 湖南社会科学 (6): 6-10.

相雅芳, 2020. "劳动美" 何以可能: 兼论马克思美学思想的当代价值 [J]. 毛泽东邓小平理论研究（9）：67-73，109.

扈中平，2020. 马克思的劳动异化论对当下劳动教育的启示［J］. 教育研究，41（12）：31-39.

杨宏雨，吴昀潇，2013. 建党时期中国共产党人的劳动观：以《劳动界》为中心的研究［J］. 江苏社会科学（2）.

张宁娟，2017. 劳动教育是社会主义教育的本质特征［J］. 中国德育（9）：1.

张熙，袁玉芝，李海波，2019. 劳动教育的国际经验及其启示［J］. 教学与管理（11）：56-58.

周为民，陆宁，2002. 按劳分配与按要素分配：从马克思的逻辑来看［J］. 中国社会科学（4）：4-12.

韩娟霞，2020. 马克思劳动观研究［D］. 乌鲁木齐：新疆大学.

李斌，2015. 以"劳动精神"丰富时代价值［N］. 人民日报04-29.

李珂，2017. 培养宏大的高素质劳动者大军［N］. 人民日报06-22（7）.

许亚琼，2010. 活动导向的职业素养培养研究［D］. 上海：华东师范大学.

杨静，2015. 马克思《资本论》劳动观研究［D］. 保定：河北大学.

周立权，黄浩铭，2021. 黄大年：至诚报国振兴中华［N］. 光明日报06-17.